KB147706

지방소멸시대
관 광 활 성 화 를 위 한
중소도시 브랜딩 전략

오익근 저

(주)백산출판사

이 저서는 2017년 정부(교육부)의 재원으로 한국연구재단의 지원을 받아 수행된 연구임
(NRF–2017S1A6A4A01022299)

  우리가 직면한 가장 큰 시대적 과제의 하나는—도시든 농촌이든—우리가 살고 있는 생활공간이 다음 세대를 위해 새롭게 재구성되고 활력을 찾아야 한다는 것이다. 관광홍보 연구에 몰두해 왔던 필자는 수년 전부터 우리나라의 지방 중소도시에 닥친 고령화와 인구감소를 심각하게 보아왔고, 그런 현상 때문에 일본처럼 지역 자체가 소멸될지도 모른다는 두려움을 갖고 있었다. 마침 일본 창생회의 보고서를 비롯하여 일본 저자들이 고령화와 인구감소, 지방 소멸이라는 트렌드를 짚어내어 부분적으로나마 해결책을 제시한 데 자극받아 이 책을 쓰는 계기가 되었다.

  이 책의 초점은 지역을 어떻게 브랜딩할 것인가에 맞춰져 있다. 지방의 중소도시를 비롯하여 작게는 작은 마을(커뮤니티, 타운)에 이르기까지 사람들의 마음속에 특별한 인식을 심어주어 다른 곳과의 차별성을 보여주면서 나름대로 가치를 지닌 장소로 만들고자 하는 데 있다. 브랜딩된 지역은 그 자체로서 다른 지역과 차별성을 갖는 정체성을 지닌다. 브랜딩된 곳은 한마디로 무엇으로 이름이 널리 알려져서 사람들이 많이 방문하는 곳이다.

  마케팅 전략의 권위자 알 리스(Al Ries)에 의하면 좋은 브랜드를 구축하는 방법은 주력분야에 집중하고 새로운 영역을 창출하여 최초로 진출하면 된다고 주장한다. 그런 다음 사람의 마음속 PR을 활용하여 브랜드를 자리매김하면 된다고 한

다. 브랜드 구축은 바로 인간의 마인드에 그 이름이 자리 잡아야 성공하는데 중소도시의 브랜딩도 바로 이 점에 주목해야 한다. 지역 브랜드는 그 지역만의 특별한 경험을 약속하는 것이며, 결과적으로 그 지역에 대한 즐거운 기억을 공고히 하는 역할을 한다.

선진국에서 한때는 기업가들이 비즈니스를 위해서 대도시에만 눈을 돌렸으나 이제는 중소도시에 오히려 관심을 갖는다. 오늘날의 많은 중소도시는 대도시의 활기와 겨룰 정도로 성장하여 글로벌 시장에서도 독특하게 브랜딩된 곳이 많다.

중소도시마다 지역의 특산물이나 문화자원, 자연자원을 대표적인 자원으로 여기고 있다. 그 지역이 아니면 볼 수 없는 자원, 꼭 거기 가야만 먹을 수 있는 음식, 다른 곳에서는 구매할 수 없는 특산품이라면 일차적인 성공을 기대할 만하다. 지역의 정체성과 역사성을 함께 갖고 있는 자원이라면 브랜딩 성공 확률이 더욱 높다. 그러나 많은 중소도시는 브랜딩 전략이 없거나 주제가 일정하지 않은 홍보활동으로 혼란된 이미지를 보여주고 있다. 브랜드 이미지를 갖고 있으나 많은 사람들이 알기에는 아직 충분하지 않다. 이런 점에서 중소도시의 브랜딩 문제와 도전 과제들을 찾아서 분석한다.

브랜드화 방향과 전략은 지역의 매력 증진과 지속가능성에 초점을 둔다. 브랜드의 권위자인 안홀트(Anholt)는 국가 브랜드를 따질 때 그 나라가 살기 좋은 곳

인가 아닌가, 그 나라 사람과 친구하고 싶은가 아닌가에 달렸다고 강조한다. 특히 관광에서는 지역브랜드가 더할 나위 없는 관심을 받고 있다. 따라서 하나의 도시나 마을이 쇠퇴하지 않고 일정한 인기를 유지하기 위한 최선의 방법 중 하나는 그 지역을 브랜딩하는 것이다.

전국의 수많은 지자체가 브랜드를 구축하려 애쓰고 있지만, 보유한 문화와 자연자원이 비슷하고 지리적으로도 서로 가까워서 특이한 매력이나 새로운 영역을 발견하기가 쉽지는 않다. 그러나 지방의 중소도시가 차별성 있는 DNA를 찾아내는 노력을 한다면 나름대로 독특한 정체성을 구축할 수 있다.

중소도시의 비전과 브랜딩 전략은 국내사례와 해외사례를 검토한 결과를 바탕으로 우리나라 상황에 맞게 적용하여 제시하였다. 국내외 사례분석에서 성공요인뿐만 아니라 문제점도 파악된 것이므로 이런 점을 보완하고 개선하는 전략이 제시된다. 국내외 도시의 브랜딩 사례와 필자가 사례로 제시한 아이디어가 지방 중소도시의 브랜딩 전략에 일부나마 길잡이 역할을 하게 되기를 기대해 본다.

2020년 12월

저자 **오익근**

제3장 브랜딩 절차와 효과

제4장 외국 중소도시의 브랜딩 사례

제5장 국내 지방 중소도시의 브랜딩 사례

제6장 중소도시의 비전과 과제

관광 활성화를 위한
중소도시 브랜딩 전략

제 **1** 장

지방 중소도시의
현실과 브랜딩 필요성

지방 중소도시의 현실과 브랜딩 필요성

　지방 중소도시도 개성으로 경쟁하는 시대가 왔다. 중소도시가 나름대로의 특색을 가지고 발전해야 국가 경쟁력도 상승하는데, 브랜딩은 도시의 고유한 특색을 키워서 경쟁력을 갖추는 전략이다. 우리나라에서 인구감소와 고령화, 그리고 대도시로의 인구집중 현상이 빠른 속도로 진행되고 있어 지방 중소도시는 점점 더 어려운 상황을 맞고 있다. 농촌 소재 중소도시에서는 65세 이상의 고령인구가 35%를 넘는 곳들도 나타나고 있어 이들 중소도시들이 인구를 유지하거나 확충하지 않으면 유령도시나 마을이 되는 것은 시간문제이다.

　일자리가 있는 대도시로 인구가 유입되면서 대도시의 규모와 기능이 점점 커지다 보니 상대적으로 지방 중소도시나 마을은 존속을 걱정하는 처지가 되었다. 더군다나 삶을 즐길 수 있는 편의시설이나 문화시설이 대도시에는 잘 갖춰져 있어 인구 집중을 가속화시킨다. 한국은 도시화 비율이 90%가 넘는데, 인구의 절반이 수도권에 집중되어 있고, 지방은 그나마 광역시가 인근 중소도시의 인구를 빨아들이고 있다. 지방도시의 쇠퇴 조짐은 1990년대 중반부터 나타나기 시작했지만 쇠퇴에 관한 논의가 본격적으로 진행된 것은 2006년 정도부터이다. 이제는 지방 중소도시도 남다른 특색을 갖고 경쟁력을 키우지 않으면 쇠퇴하는 것은 불을 보듯 뻔하다.

중소도시의 경쟁력을 브랜딩에서 찾아보고자 하는 것이 이 책의 목적이다. 많은 것이 수도권을 중심으로 진행되는 상황에서도 중소도시의 브랜딩 경쟁력은 정체성과 차별성에서 찾아야 한다. 인지도가 낮은 지역이 다른 지역과 차별성을 가진 특색을 갖게 함으로써 사람들의 관심을 끌게 만들고 경제적 가치로 연결되게 함으로써 지역을 활성화시키는 노력이 바로 지역 브랜딩이다. 지역의 개성은 정체성 그 자체라고도 말할 수 있지만, 정체성이 경쟁력을 갖추려면 무언가 독특함이 있어야 하는데 그것이 바로 차별성(다름)이다.

브랜딩이란 브랜드를 지속적으로 살아 있게 만드는 것을 의미한다. 지역을 브랜딩하면 사람들이 방문하게 되면서 일자리가 생겨 지역으로 인구가 유입되거나 외부로 유출되는 인구를 감소시켜 지역의 쇠퇴를 어느 정도 방지할 수 있다. 확실한 브랜딩이 된다면 지역 매력이 다음 세대들에게도 계승되어 지역이 지속적으로 존속하게 될 가능성이 높아진다.

지방 중소도시의 범위와 현실

중소도시는 중간이나 소규모의 도시로서 중도시와 소도시 모두를 지칭하는 것으로 일반적으로 인구 크기로 구분한다. 법률상으로는 「지방자치법」에서 인구 5만 명 이상의 도시를 시로 구분하고, 2만 명 이상의 도시를 읍으로 정하고 있다. 또한 인구 2만 명 이상의 읍도 행정체계상 도농통합형으로 이루어져 있다는 점에서 읍과 주변 면을 포함한 도농통합형 시·군을 하나의 도시로 간

주한다. 대부분의 연구에서는 중소도시의 인구를 최소 5만 명으로 설정하고 있지만 인구 규모에 엄격한 기준이 있는 것은 아니다.

본서에서는 지방 중소도시의 범위를 인구밀도가 높은 수도권과 광역시를 제외한 인구 10만 이하의 대부분 농산어촌 지역에 있는 시나 군으로 지칭한다. 비록 시나 군은 아니지만 마을이나 여러 마을을 통합한 마을권역도 범주에 포함하고 있다. 그 이유는 지역의 브랜딩을 일정 규모 이상의 인구를 가진 도시에만 국한시킬 필요가 없으며, 마을단위에서도 성공적인 브랜딩 사례를 발견할 수 있기 때문이다. 마을이 브랜딩되면 마을이 속한 도시 전체의 이미지나 명성에도 긍정적인 영향을 미친다.

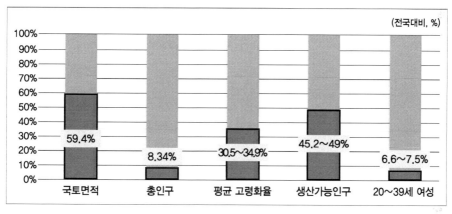

출처: 국토연구원(2018)

소도시(인구 10만 명 미만) 현황

위의 그림은 국토연구원에서 제시한 소도시 현황을 보여주는데, 소도시가 차지하는 국토면적은 59.4%인 데 비하여 인구는 총인구의 8.34%에 불과할 정도이다. 평균 고령화율이 30.5~34.9%에 이르러 생산가능 인구는 45.2~49%이다. 특히 가임 가능한 여성의 비율이 6.6~7.5%로 낮은 편이어서 소도시의 인구 증가를 기대하기 힘들다. 아직 우리나라는 지방 소멸을 경험한 적이 없으므로 인구감소로 인하여 지자체가 소멸한다는 것이 실감나지 않을 수 있다. 그러나 현재 세계 곳곳에서 인구감소로 인한 지방 소멸의 사례가 나타나고 있으며, 지속적인 인구감소 탓에 기본적인 도시기능조차 유지하기 어려운 중소도시들이 늘어나고 있다.

지방 소멸위험지수는 20~39세 여성 인구수를 65세 이상 고령 인구수로 나눈 것이다. 일본에서 처음 사용한 이 지수를 한국고용정보원에서도 사용했는데, 소멸위험지수 값이 1.0 이하인 경우, 즉 20~39세 여성인구가 65세 이상 고령 인구수보다 적은 상황, 그 지역은 인구학적으로 소멸위험단계에 진입하게 되었다는 것을 의미한다. 소멸위험지수가 0.5 미만이면 소멸위험지역으로 분류할 수 있고, 특히 소멸위험지수가 0.2 미만이면 소멸고위험지역으로 분류된다. 2019년 기준으로 삼척, 공주, 보령, 논산, 정읍, 남원, 김제, 영주, 문경 등 9개 도시가 소멸위험 진입단계에, 익산, 목포, 통영은 주의단계에 진입하였다. 2010년과 비교할 때 2019년 소멸위험지수는 전 지역이 상승하였다.

| 소멸위험지수 |

명칭		소멸위험지수
소멸위험 매우 낮음		1.5 이상
소멸위험 보통		1.0~1.5 미만
주의단계		0.5~1.0 미만
소멸위험지역	소멸위험 진입단계	0.2~0.5 미만
	소멸고위험단계	0.2 미만

출처: 이상호(2018). 고용정보원

쇠퇴지역은 인구감소, 총 사업체 수 감소, 노후 건축물 증가 중 2가지 조건
을 충족시켜야 해당된다. 인구감소는 최근 30년간 인구가 가장 많았던 시기와
비교하여 20% 이상 감소하거나 최근 5년간 3년 이상 연속으로 인구가 감소함
을 의미한다. 총 사업체 수 감소는 최근 10년간 총 사업체 수가 가장 많았던
시기와 비교하여 5% 이상 총 사업체 수가 감소하거나 최근 5년간 3년 이상 연
속으로 총 사업체 수가 감소함을 말한다. 노후 건축물 증가는 전체 건축물 중
준공된 후 20년 이상 지난 건축물이 차지하는 비율이 50% 이상인 경우를 말
한다.

| 쇠퇴지역 비율 |

(단위: 개, %)

광역도	광역도 쇠퇴지역 비율	지역	쇠퇴 읍면동 수	전체 읍면동 수	각 도시의 쇠퇴지역 비율
강원도	52.8	삼척	8	12	66.7
충청남도	59.4	공주	12	16	75.0
		보령	7	16	43.8
		논산	14	15	93.3
전라북도	75.3	익산	24	29	82.8
		정읍	16	23	69.6
		남원	21	23	91.3
		김제	15	19	78.9
전라남도	85.9	목포	17	12	73.9
경상북도	78.0	영주	17	19	89.5
		문경	13	14	92.9
경상남도	70.8	통영	12	15	80.0

출처: 도시재생종합정보체계, 도시쇠퇴현황자료(2019년 12월 기준) (최종 검색일: 2020년 6월 1일) 〈https://
www.city.go.kr〉

2017년 국토연구원은 익산과 태백 등 전국 20개 도시를 인구감소로 인하여 집과 기반시설이 남아도는 '축소도시'로 꼽았다. 2015년 기준 10만 명 미만 시·군은 87개소로 국토면적의 59% 이상, 전체인구의 약 8.34%를 차지(전국 인구의 78%는 대도시권에 거주)하여 인구의 불균형 현상이 심각하다. 또한 2017년 집계에 따르면 신생아 수가 300명 이하인 곳(분만 산부인과 운영기준)은 2000년 8곳에 불과했지만, 2016년에는 53곳으로 6.5배 증가하였다.[1]

지방 중소도시들이 인구 10만 명 붕괴 위기에 직면해 있다. 아래의 그림과 같이 경북 상주의 인구가 10만 명을 밑도는 데 이어 2000년대 초반까지만 해도 인구 12~13만 명에 달하던 경북 영주와 영천, 충남 보령, 경남 밀양, 충남 공주, 전북 정읍 등은 10만 명을 위협받게 됐다. 2년 연속 인구 10만 명을 유지하지 못하면 행정조직이 감축되고, 정부가 분배하는 지방교부세도 줄기 때문에 10만 명 붕괴 위기에 놓인 도시들은 갖가지 인구유입 대책을 마련하고 있다.

		(단위: 명)		
상주시	9만 9844		공주시	10만 7175
영천시	10만 1109		정읍시	11만 1886
보령시	10만 1615		사천시	11만 3335
영주시	10만 6423		논산시	12만 114
밀양시	10만 6475			

출처: 통계청(2019년 2월 기준)

인구 10만 명 위협받는 지방도시

---

1 구형수, 김치환, 이승욱(2017). 지방 인구절벽 시대의 '축소도시' 문제, 도시 다이어트로 극복하자. 국토정책 Brief(616호), 국토연구원.

경북 상주시는 2019년 인구 10만 명 선이 무너진 뒤 공무원들이 검은색 상복차림으로 출근해 화제를 모은 곳이다. 이 도시는 행정의 최우선 순위를 '10만 명 회복'으로 정했고, 담당 공무원들은 외지에 주소를 둔 대학생들의 전입신고를 받기 위해 경북대 상주캠퍼스에 출장민원실을 차렸을 정도다. 경북 영천시는 2019년 출산장려금을 전년 대비 최대 여섯 배로 올렸다. 영천시는 2019년 2월 기준 인구가 10만 1,109명으로 10만 명대 붕괴에 임박했다.

인구가 적어도 성장 잠재력이 있는 중소도시들도 있다. 그러나 인구가 적으면 쇠퇴할 가능성이 높고 결국 소멸 위기를 맞게 된다. 우리나라에서 100만 인구 이하의 지자체 중 화성시, 성남시, 수원시, 평택시 등 수도권 도시를 제외하면 지방에서는 천안시, 아산시, 춘천시, 진천군 등이 인구 증가를 경험하는 몇 안 되는 지자체다. 천안시의 2018년 인구는 639,199명이었는데 2012년부터 2018년까지 연평균 1.65% 증가했다. 인구 증가세가 이어지는 것은 각종 산업단지에 대기업이 잇따라 입주하고 대규모 아파트 단지도 들어섰기 때문이다.

고령화와 출산율 저하, 지역산업의 부재 등으로 인한 지역경제의 침체가 청년층의 탈지방도시를 촉발하여 인구가 급격히 줄었는데, 앞으로도 대부분의 중소도시는 인구감소추세를 되돌리기 어려울 것이다. 특히 지방 중소도시에는 특별한 성장산업이 없어 일자리를 찾아 대도시로 떠나기 때문이다. 지방 중소도시들은 이러한 환경에 맞는 발전 전략을 모색해야 살아날 수 있다. 작지만 행복한 도시로서 살아갈 생존전략이 필요하게 된 것이다.

2017년 홍동우, 박명호 씨가 괜찮아지길 원하는 청년들의 욕구를 절감하며 '괜찮아마을'을 세우고 목포에서 6주간 살아보기 프로젝트를 기획하였다.[2] 목포역에서 걸어서 5분 거리 목원동 원도심에 위치한 마을에서 청년들이 각자의 프로젝트를 진행하고 인생을 다시 설계할 수 있게 도와주는 프로젝트이다. 누구나 하고 싶은 일을 하고 같이 밥을 먹으며 서로의 다름을 인정하고 비슷한 생각을 공유하며 힐링하는 것이 목적이다. 매회 30명의 인원을 모집하는데 '괜찮아마을' 입주자 부담금은 프로젝트 활동비로 전액 환급된다.

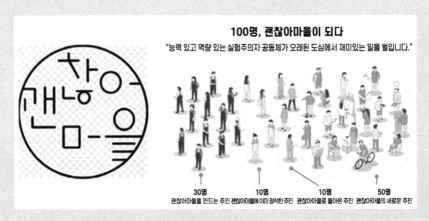

100명, 괜찮아마을이 되다

"능력 있고 역량 있는 실험주의자 공동체가 오래된 도심에서 재미있는 일을 벌입니다."

30명	10명	10명	50명
괜찮아마을을 만드는 주민	괜찮아마을에 이미 정착한 주민	괜찮아마을로 돌아온 주민	괜찮아마을의 새로운 주민

2018년부터 시작하여 2019년 말까지 3개 기수 76명이 참여하였다. 이들을 모이게 한 마법은 단 하나, '괜찮아'였다. 실패해도 괜찮고 아무 일도 안 해도 괜찮은 공동체 생활로 자신이 원하는 걸 하면서 살아도 되는 삶을 찾는 마을이다. 1주차는 '마인드 리셋' 기간으로 서로의 마음을 어루만져주는 '상호상담' 프로그램과 목포 지역을 함께 다니며 지역 콘텐츠에 대해서 알아보는 시간을 가진다. 2~4주차는 지역 잡지인 '매거진 섬' 에디터들과 함께 섬 여행을 떠나고, 잡지 제작에 참여하는 프로그램도 있다. 또한 지역 콘텐츠를 활용한 축제나 사업 등을 기획해 보는 기회도 있다. 5~6주차엔 남도 지역에 정착한 청년들을 만나 귀농 등에 대한 이야기를 나눈다. 6주 프로젝트가 끝나면 연고가 없는 목포를 삶의 터전으로 선택하여 마을주민처럼 생업을 갖고 집을 구해서 자신의 힘으로 살아간다. 목포 주민이 된 청년이 30여 명에 이를 정도로 빈집만 무성하던 곳에 20~30대 청년 주민들이 늘어나기 시작했다. 이 프로그램을 수료한 청년들은 디자이너, 마케터, 요리사 등 청년들은 각자의 경험을 살려 목

포 원도심을 다채롭게 채우고 있다. 빈집들은 식당, 게스트하우스, 바, 영상 스튜디오가 되었다. '괜찮아마을'을 만든 여행사 겸 콘텐츠 기획사에서는 목포 정착을 결심한 열두 명의 청년들이 마케팅, 디자인, 행정, 기획 및 출판 등에서 전문성을 살리고 있다.

인구는 줄어들고

우리나라는 인구 15만 명 이하의 기초지방자치단체들에서 인구가 급속히 유출되고 있어 이들의 쇠퇴를 가속화하고 있다. 산업일보가 2015년에 도시의 소멸 가능성을 예측했는데, 전국 지자체 중에서 30% 정도가 소멸 위험지역으로 분류되었다. 현재의 쇠퇴 속도를 고려하면 향후 10년 안에 소멸위험지역이 50%에 육박할 것으로 예측하였다.[3] 지속적인 인구감소 탓에 기본적인 도시기능조차 유지하기 어려운 중소도시들이 늘고 있다.

지난 20년 동안의 통계자료를 기반으로 지자체별 미래 인구를 예측한 2017년 마강래 교수의 연구에 의하면 인구의 소멸시점(인구가 0이 되는 시점)이 가장 빠를 것으로 예상되는 곳은 전남 고흥군이다. 과거의 추이가 앞으로 20년 동안 지속된다면 전남 고흥군은 2040년에 인구가 '0'이 되고, 충북 보은군은 2051년, 해남군은 2059년, 경남 하동군은 2072년에 아무도 살지 않는 곳이 된다. 물론 이론상 인구감소 속도만을 가정한 경우이고, 다른 요소를 감안하지 않기 때문에 현실적으로 인구가 제로가 된다는 것은 불가능하다.

---

2 KBS 1(2020). '실패해도 괜찮아 – 목포 괜찮아마을 72시간', 다큐멘터리 3일, 627회.
3 산업일보(2015). 산단지정 요건 완화. '미분양산단' 증가(9월 23일).

인구감소는 대개 출산율 저하와 자연사의 증가가 가장 큰 요인라고 하지만 가장 큰 원인은 경제 쇠퇴에 있다. 그 외 우리나라의 경우 물리적 환경변화(제조업의 쇠퇴에 따른 경제적 문제, 자연자원의 고갈, 도청 이전, 미군부대의 이전 등), 교통망의 변화(나주시, 남원시가 해당) 등이 있다. 일반적으로 인구감소는 그 자체로도 소멸의 원인이 되지만 인구감소가 지자체의 재정을 압박하여 중소도시가 쇠퇴하는 경우를 많이 접할 수 있다. 즉 인구감소의 가장 큰 원인은 '경제적 측면'에 있다는 것이다. 한때 인구 20만 명을 넘었던 남원시는 교통의 발달로 전주·광주와 하나의 생활권이 되었고, 남원시 주민들은 관광·문화·교육·쇼핑 등의 여러 활동들을 이런 인근 도시에서 할 수 있게 되었으며 직장인들은 전주나 광주에서 출퇴근한다. 교통망의 개선이 인구유출을 심화시켜서 현재 남원시의 인구는 8만 7,000명 정도이다.

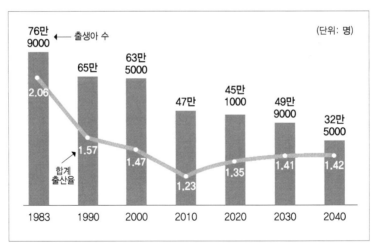

주: 합계출산율이란 여성 한 사람이 평생 낳을 것으로 예상되는 평균 출생아 수임
출처: 통계청, 보건사회연구원, 헬스포커스(2018)

합계출산율과 그 전망

북미 최대의 자동차 도시인 디트로이트의 예를 보기로 하자. 1950년 디트로이트의 인구는 180만 명이었다. 미국의 빅 3 자동차업체(포드, GM, 크라이슬러)가 있는 디트로이트는 제2차 세계대전 이후 최고의 전성기를 맞았고 전 세계 자동차산업의 메카가 되었다. 그러나 1980년부터 일본 자동차회사들의 선전으로 디트로이트의 자동차산업은 침체되기 시작한다. 1990년대 들어 자동차산업이 더욱 쇠퇴하자 인구는 급속히 줄어들었다. 주민들의 평균 수입도 가구당 평균 5만 달러에서 2만 8,000달러 수준으로 하락했으며, 인구와 가계소득의 감소는 도시의 재정을 압박했다. 이러한 상황이 지속적으로 인구를 감소시키는 요인이 되었고 급기야 디트로이트는 2013년 재정 악화로 파산하기에 이르렀고, 이 당시 인구는 70만 명 정도였다. 전성기에 비해 인구가 반으로 줄어든 것이다.

디트로이트에 대한 이야기가 나왔으니 몇 가지 부연하면, 2008년 금융위기 이후 디트로이트의 공원은 70% 정도가 폐쇄되었으며, 경찰인력은 10년 동안 40%가 줄었고, 경찰이 출동하는 데 걸리는 시간은 미국 평균의 5배나 되었다. 디트로이트는 미국 내 흉악범죄의 발생률이 가장 높은 도시로 꼽혔다. 2013년에는 인구 10만 명당 45건의 살인사건이 발생했는데, 이는 미국 평균의 10배에 달한다. 이는 지역의 경제침체가 인구를 감소시켜 도시 자체를 파멸시킬 수 있다는 것을 보여주었다.

미래 인구감소의 원인을 유추하기 위해 인구감소를 보이는 지방 중소도시들의 특징 중 하나는 50대 이상의 인구층이 매우 비대해졌다는 점이다. 이들 연령층 대부분은 다른 지역으로 이동할 능력이 없고, 설사 능력이 있다고 해도 원하지 않는다. 다른 도시에서 새롭게 적응할 만큼 남은 인생도 길지 않고, 오랜 시간을 함께 보낸 주변의 친구, 친척, 이웃을 떠나고 싶지 않기 때문이다. 앞으로 진행될 중소도시들의 인구변화를 예측해 보자. 지난 수십 년간의 인구감소를 젊은층의 인구유출을 통해 보면 앞으로의 인구감소는 노년층의 사망이 주요인이 될 것이다.

중소도시의 인구감소는 바로 도시 활력 저하로 연결된다. 예컨대 인구가 증가하면 개발사업들이 줄줄이 따라온다. 늘어난 인구만큼 주택이나 도로도 건설해야 하기 때문이다. 상하수도나 문화시설 등을 건설하는 수많은 개발사업도 필수적이기 때문에 인구증가는 기업을 끌어들이는 효과가 있다. 기업들은 지역민들에게 일자리를 제공하고 외부 사람들을 끌어들이는 효과가 있다. 이렇게 되면 지자체는 더 많은 세금을 확보하고 복지사업 등 보다 다양한 사업을 벌여 도시에 힘과 활력을 불어넣는다.

그러나 반대로 인구가 감소하면 이와 정반대의 현상이 발생하게 된다. 인구가 감소하면 도시 활력 저하뿐만 아니라 생활만족감, 나아가 가족의 수입만족감, 주거환경 만족감을 낮추어 삶의 질이 급속도로 나빠지는 것이다.

고령인구는 늘어나고

평균수명 증가와 출산율 감소로 세계 곳곳에서 고령인구가 늘고 있다. 고령화는 인간의 수명 연장을 의미하는데 여기다가 출산율까지 낮아지면서 전체인구 대비 노인인구의 비중이 높아지고 있다. 선진국에서 65세 이상 인구가 차지하는 비율은 1999년 10%에서 2050년에는 22%로 2배 이상 늘어날 것으로 전망된다. 구체적으로 전체인구 대비 65세 이상 인구 비중을 살펴보면 고령화 상위 20개국 가운데 19개국이 유럽 국가인데, 이 중 세계에서 고령화가 가장 심각한 국가는 65세 이상 인구가 전 인구의 19%를 차지하는 이탈리아다.

우리나라는 2000년에 65세 이상 인구가 차지하는 비율이 7% 이상인 고령화 사회로 진입한 후, 2017년 고령사회(14% 이상)를 거쳐 2026년에는 초고령 사회(20% 이상)로 진입할 전망이다. 유엔은 우리나라가 지금처럼 고령화가 진행된다면 2050년에는 노인인구 비율이 37.3%로 세계 최고 수준에 이를 것으로 예측하였다. 지역별로 보면 이미 65세 인구가 20%를 넘는 초고령 지역이 38%(228개 지자체 중 86곳)에 달하는데 대부분 인구 15만 명 이하의 지방 중소도시이다. 전남 고흥군을 비롯해 경북 의성군, 경북 군위군, 경남 합천군, 경남 남해군은 65세 이상 고령인구 비율이 30%를 넘는다. 특히 고흥군의 경우 10년간 인구는 꾸준히 감소하면서도 노인인구는 오히려 늘어서 앞으로 10년 내에는 노인인구가 50%에 달할 것이란 전망도 있다.[4]

고령화에 따른 문제점 중 가장 큰 것은 축소도시(shrinking cities)가 생겨난다는 것이다. 축소도시란 1988년 독일학계에서 나온 개념으로 '지속적이고 심각한 인구감소로 인해 주택, 기반시설 등의 공급과잉 현상이 나타나는 도시'를 의미한다.[5] 2017년 국토연구원은 익산과 태백 등 전국 20개 도시를 인구감소로 인하여 집과 기반시설이 남아도는 '축소도시'로 꼽았다. 이 20개 도시는 모두 65세 이상 인구 비율이 7~14%인 고령화 사회 이상 단계에 들어 있다. 이 중 삼척, 공주, 보령 등 9개 도시가 고령사회, 정읍, 남원 등 6곳은 초고령 사회에 도달했다.

---

4 통계청(2018). 주민등록인구현황(http://kostat.go.kr).
5 구형수 · 김태환 · 이승욱(2017). 지방 인구절벽 시대의 '축소도시' 문제, 도시 다이어트로 극복하자. 국토정책 Brief(616호), 국토연구원.

출처: 국토연구원(2017)

20개 인구 축소도시

이들 축소도시는 2015년 기준으로 재정자립도가 30%를 넘지 못했고 정읍, 남원, 김제, 안동, 상주 등 5곳은 15%에도 못 미쳤다. 축소도시의 대표적인 현상 중 하나가 인구감소인데, 2015년을 기점으로 모든 축소도시가 인구 정점을 지났고, 정점을 지난 기간이 40년 이상인 도시가 16개로 전체 축소도시의 80%를 차지하고 있다.

중소도시 고령화의 문제를 해결하기 위해서는 우선 고령화 원인부터 파악해야 한다. 고령화의 첫 번째 원인을 '저출산'으로 보고 있는데, 서울을 중심으로 한 수도권과 대도시들은 지방 중소도시보다 출산율이 낮다. 통계청에 의하면 2014년 서울시의 출산율은 0.98로 전국 평균(1.21)보다 낮고, 중소도시들은 평균 1.5이다. 대도시에서는 인구집중으로 집값이 비싼데다 자녀의 사교육

비도 지방 중소도시들에 비해 훨씬 높고, 부부가 직장생활을 하는 경우가 대부분이어서 젊은 부부들이 출산을 꺼린다.

고흥군보다 인구가 훨씬 많은 중소도시인 충주시도 이러한 현상을 보인다. 충북 충주시는 인구유입을 달성하기 위해 기업유치와 산업단지 분양으로 어느 정도 성과를 거둔 도시이지만 노인인구 비율이 매년 높아지고 있다. 지난 2012년 말 충주시의 65세 이상 노인인구 비율은 15%였으나, 2018년 말 기준 노인인구는 38,138명으로 전체인구의 18.1%를 차지하며 급속하게 늘고 있다.

지방 중소도시와 농어촌 지역의 심화된 고령화로 인하여 도시는 활력을 잃을 뿐만 아니라 만성적인 인구감소로 이어지는 악순환이 가속화되고 있다. 현재 지방의 중소도시는 일자리 창출이 되지 않아 젊은층이 빠져나가서 상대적으로 노인인구 비중이 비대해졌다. 경북 의성군은 분만실은 없고 장례식장만 10곳이다. 중소도시 고령화는 도시의 활력을 떨어뜨리고 결국 도시 쇠퇴로 이어질 수밖에 없다. 한국농어촌공사에서 매년 농산어촌의 활성화 사업에 막대한 예산을 투입하고 있지만, 이런 사업을 심사할 때마다 마을 인구가 고령화되어서 과연 사업을 운영하고 지속적으로 관리할 수 있는 젊은 인력이 남아 있느냐는 의구심이 떠나지 않는다.

젊은이는 도시로

대도시 집중현상은 우리나라뿐만 아니라 미국, 영국, 캐나다, 일본, 중국 등 많은 나라에서 일어나는 현상이다. 대도시 집중현상의 직접적인 요인은 경제의 저성장에 기인한다. 저성장 기조는 지방과 수도권, 대도시와 중소도시를 가리지 않고 모두에게 영향을 미치지만, 특히 중소도시들에 더욱 불리하게 작용한다. 경제성장률을 높이기 위해 가장 효율이 높은 곳에 제한된 자원을 투입하므로 젊은 인구를 지속적으로 받아들이는 수도권을 포함한 대도시들은 저성장 환경에서도 잘 버티는 편이다.

지방 중소도시에서는 자연적인 인구감소와 노령화 외에도 일자리와 교육 등을 이유로 도시로 나가는 젊은층의 인구가 증가하고 있다. 이러한 현상은 세계적으로 공통적이라 할 수 있다. 우리나라 지방 중소도시의 재정자립도는 매우 낮아서 괜찮은 일자리(decent job)가 드물기 때문에 젊은층의 도시 선호 경향과 대기업의 수도권 대학 졸업생 선호가 맞물려 수도권으로 젊은층이 몰려가는 것이다. 과거에는 지방거점 국립대가 젊은이들의 지역 이탈을 그나마 막았고, 수출단지도 젊은이들의 수도권 집중을 억제하는 효과가 있었다.

2014년 일본의 지방 소멸을 우려한 "마스다 리포트"가 인구감소에 따른 지방 소멸이라는 위기의식을 불러일으켰다. 젊은 세대의 도쿄 집중을 지방 인구감소의 가장 큰 원인으로 꼽았다. 이 보고서에 의하면 지방거주 가임 여성 (20~39세)의 유출로 인해 일본의 896개 지자체가 2040년에 소멸할 위기에 직면한다는 것이다. 1954년부터 2009년 사이 지방에서 대도시로 이동한 인구는 1,147만 명이다. 도쿄권으로 전입초과 현상은 지속되고 있는데 15~24세가 절반을 차지하고 있다. 전국 대학생의 40%, 대기업의 70%가 도쿄에 집중되어 있어 도쿄권이 취업과 진학에 상대적으로 유리하기 때문이다. 이에 비하여 선진국들의 대기업 본사 분포상황을 보면 뉴욕에 30%, 파리와 런던에는 20% 정도에 그친다.[6]

청년층 인구의 유출은 지역 인구의 감소를 초래하는 데 이어 지역의 인구 고령화를 가속화시키고 결국 지역의 존속을 위협한다. 다음의 표는 1995년

---

6 중앙일보(2018a). "젊은이들, 지방으로 이사 가세요" 일본이 팔 걷은 이유(10월 21일).

16개 각 광역시도에서 거주하던 1986~1990년생(당시 5~9세) 인구를 100으로 놓고, 5년마다 이 인구가 어떻게 증감했는지를 보여주는 것이다.

| 연령별 인구변화 |

(단위 : %, %p)

	5~9세 (1995년)	10~14세 (2000년)	15~19세 (2005년, A)	20~24세 (2010년, B)	25~29세 (2015년, C)	증감(%p)	
						B-A	C-B
전국	100.0	99.7	99.1	99.2	99.4	0.2	0.2
서울	100.0	96.1	97.1	102.5	114.5	5.4	12.0
부산	100.0	97.3	95.9	92.9	84.9	−3.0	−7.9
대구	100.0	102.0	101.4	96.1	84.7	−5.3	−11.4
인천	100.0	98.0	95.0	96.2	99.8	1.2	3.6
광주	100.0	106.1	106.5	102.8	92.9	−3.8	−9.8
대전	100.0	104.8	106.0	105.2	101.4	−0.8	−3.8
울산	100.0	96.4	94.3	88.1	88.0	−6.2	−0.1
경기	100.0	102.0	104.7	111.2	119.7	6.5	8.5
강원	100.0	101.0	96.3	93.5	81.0	−2.8	−12.6
충북	100.0	102.3	99.9	97.6	92.0	−2.3	−5.6
충남	100.0	105.3	105.7	104.8	100.4	−1.0	−4.4
전북	100.0	101.5	96.7	88.7	74.5	−8.0	−14.2
전남	100.0	98.0	90.9	80.0	66.4	−10.9	−13.6
경북	100.0	97.2	93.5	90.7	80.2	−2.8	−10.6
경남	100.0	99.2	97.1	91.8	84.6	−5.3	−7.3
제주	100.0	101.1	99.1	95.0	92.6	−4.1	−2.4

자료: 통계청(2018), 「주민등록인구현황」

위의 표를 보면 20년 후인 2015년, 25~29세 인구가 순유입된 지역은 서울, 경기, 대전, 충남이다. 경기도가 119.7로 가장 높고 서울이 114.5로 뒤를 이었다. 서울은 2005~2015년 총인구는 1,017만 명에서 1,002만 명으로 감소했지만 청년층 인구는 순유입되었다. 서울과 경기, 인천을 뺀 전 지역에서 15~19세 대비 인구규모는 큰 폭으로 감소했다. 지방 청년인구의 순유출이 가장 큰 규모로 발생하는 연령은 병역의무를 마친 남자와 대학 졸업자의 다수가 첫 취업을 하는 25~29세다. 대학 졸업 후 일자리를 찾아 수도권으로 이동하

는 것이다.[7]

　대도시 집중으로 중소도시에서 발생할 경제수요와 인구도 대도시로 이동하는 현상을 '빨대효과(straw effect)'라고 한다. 예컨대 출퇴근이 불가능했던 지역이 고속철도나 지하철 등 교통시설의 확충으로 통근과 쇼핑권에 편입되면서 대도시가 중소도시의 수요를 빨아들이고 인구이동도 촉발시키는 것이다. 이 때문에 독자적인 상권을 유지했던 지역이 대도시 상권에 지배되는 경우가 생긴다. 이처럼 대도시로의 집중화 현상은 중소도시 인구감소를 가져오게 되며, 특히 젊은 인구의 유출과 더불어 고령화의 심화라는 악순환을 겪게 되는 것이다.

　인구의 지역 간 이동은 도시의 경제적 활력과 매력의 차이에서 생겨난 결과이다. 사람들은 경제가 성장하는 곳이나 문화생활이 편리한 지역으로 이동하게 되어 있는데, 도시가 농산어촌보다는 이런 조건에 맞으니까 도시로 인구가 집중되는 것이다. 특히 청년들은 일자리가 있고 문화생활을 즐길 수 있는 도시를 선호하는 경향이 있다. 농산어촌 지역에서는 산업이 제한되어 있어서 일자리가 부족한데 그나마 일자리마저도 줄어들고 있다. 후지나미(2018)는 인구감소에 대한 방안과 청년유입 정책으로써 이주촉진 정책에 의존한다면 일부 지역에서 쇠퇴가 가속화되고 나라 전체의 활력이 떨어진다고 예측한다. 그러나 지방에서 도쿄로 이주하는 청년들은 약 10% 정도여서 지방 출신자들은 대부분 현 거주지역에서 그대로 살고 있으므로 도시로의 이주를 너무 비관적으로 볼 필요가 없다고 강조한다.

　현재 지방 중소도시는 젊은 인구 유출과 인구감소로 도시의 인프라가 저하됨에 따라 잔여 인구의 유출이라는 악순환을 겪고 있다. 이런 고리를 끊는 방

---

7 뉴스핌(2016), '지방 소멸' 일자리 찾아 서울로 짐싸는 여성 청년(9월 5일).

법은 젊은 인구를 유입하는 것보다 베이비부머를 유치하여 인구를 늘려서 생활 인프라 저하를 막는 것이다. 대신에 젊은이들을 4차산업 일자리가 많은 대도시로 진출하게 함으로써 세대 간 일자리 공간분업을 하자는 도시전문가의 주장도 있다.[8]

은퇴하기 시작한 베이비부머들은 아직 활발하게 일할 수 있는 건강과 소비력이 있고, 그들의 다양한 경험과 인맥을 활용하면 지역경제에 활력소 역할을 할 수 있다. 바로 이런 이유에서 지방 중소도시에서 귀농귀촌정책을 활발히 펴고 있는 것이다. 그러나 중소도시가 존속하려면 은퇴자들의 귀향으로 인한 인구유입도 필요하지만, 무엇보다도 농업을 비롯한 여러 섹터에서 괜찮은 일자리가 생겨서 지역을 이끌어갈 젊은이들에게 비전을 보여주는 것이 더 중요하다. 귀농귀촌인보다는 고향을 지키는 젊은이들이 있어야 그 마을의 역사를 이어갈 수 있기 때문이다.

지방 중소도시의 대안은 무엇인가

농산어촌의 중소도시나 마을로 사람을 끌어들여 장기적으로 정착시키려면 소득을 보장해 줄 수 있는 일자리가 있어야 하는 것이 선결과제이다. 한국농촌경제연구원(2018)의 연구결과(다음의 그림)에서 나타나듯이 농어촌 주민의 만족도가 가장 낮은 정주여건은 역시 소득기회, 일자리였다. 20~30대를 비롯하여 귀농·귀촌인, 농림어업 외의 직업을 가진 주민들은 농어촌 지역에 소득기회가 현저히 부족하다고 평가하고 있지만, 농림어업종사자들은 농외소득을

---

8 중앙일보(2020a). 1685만 베이비부머의 이도향촌이 청년, 지방 살린다(5월 1일).

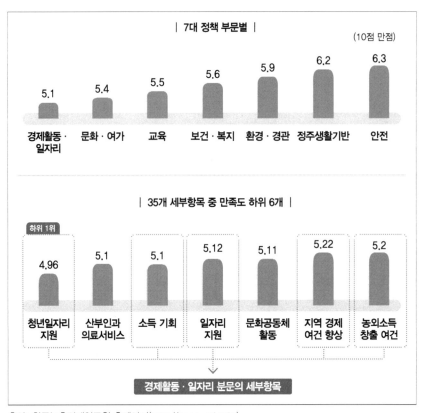

출처: 한국농촌경제연구원 홈페이지(http://www. rei.re.kr)

농어촌주민의 정주여건 만족도

창출할 수 있는 여건이 향상되었다고 평가하였다.

따라서 청년이나 귀농, 귀촌 인구들을 서로 차지하려는 쟁탈전을 벌일 것이 아니라 그 지역에 살고 싶어 하는 젊은이에게 소득이 보장되는 괜찮은 일자리를 만들어서 그들의 생활을 지속가능하게 만드는 것이 중요하다. 아무리 보조금을 많이 주고 인센티브를 제공하여 이주시켰다 하더라도 이런 지원이 끊기면 지원받은 사람들의 생각이 바뀔 수 있기 때문이다. 공공사업이나 보조금을 통하여 청년들을 지방에 정착시켜도 그들의 생활이 경제, 문화, 교육적으로 안정되지 못하면 청년유치정책이 실패로 돌아갈 가능성이 높은 것은 바로 이런 이유 때문이다. 농업이나 어업, 임업에서 좋은 일자리가 생겨난다면 인구감소의 속도를 줄여서 현상을 유지할 정도의 인구를 지킬 수 있다.

전북 임실 하면 제일 먼저 떠오르는 게 치즈다. 토종식품이 아니지만 국내에서 명성을 떨치고 있다. 임실치즈는 1967년 임실성당에 부임한 벨기에 출신 지정환 신부(본명: 디디에 세스테벤스)가 가난한 주민들을 돕고자 서양에서 산양 2마리를 들여왔다. 지 신부는 임실이 치즈를 생산하기에 적합한 환경을 갖췄다고 판단했지만, 치즈 생산에 실패를 계속하다가 몇 명이 유럽에서 치즈 제조기술을 배워 와서 지금의 임실치즈를 만들었다. 1990년대 말부터 임실치즈는 유명 브랜드가 되었고, 임실치즈를 내건 피자 프랜차이즈만 20개 업체가 넘는다. 임실군에서는 임실에서 생산한 치즈에 '임실엔치즈'라는 공동 브랜드를 만들었다. 2000년대에 건립된 임실치즈테마파크에 펜션, 레스토랑, 체험관 등이 들어서면서 사람들의 방문도 급증하였다. 치즈 관련 일자리가 있는 한 인구의 급격한 감소는 막을 수 있다. 청년들이 농업에서 비전을 발견한다면 상황은 달라질 것이다.

다음의 그림은 농어촌 젊은이의 도시로의 이주 의향을 보여준다. 일반적으로 여성은 지방이주를 희망하는 경향이 낮은 편이고, 남성도 가족의 의견을 감안해야 하므로 실제로 농산어촌 지역으로 이주할 확률은 낮아진다. 위의 통

계에서 보면 농어촌지역의 20대부터 50대는 도시로의 이주 의향대로 실제로 이주하고 있음을 보여준다. 반대로 60대 이상은 이주 의향이 25.8%지만 실제로는 53.3%가 이주하였다. 이 통계는 도시에서 살고 있는 자식들이 노부모의 건강을 염려하여 도시로 모시는 현상이 뚜렷함을 보여주는데, 앞으로도 노인들의 도시 이주가 늘어날 것으로 예측된다.

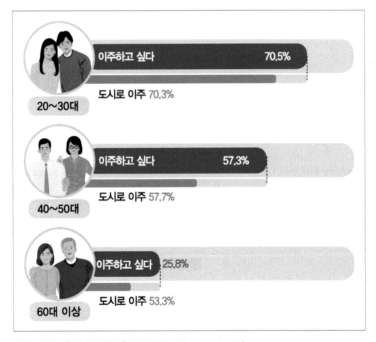

출처: 한국농촌경제연구원 홈페이지(http://www. rei.re.kr)

농어촌 젊은층의 도시이주 의향

여전히 농어촌 주민 중 이주의향이 있는 응답자 중 과반수 이상이 도시로의 이주를 희망하고 있다. 이러한 상황 속에서 중소도시의 농어촌 주민들, 그 중에서도 특히 청년층이 행복하게 살아갈 수 있도록 정주여건을 개선하고 삶의 질을 향상시킬 수 있는 정책이 필요함을 느낀다. 이를 위한 정책을 경북에서 시도하고 있다. 경상북도에서는 매년 6천500여 명의 청년들이 일자리를 찾아서 타 시·도로 떠나는 현실에 대응하기 위하여 '이웃사촌 청년시범마을'을 조성하고 있다.

청년이 농촌에서 일하고 아이를 낳아 키울 수 있는 환경을 만들어 청년들을 농촌으로 정착시키는 것이 목적이다. 노인인구 비율이 38.4%로 도내 최고 수준인 의성군에 스마트팜 시범마을을 조성하여 도시청년 50명에게 월급을 주면서 스마트 농업기술을 익혀서 창농하도록 만드는 프로젝트이다.[9] 반려동물 문화센터와 교육시설을 만들고 축제를 마련해 관련 산업을 키우고, 공예나 창작예술에 관심 있는 청년들이 공동작업장을 활용하여 창업할 수 있도록 도와준다. 이웃사촌 시범마을 사업이 지방 중소도시 위기를 해결하는 모델이 될 수 있을지 지켜볼 일이다.

---

9 의성군 이웃사촌지원센터(2020). https://unsc.or.kr

일본 지방창생회의가 만든 마스다 보고서는 도쿄로의 인구집중을 해소하고, 젊은 세대에게 매력 있는 지방 거점도시를 만들어서 젊은이들을 불러들여야 지방의 인구감소를 막을 수 있다고 지적하였다.[10] 일본은 지방의 젊은이들이 대도시로의 이동을 방지하는 방안도 마련하였는데, 도쿄권에서 본사와 인재를 지방으로 이전하는 기업에 대해서는 법인세를 우대해 주고 인재도 알선해 준다. 지방기업의 경쟁력 강화나 정부기관의 지방 이전을 비롯하여 지방대학의 연구역량을 강화하고, 지방 학생의 지역정착을 촉진하여, 지역산업을 담당하는 인재를 육성하도록 지방대학을 활성화하는 것이다. 인구감소에 직면한 지자체가 다양한 보조금, 생활자금, 일자리를 제공하며 젊은 세대를 지역에 정착시키려는 노력을 하고 있다.

이런 노력의 결과, 일본 국토교통부의 2017년 설문조사에서는 대도시에 사는 20대의 25%가 지방 이주를 희망하는 것으로 나타났는데, 이 비율은 모든 연령대 가운데 가장 높았다. 지방 이주라 하면 은퇴자의 전원생활을 떠올리지만 20대에게도 주목받게 만든 것이다. 지방 이주를 지원하는 고향회귀지원센터를 이용하는 20대가 10년 전보다 5배가 증가했다는 사실이 이를 증명해 준다.[11]

산업단지 조성을 통해 기업을 유치하고 인구유입과 경제 활성화라는 두 마리 토끼를 잡겠다고 생각하는 중소도시가 많지만, 이미 이러한 방법을 시행한 중소도시들이 많은 문제를 안고 있다. 예컨대 기업을 유치하기 위해 공업단지를 조성하는 중소도시는 기업들에게 많은 혜택과 지원금을 지원하여 큰 비용 부담을 떠안게 된다. 게다가 공단 조성비용에 비하여 기업유치 실적이 매우

---

10 후지요시(2016). 이토록 멋진 마을(김범수 옮김). 황소자리.
11 중앙일보(2018c). 일본의 초고령사회 일본에서 배운다(12)(10월 21일).

저조한 성과를 보여준 중소도시들이 많다. 물론 성공사례도 있다.

지방 중소도시들이 살아나려면 기업 친화적으로 나아가야 한다는 주장은 옳으나 실제로 지방의 노동력 부족과 지방근무 기피증으로 인하여 수도권에서 가까운 지역을 제외하고는 기업을 새롭게 유치하기가 쉽지 않다. 물론 전통적으로 특정 지역에 기반을 둔 산업인 경우는 예외이지만. 유럽이나 미국, 일본에는 지방 중소도시에도 글로벌 기업의 본사가 있어 도시 발전에 커다란 공헌을 하고 있는데, 이런 도시들도 다방면에서 훌륭한 인프라를 갖추고 있어 주민들도 구태여 대도시에 거주할 필요를 느끼지 못하기 때문에 가능한 일이다.

이처럼 사면초가에 빠진 지방 중소도시는 어떤 대책을 강구해야 할까? 나름대로의 특색을 갖춘 곳은 그 특색을 살려야 하고, 그런 강점이 없다면 사람들이 관심을 갖고 주목할 만한 일을 발굴하거나 창조해야 한다. 따라서 지방 도시의 독특한 자원이나 분위기를 살려서 다른 지역과 차별화하여 경제 활력을 꾀하는 브랜딩 전략을 적극적으로 구사할 것을 강조하고 싶다. 중소도시를 브랜딩하여 지역에 대한 이해와 호의를 얻어내면서 지역의 인지도를 높이면 관광객이 늘어나 쇠퇴를 예방하거나 오히려 인구도 늘어나는 효과를 얻게 된다. 브랜딩은 기업을 끌어들이는 힘도 가지고 있어 일자리 창출로도 이어지면서 인구를 유입시키는 역할도 한다.

인구유입이 중요한 이유는 분위기, 창의성, 이미지 등 소프트 파워[12] 요소들을 연결해 주는 것이 바로 사람이기 때문이다. 이런 소프트 파워는 사람들을 끌어들이는 설득력과 호감을 사는 능력을 발휘한다. 사람은 어메니티 (amenity)를 만들어 사용하고 도시에게 다양성, 아이디어, 창의성 등을 제공한

---

12 하버드대 석좌교수 조지프 나이는 매력을 만들어내는 가치, 문화, 정책 등의 자산을 소프트 파워로, 군사력과 경제 제재를 하드 파워로 규정했다.

다. 모든 프로젝트에는 한 사람의 영혼과 20명의 조력자가 필요하다고 한다. 브랜딩에 성공한 도시에서 흔히 보듯이 영혼은 야망가, 동기유발자, 비전을 가진 사람이다. 도시의 성공은 인재를 발굴하여 그들의 좋은 아이디어가 실행되도록 필요한 자원을 그들에게 공급하느냐에 따라 좌우된다. 따라서 사람을 단순히 인구로 여기지 않고 도시의 핵심자산으로 간주해야 한다.

덴마크 북쪽에 위치한 인구 23,500명의 프레데릭스하운(Frederikshavn)[13]은 1990년대 말에 조선소가 문을 닫아 실업자가 급증하자 관광객과 새로운 주민 유치를 위해서 여러 가지 혁신적인 프로젝트를 개발하였다. 프로젝트는 세계에서 첫 번째로 문화와 같은 재창출 에너지에 전적으로 의존하는 소도시가 되는 것을 목적으로 하였다. 전통적인 문화 어젠다를 활용하기에는 너무 작은 도시였지만 어떤 아이디어도 무용한 것이라 여기지 않을 정도로 많은 아이디어들을 채택하고자 노력하였다. 그중 하나가 토르덴스키오드(Tordenskiold) Day라는 행사인데, 덴마크 바다 영웅인 그를 기리는 축제에서는 이 도시를 방문하는 배, 거리 극장, 애니메이션 등을 포함하였다.
Frederikshavn은 야자수 나무와 상관없는 곳이지만, 이탈리아에서 수입한 야자수 나무로 해변을 조성한 것이 이 도시의 변화를 상징적으로 보여주고 있다. 도시의 슬로건을 "조선소에서 호스트 시티"로 정하고 방문객의 경험을 창출하는 데 초점을 두었다. 이러한 경험경제는 팜 비치, 하우스 오브 아트, 뉴 아레나와 같이 경험할 수 있는 곳을 포함하고, 정기적으로 개최되는 '조명과 록 파티 축제', 그리고 빌 클린턴과 앨 고어 미국 대통령 방문 등의 이색적인 이벤트도 개최하였다. 이러한 경험경제가 경제를 일으키고, 정체성을 구축하며, 새로운 인구를 유입시켰고, 주민들의 삶의 질을 향상시키는 등 다양한 형태로 자리 잡았다. 이러한 활동들을 호텔, 아레나, 상공회의소, 해운사 등을 망라한 Frederikshavn Event라는 네트워크가 지원하고 있다.

---

13 프레데리크의 항구라는 뜻.

이런 이벤트들의 성공으로 이 도시가 경험을 연출하는 분야에서 리드 역할을 하는 계기가 되었다. 이런 과정이 1990년대 후반에 시작되었지만 실질적인 혜택을 보기까지에는 10여 년이 걸렸다. 경험개발전략의 성공은 이 도시가 외부세계와 연결되는 데 역할을 했다. 1998년에는 천여 명이 방문하였으나 2010년에는 4만여 명이 방문하였다. 천여 명의 자원봉사자가 참여했고, 덴마크의 해외 마케팅에서 이 이벤트가 소개되는 홍보효과도 거두었다.

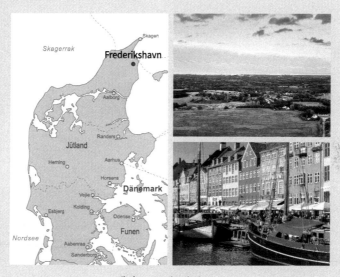

덴마크 Frederikshavn

Frederikshavn 사례에서 주목할 점은 세계인의 관심을 모으면 도시를 더욱 부유하게 만들 수 있다는 생각을 하게 된 것이다. 즉, 도시 안에서 주민과 방문객들이 연중으로 국제적인 경험을 할 수 있도록 지원하면 관광객을 유치할 수 있다는 가능성을 발견한 것이다. 관광업계가 문화, 이벤트, 스포츠, 음식, 아트, 음악, 그리고 무역업계와 분야를 초월하여 협력하면 혼자서는 달성할 수 없었던 일을 해낼 수 있다는 믿음을 갖게 되었다.

성공적인 도시 브랜딩은 사람들로 하여금 도시를 매력적으로 보이게 하는 능력이 있어 설령 인구를 대거 유치하지 못할지라도 소폭의 인구 유입을 가능하게 한다. 현재의 인구감소로 생기는 쇠퇴 트렌드의 방향을 되돌리기는 어렵다. 그러므로 중소도시나 마을의 브랜딩을 통하여 쇠퇴 속도를 지연시키거나 젊은이들의 관심을 유도해야 한다. 브랜딩이 성공하면 사람들이 관심을 갖고 방문하게 되어 있다. 상시든 한시든 인구의 유입은 지역경제에 상당부분 도움을 주며, 이를 통해 도시는 생기를 찾고 활력을 찾게 된다.

전남 함평군은 원래 소득도 낮고 자원도 없는 지역이었지만 축제에 관심을 기울였다. 군민들의 반대가 심했지만 군수는 나비축제의 성공을 확신했고, 1999년 제1회 나비축제가 개최되었고, 2016년에는 나비축제 방문객이 30만 명에 육박했다. 나비축제는 함평을 밝고 청정한 이미지로 완전히 변화시켰다.

출처: 함평군 홈페이지

함평 나비축제

이런 이미지 효과는 함평군에서 생산된 쌀과 오이에 대한 호감도를 높이는 긍정적 효과도 가져왔다. 함평군은 '나비 쌀', '함평천지한우', '복분자와인 레드마운틴' 등의 특산물에 청정지역 이미지를 씌워 마케팅을 하고 있다. 그러나 함평 나비축제로 긍정적인 이미지를 얻고 농산품의 판매도 증가되어 브랜딩에 어느 정도 성공했지만, 인구는 2010년 36,348명에서 2018년 30,600명으로 오히려 감소하였다. 브랜딩의 효과가 어느 정도 있다고 해도 인구 이동이라는 추세를 거스르지 못함을 보여준다. 하지만 함평군의 쇠퇴 속도를 지연시키면서 지속 가능하게 만드는 기능을 간과해서는 안 된다.

관광을 통하여 지역경제를 활성화시켜 마을의 쇠퇴를 막고자 노력한 외국 사례도 있다. 이탈리아 중부의 로마 인근에 있는 몰리제(Molise) 지역에는 30만여 명이 살고 있지만, 젊은 인구가 도시로 빠져나가면서 인구가 확연히 줄어들어 전통을 유지하기가 어렵고 마을들이 유령타운으로 변할 조짐이 보이자 인센티브를 제공하기로 결정하였다.[14] 인구가 얼마 되지 않는 106개 마을의 어느 곳이라도 정착하면 3년간 27,000달러 이상을 지불한다는 인센티브를 내걸었다. 인구가 감소하여 쇠퇴하는 전통마을에 활력을 불어넣고 지역경제를 개조하여 고향을 보존하겠다는 목적이다. 다만 지역경제에 보탬이 될 만한 소규모 사업으로 호텔, 식당, B&B, 농장, 도서관, 공예 판매점 등을 시작해야 한다는 조건을 달았다. 이 마을에서도 지역 활성화의 도구로 관광산업을 활용하고 있음을 알 수 있다.

---

14 CNN.com(2019). 또 다른 도시인 Santo Stefano는 인구 2,000명 이상 지역에 사는 18~40세의 이탈리아나 EU 국민을 대상으로 유치하되, 주로 비즈니스, 가이드, 정보센터, 청소미화원, 정비공, 식품생산 및 판매업을 맡도록 하였다.

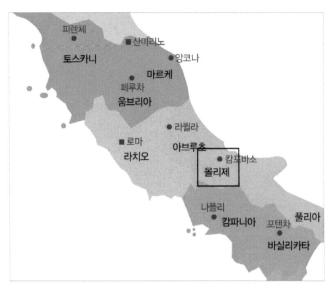

이탈리아(Molise) 지역

지방 중소도시의 브랜딩 왜 필요한가

　지역을 보다 경쟁력 있고 성공적으로 만들기 위한 브랜딩 전략의 힘을 인식한 리더들이 한때 상품과 서비스의 전유물이었던 브랜딩 전략을 도입하는 것은 세계적인 추세이다. 커뮤니티 발전과 관광 진흥에서 브랜딩을 필수적인 요소로 여기고 있기 때문에 브랜딩을 실행하는 도시들이 많아졌다.

　브랜딩된 도시는 특정한 자원, 상품, 산업, 인물, 분위기 등으로 명성을 얻어서 사람들이 거주, 여행 또는 비즈니스 목적으로 방문하는 곳이라고 할 수 있다. 성주 참외, 춘천 막국수, 고창 장어, 담양 죽세공품, 강화 화문석, 거제 조선 등과 같이 특산품과 산업 등으로 알려진 곳 중에서 명성은 있으되 관광객의 방문이 일어나지 않는 곳들도 있다. 또 예전에는 유명했으나 지금은 기억에서 사라진 곳들도 있고 새롭게 떠오르는 도시들도 많다.

선진국의 경우 한때는 기업가들이 비즈니스를 위해서 대도시에만 눈을 돌렸으나 지금은 오히려 중소도시에 더 관심을 갖는다고 한다. 그 이유는 오늘날의 중소도시는 더 이상 달팽이처럼 굼뜨지 않고 대도시의 활기와 겨룰 정도로 성장해서 자체 브랜드나 글로벌 브랜드를 구축하고 있기 때문이다.[15] 이제는 대도시도 포화상태가 되어서 기업가들은 수익을 기대할 수 있는 잠자는 화산 같은 중소도시를 두드리고 있다는 것이다. 부동산 임대료가 저렴하고 접근이 쉬우며, 높은 투자수익을 기대할 수 있는 점이 중소도시나 스몰 타운을 타당성 있고 투자에 적합한 곳으로 만들고 있다.

장소(지역) 브랜딩(place branding)은 지역 이미지와 마케팅을 포함한 분야에서 싹트기 시작하여 지역발전의 강력한 도구로서 최근에 부상하였다. 영어에서 '장소(place)'는 마을, 도시, 지역, 국가를 의미하지만, 우리나라에서는 상대적으로 협소한 공간으로 이해하는 경우가 많다. 따라서 '장소'라고 부르기도 하고, 문맥에 따라서는 '로컬', '지역', '도시'가 더 적합할 때가 있어 본서에서는 혼용하기로 한다.

장소(지역) 브랜딩은 잠재방문객들이 지역상품이나 문화자연자원들을 인지하여 그 지역을 방문하게 만드는 결정적 요인이 된다. 그래서 잘 관리하면 한 번 방문했던 사람이 재방문을 마다하지 않는다. 그러나 지역 자체가 관광상품인 경우에는 재방문이 어느 정도까지는 일어나지만, 일반적으로 관광객은 새로운 곳을 찾아다니는 성향이 뚜렷하다. 따라서 지역 브랜드의 효과는 일반상품의 브랜드에 비하여 브랜드에 대한 로열티가 낮은 편이다. 그렇기 때문에 인지도가 낮은 도시나 마을도 노력 여하에 따라 관광객을 유치할 수 있는 잠

15 Hunt(2014). Branding small town by Texas. Marketing profile, Real Estate Center, Texas A&M University.

재력을 가지고 있다.

사람들의 머릿속에 인상 깊게 자리 잡은 이미지나 스토리는 세월이 흐름에 따라 더 많은 사람들에게 그대로 전파됨을 알 수 있다. 비록 그 당시의 상황과 현재의 상황이 다르거나 원래의 이야기가 소멸되더라도 한번 각인된 인상이나 스토리는 변하지 않는 것이다. 예를 들어, 대구는 사과로 유명했지만 지금은 팔공산 지역의 극히 일부에서만 생산하고 있을 정도로 명맥만 겨우 유지하고 있을 뿐이다. 그러나 대구 하면 무엇이 생각나느냐고 물으면 남녀노소 상관없이 사과라고 말한다. 한번 머릿속에 박힌 이미지는 수십 년의 세월이 흘러도 도무지 변할 줄을 모르는 것이다.

최근에 신문 스포츠 뉴스에서 순천의 어떤 고등학교 야구부가 역전의 명수 군산상고를 이겼다고 헤드라인으로 보도하였다. '역전의 명수'라는 신화는 1972년 군산상고와 부산고가 동아일보의 황금사자기대회 결승에서 9회말 4-4 동점 2아웃에서 5-4로 역전극을 펼친 것에서 유래됐다. 필자가 고등학교 시절에 생겨난 이야기인데 아직도 군산상고는 '역전의 명수'라는 이미지를 가지고 있는 것이다. 고교야구는 프로야구에 밀려 인기가 없어져 지금은 고교야구 중계를 보기가 어려워서 그런지 군산상고가 역전을 펼쳤다는 뉴스를 들은 적이 없다. 그런데도 불구하고 젊은 기자가 50년 전의 이야기를 기억하고 있다는 것이 놀라울 따름이다. 이와 같이 명성이 한번 구축된 도시는 세대가 바뀌어도 그 명성이 지속됨을 알 수 있다.

군산상고는 그 이후 여러 차례 우승을 거듭했고, 이를 기념하기 위하여 야구거리 조형물도 세워서 방문객들에게 '군산=야구도시'라는 이미지를 확실히 굳혀놓았다. 감독과 선수들에 대한 숱한 이야기가 아직도 회자되고 있을 정도로 수많은 액션과 대화들이 이런 조그만 제스처[16] 역할을 해온 덕분이다.

글로벌화되는 추세로 인하여 오늘날 장소 간의 경쟁은 국가, 지역, 도시뿐만 아니라 타운이나 심지어 작은 마을까지도 세계 곳곳에서 사람들과 잠재 소비자를 향하여 각축전을 벌이고 있다. 이러한 환경에서 비즈니스와 마케팅 툴을 어떻게 운영할지 모르면 발전을 생각할 수 없다. 그럼에도 불구하고 일반상품을 대상으로 하는 마케팅 테크닉을 마을, 도시, 지역, 국가에 그대로 적용하는 것은 장소라는 특징 때문에 성공하기 어렵다. 일반상품보다는 이런 장소의 브랜딩은 고려할 사항이 너무나 다양하기 때문이다.

도시는 다양한 얼굴과 정체성을 지니고 있다. 예를 들어, 한 도시가 의료서비스, 문화, 교육, 쇼핑, 주거 등으로 알려질 수 있다. 반면에 상품브랜드는 마케팅팀에서 인정해야 하나 도시 브랜드는 일반적으로 여러 공공기관의 지지가 있어야 한다. 도시 브랜드의 문제 중 하나는 주요 리더들은 브랜딩이나 마케팅 경력이 없거나 고객중심의 시각이 없는 경우가 흔하지만, 과정이나 최종결과에 상당한 영향을 미칠 수 있다. 그들이 내리는 일상적인 결정이 도시의 명성과 매력에 직접적으로 연관된다는 것을 즉시 인식하지 못할 수 있기 때문에 그들의 이해를 구하는 노력이 요구된다.

또한 도시 브랜드는 소비자 브랜드와 달리 일정한 수준의 공공 토론을 거치게 된다. 도시 브랜드는 시간, 공공 토론, 정치적인 감시, 미디어 질문, 그리

---

16 미국 디즈니 CEO였던 아이즈너(Eisner)는 브랜드는 세월에 따라 강화되거나 훼손되는 생물이고, 수천 개의 작은 제스처로 이루어진 상품이라 하였다.

고 마케팅 전문가의 분석과 주민들의 이의 제기 등을 견뎌내야 한다. 이러한 도전을 차단하는 가장 좋은 방법은 열린 컨설팅 프로세스를 통하여 이해관계자들을 적극적으로 브랜딩 과정에 참여시키는 것이다.[17]

장소 브랜딩은 내외적으로 긍정적인 이미지를 만들어서 장소를 대표하는 것이고, 마케팅을 통해서 장소의 정체성과 이미지를 강화하려는 노력을 한다. 그러나 브랜딩과 마케팅에는 차이가 있다. 장소 마케팅은 소비자의 니즈와 수요에서 출발하며 관광홍보기관이나 지역마케팅 기관, 투자 및 무역, 금융기관, 상공회의소 등 여러 다른 섹터를 아우르는 전략이다. 이와 달리 장소 브랜딩은 장소의 정체성에서 출발하는데 이런 정체성은 지역의 행동양식, 가치 및 풍습, 건축물로부터 나오므로 소비자 니즈로부터 시작하는 마케팅과는 다르다. 장소의 본질과 특성은 USP(고유의 강점)로서 소비자에게 어필한다.

요즈음은 장소 마케팅에서 장소 브랜딩으로 넘어가는 추세이다. 브랜딩의 개념은 상당히 널리 퍼져 있고 장소 홍보의 주요 요소로서 활용되고 있다. 장소는 우선적으로 독특한 브랜드를 통하여 다른 장소와 차별화될 필요가 있고, 두 번째는 사람들의 마음속에 다른 지역과 비교하여 탁월한 속성을 가진 곳으로 인식되고, 마지막으로는 지역의 세부목표들과 같은 방법으로 소비되어야 할 필요가 있다.

2016년에 실시된 한국문화관광연구원의 국민여행실태조사에 의하면 최근 여행 방문지를 선택한 이유로 '여행지 지명도'가 43.4%로 가장 큰 영향을 주었음을 알 수 있다. 이것은 곧 여행지가 어떤 것으로 알려져 있는가와 매우 높은 연관이 있다. 따라서 지역이나 중소도시의 브랜딩이 무엇으로 되었느냐가

---

17 Archer(2018). Why 70% of destinations say involving stakeholders is a major branding challenge (September 7)(http://destinationthinks!.com).

관광객 수에 영향을 미친다는 것을 보여주는 것이다. 여행지 안에서의 활동은 볼거리와 음식 순으로 나타났는데, 브랜딩을 위한 첫걸음으로 지역의 정체성을 이런 활동에서 찾을 수도 있다.

출처: 한국문화관광연구원(2016)

방문지 선택이유(여행 전)

관광목적지로서 지방 중소도시의 브랜딩이 중요해진 이유는 사람들이 여행지를 선택할 때 가장 먼저 떠올리는 것이 여행지의 명성이기 때문이다. 도시의 명성은 관광객이 지각하는 위험을 덜어주는 역할을 하는데, 명성이 높다는 것은 그만큼 많은 사람들이 방문하고 경험해서 평가한 결과가 긍정적이라는 것을 의미한다. 이름이 알려질수록 소비자의 불안감을 해소하고 심리적인 안정감을 주는 효과가 있는 것이다. 지명도가 높은 곳은 이름값을 하는 곳이기 때문에 자신도 좋은 경험을 할 수 있다는 기대를 갖게 만든다.

혹자들은 관광목적지 브랜딩으로 인구가 증가하는 것은 관광객 유입에 따른 일시적 인구 증가로 보는 시각을 갖고 있다. 그러나 그렇게 단순하게 생각할 것이 아니다. 특정 도시가 관광목적지로서 브랜딩되어 관광객이 늘어난다면 숙박업, 유흥음식점, 그리고 마트 등 다양한 서비스업들이 진입할 것이고, 서비스업들의 진입은 이를 지지해 줄 제조업의 진입을 북돋우게 된다. 서비스업이나 제조업이 지역에 생기면 그것은 지역의 인구증가로 이어진다. 특히 브랜딩이 잘된 도시일수록 방문 관광객 수는 더욱 많아지며, 이들 수요를 충족시키기 위한 각종 산업들은 활성화되어 인구도 자연스럽게 증가하며, 지역 경제 활성화라는 성과도 누리게 된다.

뉴질랜드 정중앙에 위치한 인구 5만 2,000명 정도의 넬슨은 연평균 해가 2,400시간 머무르는 땅이라는 의미로 태양의 도시(Sunny City)란 별명도 있다. 천혜의 자연환경, 화창한 날씨, 깨끗한 공기를 즐기면서 신선한 식재료와 와인을 맛볼 수 있으며, 예술의 향기가 넘쳐흐르고 에너지를 충전할 수 있어 치유의 도시라는 명성도 얻고 있다.

세 개의 국립공원 중 넬슨 국립공원은 호수와 그 주변을 둘러싼 산에서 알파인 트레킹, 스키, 피크닉을 즐길 수 있어 주민들에게 인기가 높다. 카후랑기 국립공원에 있는 히피 트랙(Heaphy Track)은 뉴질랜드의 대표적인 트레킹 코스로 아열대 우림과 고원지대, 계곡과 해안을 지나는 총 길이 78km의 코스이다. 낚시, 승마, 산악자전거, 카약 등 아웃도어 레저를 즐기면서 풍부한 해산물과 와인을 맛볼 수 있다. Great Taste Cycle Trail은 자전거 여행을 하면서 음식을 즐길 수 있어서 인기가 높다. 넬슨에서 가까운 말버러에서는 뉴질랜드 와인의 70% 이상을 생산하고, 영국 출신의 유명 셰프들도 넬슨에서 레스토랑을 운영하고 있다.

또한 넬슨은 갤러리와 아트 스

뉴질랜드 와인 지역

튜디오가 많아 '예술의 수도'라고도 불리는데 공식적으로 활동하는 예술가가 350명이 넘을 정도로 세계 각국의 아티스트를 만날 수 있다. 매년 10월에 열리는 넬슨예술축제 같은 큰 행사도 있고, 작은 모임이나 워크숍, 예술 클래스 등이 다양하여 외국에서도 방문객이 끊이지 않는다. 넬슨은 태양의 도시, 치유의 도시, 예술의 수도라는 별칭이 있을 정도로 브랜딩된 도시로서 관광효과를 톡톡히 보고 있는 것이다.

지방 중소도시도 글로벌 시대에 무한경쟁에서 예외일 수 없다. 중소도시들은 자신만의 특성화된 역량을 갖추지 못하면 쇠퇴할 수밖에 없다. 특히 교통수단이 진화할수록 서울과 지방과의 공간적 거리는 더욱 가까워져 탈지방 현상에 가속이 붙는다. 인구감소와 노령화로 많은 지자체가 심각한 위기에 직면하고 있기 때문에 중소도시가 브랜딩되지 않으면 경쟁에서 살아남기 어렵게 되었다. 이제 지방 중소도시의 브랜딩은 피해갈 수 없는 현실이 된 것이다.

관광 활성화를 위한
중소도시 브랜딩 전략

제 **2** 장

중소도시의
브랜딩 요건과 전략

중소도시의 브랜딩 요건과 전략

지금까지 인구감소의 원인과 인구감소에 따른 지방 중소도시의 문제점에 대해 살펴보았다. 그렇다면 다양한 이유로 인구감소와 쇠퇴를 겪고 있는 중소도시의 대응방법을 찾아야 한다. 하나의 방안으로 정부는 공간구조 개선, 건축물 리모델링을 주축으로 하는 도시(도심)재생사업을 전국에서 펼치고 있는데, 여기에는 지역 브랜딩 사업도 들어 있다. 그러나 도시재생이나 도심재생사업 내용이 지역 정체성에 상관없이 비슷하게 시행된다면 마을의 공간만 변화시키는 수준에서 그칠 수 있다는 우려가 있다. 따라서 도시재생사업에서도 지역특색을 살리는 브랜딩 개념을 적용하는 것이 중요하다고 본다.

미래학자 박성원은 『우리는 어떤 미래를 원하는가』라는 저서에서 지속적인 경제성장을 위한 네 가지 조건으로 혁신적인 에너지 대책, 저출산 현상에 대한 우려 극복, 분배보다 성장에 초점을 맞추는 일, 시민들이 경쟁의 결과를 자연스러운 것으로 받아들이는 일 등을 제시하였다. 이 중에서 특히 경쟁의 결과를 자연스럽게 받아들이는 분위기가 조성되어야 한다고 주장한 것에 주목하고자 한다. 도시가 국내에서나 글로벌 경쟁에서 뒤처지지 않으려면 경쟁력을 갖는 그 무엇 하나라도 갖추고 있어야 한다. 바로 그런 점을 강조하는 것이 도시 브랜딩이다.

지속가능한 도시가 되려면

어떤 이유(인구감소, 고령화, 대도시 집중현상 등)에서든 중소도시의 쇠퇴는 나라의 발전을 가로막는 요인임에 틀림이 없다. 이 문제를 해결하기 위한 가장 좋은 방법은 공공기관이나 공장을 유치해서 일자리를 만들어 인구를 끌어오고 지역 경제를 활성화시키는 것이다. 그러나 이 방법은 수도권에 가까운 중소도시에서는 가능성이 높지만, 대다수 지방 중소도시들에 있어서는 실현 가능성이 낮은 편이다. 기업과 정부기관도 자신에게 이익이 되는 방향으로 투자지역을 검토하기 때문에 인력이 풍부한 수도권 지역을 선호한다. 따라서 공공기관이나 기업 유치방안이 그리 녹록지는 않다.

지방도시의 일자리 경쟁력이 사라지니 젊은이들이 대도시로 빠져나가면서 지방도시의 인구가 감소하고 지역이 쇠퇴한다. 하지만 세계 거의 모든 지역에서 공통으로 나타나는 현상은 지역민들이 자기 지역의 쇠퇴를 인정하려 들지 않는다는 것이다.[1] 지역의 지속적인 성장은 아니더라도 지속적인 존재를 원한다면 현실을 인정하고 그에 대한 대책이 필요한 것이다. 소멸위기에 있는 중소도시는 심도 있는 자기성찰과 객관적 현실을 받아들이며 소멸위기를 타파할 방법을 강구해야 한다. 지속가능한 발전전략을 실천해서 도시의 수명을 연

---

1 Baker(2012). Destination branding for small cities: The essentials for successful place branding. Portland, OR: Creative Leap Books.

장시키고, 가능하다면 젊고 활기찬 도시를 만들어야 한다.

지역현실에 바탕을 두고 발전할 수 있는 방안 중의 하나가 도시나 마을을 관광목적지로서 브랜딩하는 것이다. 인간에게 있어 관광은 참으로 매력적인 여가활동이다. 여가시간에 가장 하고 싶은 것이 무엇인가라는 질문에 10명 중 3명꼴로 여행이라고 답한다는 사실은 위기의 중소도시에게 꽤 희망적인 메시지를 준다. 지방 중소도시를 성공적으로 브랜딩하면 지역의 인지도가 높아지고 호의적인 이미지가 형성되어 자연스럽게 관광객이 찾아든다. 관광 관련 비즈니스도 활기를 띠고 지역 특산물의 판로도 용이해진다.

전남 강진군은 인구 3만 5,000명이 채 안 되는 작은 곳이지만, 2020년에 시작한 '강진에서 일주일 살기'가 농촌여행의 한 모델이 되고 있다. 푸소(FUSO: Feeling-Up, Stress-Off)의 한 사업으로 시작한 '강진에서 일주일 살기'는 농박과 농촌체험을 결합한 여행 프로그램이다. 2015년 학생·공무원 단체를 대상으로 사업을 시작한 이후로 현재 115개 농가가 참여하고 있다. 참가자들은 6박 7일간 푸소 농가에 머물면서 농가에서 재배한 식재료로 식사를 하면서 시골 인심을 느낀다. 체험을 마치고 돌아간 후 그들은 무화과와 키위, 유기농 쌀 등의 지역 특산물을 주문하여 농가 소득을 올려주고 있다.

중소도시가 전 세계적으로 수많은 도시들 가운데서 자신의 이름을 보거나 들게 만드는 것이 매우 어렵다는 사실은 놀랍지도 않은 일이다. 미국만 하더라도 20,000여 개의 도시와 3,400개의 카운티가 있고, 12,800개의 역사 타운이 있다. 국제적으로 컨설팅 사업을 하는 르바인(Levine)은 "blank slate(블랭크 슬레이트)"라고 칭하는 문제를 제기하였다.[2] 블랭크 슬레이트는 텅 비어 있거나 아주 깨끗한 상태를 말하거나 전혀 편견이 없거나 선입견이 없는 상태를 의미한다. 르바인은 미국의 도시 가운데 70~80%는 사람들에게 두드러진 이미지를 전혀 주지 못하는 블랭크 슬레이트라고 하였다.

여기에다 세계적으로 헤아리기 어려운 수많은 도시들을 감안할 때, 중소도시가 글로벌 시장에서 이름을 얻는다는 것이 얼마나 어려운지를 알 수 있다. 우리나라에만 국한하더라도 광역자치단체를 포함한 220여 개의 지자체와 그 안의 수많은 마을들이 국내에서조차 경쟁력 확보가 쉬운 일이 아니다. 따라서 중소도시가 나름대로 독특한 특성으로 알려져야만 사람들의 주목을 받을 수 있는 것이다. 도시에서 차별성을 지닌 핵심자산, 또는 USP(Unique Selling Proposition)를 발견하는 것은 경쟁사회에서 더욱 중요하게 되었다.

글로벌화로 인하여 국가와 도시와 지역이 경쟁개념을 도입하게 되었다. 지방 중소도시가 치열한 경쟁사회에서 살아남으려면 차별성 있는 핵심자산을 발굴하여 이를 차별화시키는 브랜딩 전략이 요구된다. 지역의 정체성을 반영하여 지역자원의 가치를 표현해 주기 때문에 블랭크 슬레이트를 피할 수 있다. 경험경제시대에 문화의 중요성이 증대됨에 따라 전 세계 도시들은 문화자원을 통한 도시 이미지를 개선하기 위해 노력하고 있다.

---

2 Baker(2012). Destination branding for small cities: The essentials for successful place branding. Portland, OR: Creative Leap Books.

글로벌 시장에서 점점 더 심한 경쟁에 직면하고 있는 중소도시는 자신의 현실을 개선하여 그들만의 특이한 장점을 부각시키고, 사람들의 관심을 끌면서 지구촌에서 자신을 자리매김할 필요가 대두되었다. 점증되는 경쟁환경 때문에 장소의 크기에 상관없이 중소도시가 자신들을 뚜렷하게 차별하고, 왜 그들이 적절하고 가치 있는 선택지인지를 보여주어야 한다. 그렇게 된다면 관광객이 찾아오고 그에 관련된 일자리도 생겨나서 도시의 소멸을 피할 수 있다. 지속가능한 도시를 유지하기 위해서라도 도시 브랜딩이 절대적으로 필요한 것이다. 민간영역의 브랜드 구축이 공적 영역으로까지 확장되어 지역(장소, 로컬) 브랜딩이라는 개념으로 진화하였다.

브랜드와 장소 브랜딩은 무엇인가?

브랜드는 개인의 기억 속에 있는 이미지라는 차원을 넘어 사회적 결과와 평가라는 경제, 사회, 문화 현상을 포괄하는 개념이다. 우리가 보통 '브랜드 상품이다'라고 할 때는 그 상품이 다른 브랜드와 차별화되는 무슨 가치나 혜택이 있는 경우를 말한다. 브랜드는 가치가 없으면 생명력이 유지되지 않고 생명력을 잃으면 브랜드는 순식간에 사라진다. 사람들이 무시할 수 없는 힘이 있어야 비로소 브랜드라는 자리를 잡을 수 있는 것이다. 브랜딩은 바로 브랜드를 개발하고 특정한 브랜드 이미지를 만들어가는 과정이라고 할 수 있다.

브랜드의 개념을 지역 전체에 적용한 것이 관광목적지 브랜드(destination brand)이다. 지역이나 도시 브랜드는 그 자체로서 다른 지역과 차별성을 갖는 정체성을 지닌다. 장소 브랜드는 그 장소만의 특별한 관광경험을 약속하는 것이며, 결과적으로 그 지역에 대한 즐거운 기억을 공고히 하는 역할을 한다. 이제는 이미지에서 브랜드로 넘어가고 있고 장소 브랜드가 부상하는 추세다. 자산가치가 브랜드 이름이나 심벌과 연계되어 있고, 이것이 곧 지역이 제공하는 가치에 영향을 준다.

장소란 단순한 물리적 개념이 아니라 인간의 경험과 인식 같은 관념적인 차원까지도 포함하기 때문에 관계와 맥락에 주목하는 개념이다. 장소에는 시대의 특성, 문화, 관습, 정체성 등 다양한 요소가 혼합되어 있어서 그 자체로 하나의 상품처럼 인식되기도 하며, 다양한 이해관계자들을 가지고 있는 것이 특징이다. '장소'라고 부르지만 상황에 따라서는 도시, 지역, 지방, 거리, 방문목적지, 공간, 구역, 로컬 등 다른 명칭으로도 불린다.

장소 브랜딩은 장소 마케팅과 다르다. 장소 마케팅은 마케팅 도구를 활용하여 지역을 고객(잠재 방문객)에게 판매하거나 지역을 관광목적지로 전환시키려고 고객중심의 접근을 하는 것이다. 그러나 장소 브랜딩은 비시장적 과정이며, 지역주민과 방문객의 삶의 질을 향상시키기 위한 노력이 최우선 목표이다. 한마디로 주민을 위하여 도시를 매력 있게 만드는 것이 장소 브랜딩인 것이다. 지역을 브랜딩하는 노력의 결과로 매력적인 지역 이미지가 만들어진다. 장소 브랜딩은 브랜드 가치 경쟁력을 얻기 위하여 다른 장소와 차이를 나타내는 독특성을 창조하는 것이다. 전체적인 이미지와 지역의 명성을 고려한다는 점에서 장소 마케팅보다 더 큰 개념인 것이다.

제각기 다른 구성원들이 모인 지역은 훨씬 비동질적이며 다원적이어서 단일한 목표를 공유하는 것이 아니다. 또한 장소 브랜딩은 기업 브랜딩과 달리 이미지를 쉽게 바꿀 수 없다. 특정 지역에 대한 이미지는 오랜 기간에 걸쳐 형성되었기 때문에 상당히 강력하며, 중간에 다른 이미지로 바꾸려고 노력해도 사람들에게 각인된 기존의 이미지는 좀처럼 변하지 않는다. 따라서 한번 형성된 도시 이미지는 바꾸기가 꽤 힘들다.

장소 브랜드는 어떤 소재지(place)에 대해서 사람들이 갖고 있는 생각, 감정, 기대의 총체이다. 그 지역의 상품과 매력 간에 상호작용을 만들어 나가면서 좋은 이미지와 평판을 형성하는 것이다. 장소 브랜딩은 다양한 이해관계자와의 협력을 통해 주민, 관광객, 투자자에게 소구함으로써 장소의 가치를 상승시키고, 지역경제를 활성화시키려는 전략적 활동을 말한다. 사람, 자원, 비즈니스 유치를 위하여 다른 장소들과 경쟁할 수밖에 없기 때문에 지역에 대한 긍정적인 이미지를 만들려고 노력한다. 따라서 장소 브랜딩은 긍정적인 연상을 일으키고 다른 곳과 뚜렷하게 식별될 목적으로 커뮤니티, 도시, 지역을 위한 브랜드를 개발하는 것이다.

현재 독일에서 유일하게 인구가 증가하는 도시 중 하나인 남서부 지역의 프라이부르크(Freiburg)는 인구 23만 명으로 전후 꾸준한 환경정책을 추진하여 생태도시로 거듭나서 '유럽의 녹색수도'로 브랜딩되었다.

프라이부르크가 녹색수도로 브랜드화된 것은 1986년 체르노빌 원자력 발전 사고 이후 원전건설 반대운동이 계기가 되었는데 2002년 녹색당의 졸로몬이 시장이 취임하면서 '녹색브랜드' 캠페인을 주도하였다. 환경도시로 브랜딩하는 과정에는 자연환경 및 생태계 보존, 교통, 폐기물 처리, 기후환경보호, 에너지 등의 5개 분야로 나누어 정책을 추진하였다.

프라이부르크 브랜드

프라이부르크는 생태계 다양성 보존을 위해서 10년간 1만 그루의 나무를 심었다. 1973년부터 구도심에 차 없는 거리를 만들어 도보와 자전거, 트램이 주 이동수단이 되었다. 자전거와 트램이 교통량의 40% 이상을 담당하고 있다. 1,000명당 자동차 150대를 소유하고 있는데 미국은 640대 정도이다. 프라이부르크는 현재 2/3가 녹지이며, 32%만이 도시개발에 사용되고 있다. 프라이부르크는 지속가능한 생태도시를 만들고자 2010년 시 전체 에너지의 10%를 재생에너지로 대체하였다. 에너지 절약형 도시로 변신하기 위해 태양열에너지용 주택과 건축물을 건설하였다.

프라이부르크가 환경생태도시로 브랜딩되기까지 주민운동과 주민의 공동체 참여가 중요한 역할을 하였다. 시장을 중심으로 녹색도시 프라이부르크 클러스터를 결성하여 지자체, 연구기관, 지역주민을 포함하여 145명이 모였고 다양한 환경정책과 문화활동을 기획, 실행하였다. 주민들도 살고 싶은 마을가꾸기 운동에 적극 참여하였다.

출처: 김면(2019), 한국문화관광연구원

지역, 국가, 도시도 평판을 가지고 있다는 점에서 그 자체가 브랜드라고 볼 수 있다. 브랜드 이미지가 기업과 제품에 중요한 만큼 국가나 도시 평판 또한 국가나 도시 발전과 번영에 중요한 것이다. 브랜딩은 평범한 것을 비범하게 만드는 것인데, 안 좋은 것을 좋게 보이게 만드는 것이 아니라 좋은 것을 더 좋게 만드는 노력이다. 지역의 매력을 모든 사람들에게 어필하기보다는 관심을 가질 사람에게만 어필하도록 만드는 것이 중요한다. 이 세상에 만병통치약은 없는 것처럼. 매력에 포커스를 두는 것이 마력의 성과를 가져오는 지름길이다.

지역 브랜딩은 소비자에게 그 지역 자체뿐만 아니라 지역에서 마케팅하는 상품과 서비스에 대하여 특별한 이미지와 지위를 제공하는 총괄 브랜드(umbrella brand)를 만들어내므로 지역에 유용하다. 지역 브랜딩은 지역에 대한 인식과 타깃(target) 시장의 마음속에 호의적으로 자리 잡도록 영향을 주기 때문에, 긍정적인 지역 이미지는 잠재 소비자를 끌어당기기에 쉽고 유치 비용도 저렴하다. 도시들이 지역 브랜딩 전략을 실행하는 이유도 바로 여기에 있다.

지방도시의 브랜딩 목적은 전체적인 인식을 향상시키고 지방에서의 기회와 본질에 대하여 외부에 잘 알리는 것이다. 지역 브랜딩은 차별이 뚜렷하고 가치를 지닌 약속을 고객에게 전달하기 위하여 지역의 경쟁력 있는 정체성에 초점을 둔다. 따라서 브랜딩은 글로벌 경제에서 지역의 혁신적인 정체성을 무엇으로 할 것인지가 중요하다.

지역 브랜딩은 일반적인 기업의 브랜딩과는 전혀 다른 차원의 일이다. 기업에서는 제품과 커뮤니케이션 채널에 대해 높은 수준의 통제력을 가지고, 미디어를 통해 노출되는 제품의 모습과 소비자의 제품 경험에 직접적인 영향을 미칠 수 있을 때 성과를 낸다. 그러나 지역의 물리적 실체와 외부 소통 채널을 기업의 통제만큼 통제할 수 없다. 세상에서 가장 작은 마을이라 해도 그 안에 담긴 다양성과 복잡성은 아주 큰 대기업을 능가한다. 장소를 마케팅하는 것과는 반대로 일반 상품의 마케팅은 신상품 샘플을 가지고 테스트한 후에 시장에 내놓는다. 즉 컬러라든가 로고, 상품명을 판매 전에 미리 테스트해 볼 수 있지만, 관광목적지 마케팅에서는 이런 테스트를 할 수 없다.

장소 브랜딩은 상품 브랜딩의 원칙을 지역에 적용하는 것이지만 분명 차이가 있다. 브랜드 권위자인 안홀트는 기업이 제품을 브랜딩하듯이 국가나 도시, 지역을 브랜딩하면 효과도 없을 뿐 아니라 바보 같은 발상이라 하였다. 이처럼 상품의 브랜딩과 장소 브랜딩은 사뭇 다른 것이다. 상품이나 서비스의 리스트로 지역을 보는 것이 아니라 자산, 자원, 목적지, 문화 매력 등으로 이해하여 지역의 특이한 정체성을 찾아서 차별화시키는 것이 차이점이다.

통상 소비자 상품에 적용되어 왔던 브랜딩이 도시에 적용된 것은 1990년대 홍콩, 스페인 같은 나라들이 국가차원에서 처음 시도하였다.[3] 그런 후에 라스베이거스, 시드니 등 주요 도시들이 전략적인 의사결정 구조를 만들어 경쟁이 치열한 글로벌 시장과 국내시장에서 효과적으로 경쟁하기 위해서 브랜딩 개념을 활용하였다. 브랜딩은 특정 상품과 다양한 특성 사이에서 소비자 마음 속에 연관지음으로써 경쟁력에 기여한다. 그래서 소비자는 유형의 상품이나 서비스뿐만 아니라 다양한 무형의 상징적인 가치까지도 소비하는 것이다.

지역이 작아도 브랜딩할 길은 있다

전통적으로 큰 도시나 지역의 브랜딩은 수십 년 동안에 걸쳐 실행되어 왔지만, 농어촌 등 지방 중소도시 브랜딩은 상대적으로 최근의 현상으로 받아들인다. 지역 브랜딩은 하나의 포괄적인 개념으로서 어느 지역뿐만 아니라 국가라든가 국경이 맞닿은 지역, 도시 등에 초점을 두지만, 인구가 적은 시골지역의 브랜딩도 포함한다. 고무적인 것은 지방 중소도시는 눈에 띄는 개별성과 특징을 가지고 있어 브랜딩될 가능성이 높다는 점이다. 친밀도가 높은 사회관계를 가진 소규모 도시에서 주민들과 이해관계자들에게 인정받기 위해서는 대도시와 다른 브랜딩 접근방식이 필요하다.

대도시에는 최소한의 인구가 필요로 하는 노동력이나 생활편의시설, 공급자와 같은 다양한 자원이 갖춰져 있고, 인적 교류의 기회와 효율적인 정보검색으로 지식을 축적하고 공유할 수 있다. 그러나 중소도시는 같은 이슈에 대하여 대도시와 경쟁해야 하는데 절대적으로 필요한 수요나 자원, 그리고 해결

---

3 Baker(2012). Destination branding for small cities: The essentials for successful place branding. Portland, OR: Creative Leap Books.

능력 면에서 떨어지는 편이다. 사이즈가 작아서 상대적으로 모든 자원들이 부족하기 때문에 중소도시에서 자원을 발견하고, 그것을 효과적으로 활용하는 것이 브랜딩 성공의 핵심요소이다.

그러나 우리나라의 중소도시들은 비슷한 자연환경을 가지고 있거나 문화차이도 그리 크지 않아서 차별성 있는 브랜딩을 하기에 상당한 어려움이 있다. 가장 쉽게 접하는 것이 지역 특산품이나 기념품인데, 제주의 돌하르방을 경주나 서울에서도 살 수 있다. 유교문화도 경북이 정통성을 갖고 있다고는 하나 호남이나 충청에도 비슷한 문화가 있고 자원이 있다. 농촌체험마을이 전국적으로 수백 개가 있지만, 동네이름만 다를 뿐 그곳에서 체험하는 프로그램이 일부만 제외하곤 유사하다는 점을 발견하게 된다.

다행히도 현실에서는 그 규모가 항상 도시의 역할을 결정하지는 않는다. 도시 규모가 크면 경쟁력이 있다는 논리에 대한 반론도 있다.[4] 상대적으로 큰 도시에서만 일반적으로 나타나는 특별히 전문화된 역할을 갖춘 중소도시 사례도 있다. 중소도시들은 국내나 국제 네트워크를 이용하여 그 규모를 빌려서 사용할 수 있는데, 이것이 '규모의 차용(borrowing size)'이다. 규모의 차용은 중소도시가 역할이나 생활편의시설, 실행 수준이 대도시에 연계되었을 때 일어난다. 도시 네트워크는 작은 도시가 집적의 수혜를 받도록 도와주는데, 규모의 차용효과는 로컬 수준에서 나타난다.

네트워크 경제는 경제주체들이 서로 연결되어 움직이는 경제를 말한다. 대도시 주변에 위치한 중소도시가 관광객을 유치하여 관광목적지로 기능할 수 있는 것은 항공, 철도 등 교통이나 숙박 등의 인프라를 대도시가 감당해 주기

---

4 Giffinger, et al.(2008). Metropolitan competitiveness recorsidered: The role of territorial capital and metropolitan governance. presented at 48th congress of the Zaropean Regional Science Association(August 27~31).

에 가능한 일이다. 대도시의 생활편의시설을 이용할 수 있으므로 중소도시의 거주 인구가 늘어나는 효과가 있다.

지방 정부나 공동체 대표들은 커뮤니티 안팎으로 긍정적인 인상을 주기 위하여 대도시가 사용하는 커뮤니케이션과 홍보 캠페인을 적용하는 것이 필요하다. 많은 지방 중소도시들은 대도시만큼 언론의 주목을 받지 못한다. 지방도시에서는 부정적인 인구사회학적 특성이나 경제 개발에 대응하는 방안으로서 브랜딩을 바라보지만, 고실업률과 서비스나 시설의 감소 등으로 브랜딩 환경이 최상은 아니다. 따라서 지방도시는 부정적인 인식을 만회시킬 도구의 하나로 브랜딩을 선택할 충분한 근거를 가지고 있는 것이다.

이런 것을 감안할 때 지역 브랜딩은 글로벌 경제에서 지역 정체성의 혁신 역할을 하는 유용한 도구가 된다. 지방 중소도시 브랜딩은 스케일이 작고 자원이 한정되어 있어서 대도시 같은 브랜딩 전략을 실현하기에는 부족한 역량 등이 걸림돌이 될지도 모른다. 그러나 불리한 환경에도 불구하고 농촌지역에서도 브랜딩을 하는 사례가 있다.

네덜란드의 농촌지역인 헷그론우드(Het Groene Woud)는 3개의 도시 사이에 위치하며, 주로 산림이나 늪, 잡초 땅, 농토로 구성되어 있고 작은 성당들이 있는 그림 같은 마을이다. 2005년에는 '네덜란드 대표 풍경'으로 선정된 바 있는데, 대표 풍경은 농촌지역, 자연, 문화유산이 특색있게 조합된 지역을 말한다. 주민들은 지역에 대한 열정이나 자긍심도 없었지만 정부에서 이곳을 대표 풍경으로 지정하였다.

Het Groene Woud의 브랜딩 프로세스는 농민들이 주축이 된 열정적인 기업가들에 의해 주도되었다. 기업가들은 지역을 브랜딩하면 지역상품에 소비자들이 더 높은 가격을 지불할 것이므로 돈을 벌 수 있다고 생각했다. 이들 그룹은 브랜딩 프로젝트를 이끌어나갈 에이전시를 고용하기 위해 '리더 펀드'

를 사용하였고, 에이전시는 지역을 전체적으로 보고 여러 가지 프로젝트를 조정하여 이해관계자들의 의견을 수렴한 비즈니스 플랜을 수립하였다.[5]

어떻게 브랜딩을 하지?

지역 브랜딩은 지역의 아이덴티티와 지역의 행동양식, 가치 및 풍습, 건축물로부터 출발하므로 소비자 니즈로부터 시작하는 마케팅과는 다르다. 지역 브랜딩은 지역의 정체성에 기반한 USP로 내외적으로 긍정적인 이미지를 만들어서 지역을 홍보하는 것이다. 좋은 이미지는 지역 브랜드에 대한 만족과 충성도, 명성, 인지도, 지각된 품질이나 다른 우호적인 연상으로 이끌어주기 때문에 지역 홍보의 주요 요소로서 활용되고 있다.

지역은 우선적으로 독특한 브랜드를 통하여 다른 지역과 차별화될 필요가 있고, 두 번째는 사람들의 마음속에 다른 지역과 비교하여 탁월한 속성을 가진 곳으로 인식되고, 마지막으로는 지역의 세부목표들과 같은 방법으로 소비되어야 할 필요가 있다.

브랜딩 노력은 지역의 존재를 알리고, 경쟁지역보다 더 우수함을 방문객들의 마음속에 인식시키며, 방문객들의 경험이 지역이 추구하는 목적에 맞도록 유도하는 것이다. 이렇게 차별적인 특성(DNA)을 발굴하고 전달한다면 도시는 브랜딩될 수 있다. 그리고 각 지역도 각자 다른 독특한 특성을 가지고 있으며, 이런 특성에 기반을 두면 자산 리스트의 내용도 변하게 되고, 숨겨져 왔던 자산도 포함되어 리스트가 확장되는 것이다.

---

5 Messely, et al.(2010). Regional identity in rural development: Three case studies of regional branding. Applied Studies in Agribusiness and Commerce. 4(3-4): 19-24.

중소도시를 브랜딩할 때 생기는 어려운 과제 중의 하나는 눈에 탁 띄는 브랜딩 콘셉트를 개발하기가 점점 더 힘들어진다는 점이다. 로컬문화에 뿌리를 두었다 해도 어떤 사람에게는 의미가 없을지도 모른다. 글로벌한 아이디어도 문제가 있다. 좋은 아이디어를 서로 카피하거나 비슷하게 만들어서 소위 유사품이 대량 생산되는 것이다.

네덜란드의 한 연구[6]에 따르면 많은 지역들이 자신의 이미지를 개발하기 위하여 자연, 위치, 활성화 같은 유사한 주제를 사용하는 경향을 보였다고 한다. 심지어 4개의 도시에서는 똑같은 슬로건을 사용했다. 인구 3만 명 미만 도시에서는 자연을, 3만에서 10만 명 도시에서는 산업을, 10만 명 이상 큰 도시에서는 지식과 문화를 강조하였다.

중소도시마다 지역의 특산물이나 문화자원, 자연자원을 주로 대표적인 자원으로 고려한다. 그 지역이 아니면 볼 수 없는 자원, 꼭 거기 가야만 먹을 수 있는 음식, 다른 곳에서는 구매할 수 없는 특산품이라면 일차적인 성공을 기대할 만하다. 지역의 정체성과 역사성을 함께 갖고 있는 자원이라면 브랜딩 성공 확률이 더욱 높다.

그러나 많은 중소도시는 브랜딩 전략이 없거나 주제가 일정하지 않은 홍보 활동으로 혼란된 이미지를 보여주는 경우도 많다. 대부분의 지자체는 브랜드를 만드는 프로세스인 브랜딩에 대한 이해가 아직 미흡하여 지역 브랜드를 로고나 슬로건 또는 지역 특산품으로 오해하고 있다. 브랜드 전문가들조차도 그들이 기고한 학술지나 전문잡지에서 브랜딩을 로고나 슬로건 정도로 이해하는 경우도 흔하다. 그렇다 보니 많은 도시에서 브랜딩을 제대로 알지 못한 나

---

6 Richards & Wilson(2006). Developing creativity in tourist experiences: A solution to the serial reproduction of culture? Tourism Management. 27: 1209-1223.

머지 브랜딩 프로젝트가 로고나 슬로건을 만들어내는 일에 얽매이게 된다. 이런 경우, 특징이나 개성이 없는 포지셔닝을 사용하고, 지역민의 정서와는 거리가 먼 모호한 슬로건을 사용하게 되는 것이다.

브랜드를 상품이나 서비스의 특징을 경쟁자와 차별화시킬 목적으로 만든 이름, 용어, 사인, 심벌, 디자인 또는 이들의 조합으로 알고 있지만, 로고나 슬로건이 아닌 그 이상의 개념이다. 브랜드는 고객에게 독특하고 차별화된 가치나 혜택을 주지만 로고나 슬로건에는 이런 특성이 없다. 로고나 슬로건은 브랜딩 전략의 유용한 실천도구이기는 하나 전략 그 자체는 아니다.[7] 더군다나 지자체가 주장하는 브랜드들은 비슷하여 지역 고유의 독특성을 살리지 못하는 문제가 있기 때문에 지역 브랜딩의 개념이나 전략이 절실하게 필요하게 된 것이다.

지역 브랜딩의 방향과 전략은?

지역은 점점 더 통합되고 있는 세계경제 틀에서 영역 경쟁에 처해 있다. 비슷한 특성을 지닌 지역들도 투자, 관광, 주민 유치 등을 위해서 서로 경쟁한다. 많은 지역들과의 치열한 경쟁 속에서 사람들의 마음과 시장에서 주목받기 위해 지역 브랜딩은 필수적인 요소가 되었다. 지역 브랜딩이나 지역 마케팅은 지역의 매력을 증대시키는 홍보전략으로서 지역의 경쟁력을 키우는 데 도움이 되는 차별성 있는 이미지나 명성을 만드는 데 목적을 두고 있다.

관광목적지 브랜딩은 지역 관광개발의 핵심요인으로 상징된다. 목적은 수

---

7 Kavaratzis & Ashworth(2015). Rethinking place branding: Comprehensive brand development for cities and regions. Springer.

요자인 관광객과 지역 이해관계자인 단체나 비즈니스의 관점에서 가치를 제공하는 것이다. 이런 가치는 단순히 상품과 서비스의 결합이 아니라 관광객이 요구하는 경험과 관련되는 것에 초점을 맞춘다. 즉, 관광상품에 대한 관광객의 인식은 관광객의 실질적인 욕구를 충족시키는 능력과 특이한 경험을 제공해 주는 능력에 따라 좌우되는 것이다.

강력한 지역 브랜드는 국가나 글로벌 시장에서 지역이 경쟁해 나가는 데 큰 힘이 된다. 차별성과 특색을 분명하게 나타내는 것은 사람, 자본, 투자를 지역으로 유치하는 데 매우 중요한 것이다. 거의 모든 도시나 지역들이 관광객이나 거주민, 그리고 기업투자를 유치하기 위하여 경쟁하지만, 그들에게 매력이 있도록 다가가기 위해서는 다른 지역과의 차별성이 있어야 한다. 이런 차별성을 바탕으로 관광목적지는 아주 강한 브랜드 신뢰성을 구축할 수 있다.

후쿠오카 부근의 위성도시인 다자이후시는 일본 3대 텐만구(天宮)[8] 중 하나가 있는 곳이다. 학문의 신으로 추앙받는 '스가와라 미치자네'를 모신 곳이라 연초에는 합격을 기원하는 수험생과 부모들이 몰려든다. 텐만구에는 매화나무가 많고 매화 문양이 새겨진 찹쌀떡 집이 많다. 이 집의 찹쌀떡은 그곳에 가야 먹을 수 있고, 그곳에 가면 꼭 먹어야 하는, 장소와 먹거리의 훌륭한 하모니로서 로컬 브랜딩의 사례로 꼽을 수 있다.

중소도시의 브랜딩 방향과 전략은 도시의 매력 증진과 지속가능성에 초점을 둔다. 안홀트는 국가 브랜드를 따질 때 그 나라가 살기 좋은 곳인가 아닌가, 그 나라 사람과 친구하고 싶은가 아닌가에 달렸다고 강조한다. 같은 맥락으로 지역도 살기 좋은 곳, 그 지역 사람들과 친구 맺고 싶은 곳으로 생각하게 만드는 것이 브랜딩이 나아갈 방향이다.

---

8 신사의 한 종류

지역 브랜딩은 자연, 풍광, 문화유산, 특산물, 고급 전통상품, 음식 등 지역의 우수함을 널리 알리는 것이다. 지역의 정체성은 지역 브랜드를 위한 근거로서의 역할을 한다. 지역 브랜딩은 지역경제를 촉진시키고, 지역상품이나 서비스의 부가가치를 만들어내며, 특정 섹터를 중심으로 하는 지역발전 방식의 한계를 타파할 수 있다. 특히 관광에서는 지역브랜드가 더할 나위 없는 관심을 받고 있다. 하나의 도시나 마을이 쇠퇴하지 않고 지속가능하려면 최선의 방법 중 하나가 그곳을 브랜딩하는 것이다.

경기도 안성시는 인구 15만 명의 도농 지역으로 '안성마춤'으로 브랜드하는데 성공하고 있다. '안성맞춤'이라는 말은 조건이나 상황이 어떤 일에 딱 들어맞을 때 사용하지만, 원래는 경기도 안성에서 유기를 맞추면 마음에 쏙 든다는 뜻에서 유래되었

을 정도로 안성 놋그릇은 신뢰의 대명사가 되었다. 안성의 명성을 그대로 이어가고자 1997년 전국 최초로 쌀, 배, 포도, 인삼, 한우 등 5개 농산물을 '안성마춤'으로 브랜드화하였다.

안성시는 브랜딩 개념을 적용하고, 안성 이미지의 홍보와 상품판매에 초점을 맞추도록 사업가의 입장에서 액션 플랜을 가동한 것이 특이하다. 액션 플랜의 하나로 공보과, 지역경제과, 농림과, 축산과 등 여러 부서에 흩어져 있는 광고홍보 마케팅 기능을 '안성맞춤 마케팅 담당관실'로 통합하였다. 이들의 역할은 다른 도시와 다른 점을 발견하고, 그것을 브랜딩하여 안성의 경쟁력을 높이는 것이었다.

안성마춤의 브랜드 이미지가 긍정적인 데다가 인지도가 높아지면서 소비와 직결되는 효과를 거두고 있어 농가소득에도 기여하고 있다. 공동브랜드를

처음 시작한 1997년 14억 원의 매출을 올렸지만 2010년대부터 매년 1,000억 원 이상의 매출을 달성하고 있다.[9] 안성마춤 브랜드의 성공은 농산물에만 그치지 않고 농촌체험, 문화탐방, 축제 등 관광분야로도 확장되는 효과도 보고 있다. 지역이 알려지면 지역 생산품이나 지역 자원에 대한 수요도 자연히 늘어난다는 사실을 보여주는 사례이다.

지방이나 도시에 상관없이 지역 브랜딩에는 같은 방식을 적용한다. 사람의 의견은 그 지역의 문화자원, 주민, 장소와의 경험에 바탕을 둔다. 브랜딩이나 마케팅의 목적은 이 같은 긍정적인 경험을 보다 많은 사람들에게 전파하고 부정적인 스토리를 축소시키는 것이다. 특히 지방은 사람, 장소, 이벤트들이 역동적이고, 지역에서의 경험이 긍정적인 느낌을 자아내는 방향으로 브랜딩되어야 한다. 지방 중소도시 브랜딩은 긍정적인 경험과 문화적인 매력 등 여러 가지 다양한 잠재적인 경험들을 단 하나의 정체성으로 집약하여 보여주어야 하는 것이다.

아직도 많은 지역에서 단 하나의 아이콘을 사용하고 있는데, 잘못된 것은 아니지만, 그것만으로 지역의 다양한 매력을 보여주기에는 충분하지 않다는 것이다. 브랜딩의 콘텐츠 구성에서 실수하는 것 중 하나가 유형적인 자원이나 특성만을 강조하는 것이다. 그러나 문화유산, 저명인사, 힐링 등의 무형자원들도 브랜딩 요소로서 귀중하다. 일상 탈출이나 로맨스, 휴식이나 원기회복, 도전과 성취, 모험과 자극 등의 감성가치는 지속적이고 성공적인 브랜딩에 중요한 역할을 한다.

지금까지 지역개발은 지역에 대한 문화적, 인문학적 이해보다는 물리적, 형태적 이해에 기초하여 계획을 수립하는 데 치중함으로써 차별성과 창조적

---

9 조선일보(2020). 안성 5대 농특산물에 주어지는 브랜드(1월 8일).

의미를 살리지 못한 측면이 있다. 지역 브랜딩은 물리적인 개발방식보다는 문화, 역사, 미학, 인문학적 가치와 지식에 입각한 지역개발로 전환하거나 양자의 유기적 결합으로 가능하다. 이를 위해 로컬 브랜딩에는 브랜딩 전문가뿐만 아니라 지역문화, 역사 지식을 갖춘 전문가의 참여가 필수적이다.

중소도시에서 준비해야 할 것은 주요 자원과 경험, 이미지, 스토리, 정책이나 목적 등의 우선순위, 파트너십, 위원회, 조직 구조, 패키징(지역행사 등을 한데 묶어서 판매) 등이다. 이를 위해 그 지역과 관련된 경험과 지역에서 외부로 보내는 메시지를 잘 조화시켜야 한다. 예를 들어, 브랜딩의 목적을 차별성에 우선을 둘 것이지, 전혀 새로운 이미지를 만들 것인지, 공동체의 자긍심을 고양시킬 것인지, 아니면 기존의 것을 버리고 다시 지역을 자리매김할 것인지 등을 고려하여 우선순위를 정한다. 왜냐하면 지역발전을 열망하는 모든 중소도시들은 외부로부터 받을 관심, 명성, 지역 연고성 등을 얻기 위하여 경쟁하기 때문이다.

중소도시의 브랜딩 조건

도시가 보유한 자원은 브랜드의 특성을 결정하는데 중소도시에서 보유 자원을 통하여 차별화된 가치를 만들어내는 것이 바로 브랜딩을 하는 이유가 된다. 지역 브랜드는 아이덴티티(identity), 이미지(image), 리얼리티(reality)라는 세 가지 측면에서 살펴볼 수 있다. 아이덴티티는 '우리가 남에게 보이고 싶은바', 이미지는 '우리가 실제로 남에게 보이고 있는바', 리얼리티는 '실제로 그러한가'를 의미한다. 본질인 아이덴티티를 어떻게 실현하고(리얼리티), 어떻게 사람들의 인식 속에 각인시키느냐(이미지)에 따라 브랜드의 성공 여부가 결정된다.

신뢰할 수 있는 지역 브랜딩은 2가지 요건을 만족시켜야 한다.[10] 첫째, 모든 형태의 지역 마케팅은 지역 DNA 테스트를 거쳐야 한다는 것이다. 특정 지역에 영혼이나 장소감을 불러일으키는 것은 무엇일까? 그것은 바로 목적지나 장소를 독특하게 만들어주는 특별히 눈에 띄는 특징인 DNA이다. 여기에는 지역의 경제, 건축, 환경, 풍습 등이 포함될 수 있다. 바로 이런 요소들이 지역의 존재 이유가 되고, 이런 이유를 활용해서 주민이나 방문객들이 행동하게 하는 동기를 찾아내야 한다. 지역 DNA의 발굴은 오래 걸리거나 난해한 것이어서 가끔은 과소평가될 때가 있지만, 강력한 브랜드를 만들어내는 데에는 지역 DNA가 절대적으로 필요하다.

브랜딩은 지역의 DNA에 바탕을 둔 정체성을 사용해야 하는데, 지역 DNA와 연관된 브랜드가 분명할수록 전달하는 메시지는 더욱 신뢰를 받는다. 마케터들은 인상적인 아이디어를 가지고 홍보를 시작하지만, 기본적인 브랜드 가치와 맞지 않을 때가 있다. 네덜란드의 아인트호벤(Eindhoven)은 랜드 마크나 건축물로 이웃 도시인 앤트워프나 암스테르담과 경쟁하지 않는다. 대신에 기술, 혁신, 노하우 등의 DNA로 아인트호벤의 정체성을 만들고, 온 & 오프라인에서 꾸준히 소통함으로써 주민이나 방문객, 기관들에게 호응을 얻고 있다. Eindhoven365의 경영이사인 피터 켄티는 도시를 특이하게 만든 다음, 이 점을 활용해서 도시 마케팅을 하였다.[11]

둘째, 지역 브랜드는 내부로부터 구축되어야 한다는 점이다. 국가의 큰 그림 속에서 지역이나 도시의 역할은 무엇인가? 더 나아가 세계에서의 역할은

---

10 Cuypers(2016b). Why destination marketers need to understand Place DNA™(https://destinationthink.com).

11 Cuypers(2016b). Why destination marketers need to understand Place DNA™(https://destinationthink.com).

무엇인가? 중소도시 입장에서는 아직 글로벌 차원에서 생각할 단계는 아니겠지만 이런 질문에 대답하지 못하면 문제가 있다는 것이고, 주민들도 무슨 일을 할 것인지 이해하기 어렵다. 시민 없이 도시 브랜딩이 있을 수 없고, 주민 없이 관광목적지 브랜딩이 있을 수 없기 때문이다. 방문객들은 주민들이 보여준 태도를 가지고 지역 브랜드의 진정성을 판단하므로 주민들은 믿을 수 있는 브랜드를 만드는 데 결정적인 역할을 한다.

미국 오하이오주 클리블랜드는 이런 구조가 어떻게 작동하는지 정확히 알고 있다. 2014년에 시작한 클리블랜드 찬가(Cleveland Anthem) 캠페인은 'Positively Cleveland'를 슬로건으로 내세워 세계적인 예술, 문화, 로큰롤(음악)을 만드는 데 초점을 두었다. 밀레니얼과 X-세대도 포함한 모든 계층의 관광객을 끌어들이기 위함이었다. 미국 도시들 중 아웃사이더로서의 클리블랜드는 어느 도시의 룰도 따르지 않고 자신들이 스스로 룰을 만들었다. 클리블랜드의 독특성에 집착한 완고함과 용기가 결국 클리블랜드로 방문객을 끌어들인 모멘텀 역할을 한 것이다.[12]

관광목적지의 마케팅을 달성하기 위해서는 3가지 전제조건이 필요하다. 우선, 지역은 유치 대상인 사람들이 자신의 거주지에서 얻을 수 없거나 할 수 없는 것들 중 어떤 것을 가지고 있는가? 둘째, 그들이 특별히 여행할 가치를 느끼게 만드는 지역의 매력자원은 무엇인가? 마지막으로, 다른 지역과의 차별성은 무엇인가? 차별성이 있거나 우위를 가진 것은 무엇이던 간에 잘 활용해야 한다.

마케터들이 브랜드의 본질을 이야기하지만 실상은 브랜드가 제공하는 약속을 전달하는 메시지이다. 브랜드는 가치있고 차별화된 약속을 만들고 이해

---

12 https://cleveland.com/naymik

하는 일인데, 성공한 브랜드의 가장 중요한 요소는 지역이 약속한 경험을 방문객에게 전달하는 것이다. 혼잡하고 시끄러운 시장이지만 소비자는 선택의 여지가 많기 때문에 브랜드는 눈에 띄어야 하고, 뚜렷하게 구별되는 가치와 이득이 있어야 한다. 신뢰를 구축하고 유지하는 것은 항상 중요하므로 브랜딩 작업에서 핵심요소가 된다.

그러나 이게 전부는 아니다. 왜냐하면 아주 작은 마을도 이런 주장을 할 수 있기 때문이다. 그러나 차별성만큼은 제삼자가 인정해 줘야 한다. 그러나 너무 구체적인 주제로 포지셔닝을 하게 되면 뜻하지 않게 일부 주민들을 소외시키거나 논쟁을 일으킬 수도 있다. 반대로 모든 사람들을 만족시키는 정도로 브랜드를 희석시키면 경쟁우위를 잃게 되어, 결국에는 브랜딩이 빈약하거나 전혀 상관없는 것으로 끝나버린다. 대부분의 커뮤니티는 소위 집단 허그 정서 (group hug mentality)가 있어서 모든 사람들을 만족시키려 한다. 물론 장소 브랜딩은 융화적이고 포괄적이어야 하지만, 이것은 비효과적인 접근방식이다.

브랜딩은 제품이나 서비스가 약속하고 의미하는 바를 규정하기 위해 생산자와 고객 간에 벌어지는 지속적인 힘겨루기 과정이다. 매튜 힐리[13]는 오늘날 일반적으로 실행되고 있는 브랜딩 방식에 포지셔닝, 스토리텔링, 디자인, 가격, 고객관계 등의 5가지 구성요소를 포함하였다. 이들 중에서 도시나 지역 브랜딩에 해당하는 요소는 포지셔닝, 스토리텔링, 그리고 고객관계라고 볼 수 있다.

특히 중요한 요소는 포지셔닝으로서 알 리스(Al Ries)와 잭 트라우트(Jack Trout)가 1980년에 출간한 책에서 최초로 사용한 개념이다. 경쟁자가 많은 시장에서 고객의 뇌리에 각인되지 못한 도시나 지역은 경쟁에서 자연히 도태되

---

13 매튜 힐리(2009). 무엇이 브랜딩인가?(WHAT IS BRANDING?)(신유진 옮김). 고려닷컴.

기 쉽다. 포지셔닝은 특정한 이미지를 사람들의 마음에 가장 먼저 자리 잡게 하는 전략으로 경쟁자들과의 관계에서 유리한 위치를 차지하고자 자신을 자리매김하는 것이다. 한번 정한 포지션을 일관성 있게 지속해 나가야 포지셔닝 전략이 유효하다. 포지셔닝은 브랜딩뿐 아니라 마케팅 측면에서도 매우 중요한 개념이다.

스토리텔링은 21세기 들어 가장 각광받고 있는 브랜딩 요소이다. 재미있고 감동적인 이야기에는 누구나 쉽게 빠져들기 마련이고, 재미있고 매력적인 이야기라면 몇 번이라도 듣고 싶어 한다. 사람들은 브랜드의 제품이나 서비스를 구매할 때 그 브랜드가 만들어낸 이야기에 참여하는 것과 같다. 훌륭한 브랜드는 그들의 위대한 스토리에서 우리가 얼마나 큰 비중을 차지하는지 확신을 갖게 만든다.

고객관계 관리는 기업들이 소비자 개개인이 특별하게 대우받고 있다는 느낌을 갖도록 하는 노력을 의미한다. 도시를 방문하는 관광객은 무수히 많다. 모든 관광객 한 명 한 명이 각기 가장 중요한 방문객으로 대우받고 있다고 느끼게 만들면 방문지에 대한 우호적인 이미지를 만들기가 수월하다. 관광객을 대상으로 지역의 이모저모를 조사하는 이유가 관광객의 요구를 알아내고 불만족스러운 점을 찾아내어 관광정책에 반영하려는 것이다. 그리고 관광객에게 좋은 서비스를 제공하여 재방문을 유도하고, 이들이 경험한 좋은 이미지를 여러 사람들에게 알려서 더 많은 관광객을 창출하려는 것이다.

오늘날 지방 도시들이 글로벌 환경에 처해 있으면서 나름대로의 지역 특수성을 보여주어야 한다는 생각에서 전보다 더 브랜딩에 관심을 보이고 있다. 효과적인 브랜딩이 되면 지역이 알려지게 된다. 어떤 지역 브랜드는 한 개의 특수한 섹터를 지향하고 다른 지역 브랜드는 관광, 비즈니스 환경, 투자, 잠재적인 주민과 현지 주민 등에 초점을 맞춘다. 그렇지만 대부분 도시에서 관광으로 브랜딩하고 있으며, 설령 다른 자원을 가지고 도시를 브랜딩하더라도 결국 관광효과로 귀결된다.

그러므로 중소도시 브랜딩은 다음 4가지 요건을 충족시켜야 한다.[14] 첫째, 도시 브랜딩은 도시의 정체성을 확립하는 데서 출발하며, 정체성은 브랜드 가치와 다른 도시와의 차별성을 내포해야 한다. 따라서 도시 브랜딩의 핵심과제는 도시의 정체성을 어떻게 만들 것인가에 달려 있다. 도시에는 다양한 이해관계자가 있기 때문에 하나의 정체성만을 정하기 어렵고 훨씬 복잡한 과정을 거친다. 따라서 올바른 브랜드 정체성은 문화, 역사, 홍보, 도시계획, 지리학 등 전문연구자들의 참여를 통해 창출할 수 있다.

둘째, 도시 브랜딩을 다양한 이해관계자들이 합심해서 지켜나가는 것이 중요하다. 그러나 마케팅 관점에서의 지역개발과 다양한 실천수단들 간의 상호 연계가 취약하다. 이는 각 조직의 업무과정에서 수평적 소통이 부족하며, 지역 정체성의 일관된 관리 시스템이 확립되어 있지 못하기 때문이다. 그러므로 앞에서 기술한 바와 같이 지역 브랜딩은 내부로부터 구축되어야 한다는 점을 다시 한번 강조하게 된다.

셋째, 도시 브랜드 구조의 구축이다. 대부분의 지역들은 하나의 통합브랜드 아래 다수의 하위 브랜드를 가지고 있다. 영국의 웨일스는 2006년에 지역 차원에서 새로운 브랜드 정체성을 개발하면서, 지역 내의 부문 간 특성을 반영한 브랜드 아키텍처를 구축하였다. 웨일스 전체를 대표하는 통합브랜드는 'Original Thinking'으로 정하였으며, 그 아래에 관광브랜드 'Real Alternative', 투자 및 통상브랜드는 'Real Opportunity'로 정하고 Real, Human, Inventive, Magical 등을 보조가치로 보완하고 있다. 2005년까지 웨일스 관

---

14 이정훈(2006). 지역브랜딩전략의 체계와 방법 시론. 지방행정. 55(630): 17-34.

광청(Wales Tourist Board)은 관광목적지 이미지 창출을 위한 브랜딩에 중점을 두어 왔으나, 2006년부터는 웨일스 정부조직으로 편입시켜 'Visit Wales'로 명칭을 변경하여 웨일스 전체의 브랜드 정체성을 관리하도록 하고 있다. 이는 도시와 지역의 다양한 부문을 일관된 브랜드 아키텍처로 조직화함으로써 브랜딩에 효율성을 높이고자 하는 사례이다.

넷째, 호의적인 도시 이미지와 평판을 창출하는 것이다. 실제 자기 지역의 평판을 무시할 도시는 없을 것이다. 아마 있다면 그 도시는 글로벌 시대에 참여할 마음이 없거나, 좋은 지역 평판이 가져다줄 경제적, 문화적 이익이나 지역민들이 누릴 혜택에 아무런 관심이 없는 것을 의미한다.

국가 브랜드의 세계적인 권위자인 안홀트는 국가 이미지의 생성, 개선 또는 변경을 위해 마케팅 커뮤니케이션을 활용하는 것은 부적절하다고 강조한다. 상업적 판매의 기술로부터 유래된 로고와 슬로건 사고방식을 가진 사람들은 커뮤니케이션을 통해 장소에 대한 인식 혹은 이미지를 직접적으로 바꿀 수

있을 것이라 믿는다. 특정 도시나 지역에 대한 사람들의 인식을 바꾸기 위한 설득이 가능하다는 이야기이다. 그러나 지역에 대한 이미지는 적어도 수십 년에 걸쳐 구축된 것이며, 외부의 에이전트에 의해 쉽게 변하는 것이 아니다.

아일랜드의 West Cork는 남부지역에 위치한 농촌지역인데 산도 있고 바다로 둘러싸여 있다. 가까이 있는 Cork는 남부 지역의 수도이다. 색깔 있는 집과 푸크시아(fuchsia) 울타리가 도로 경계선을 이루는 조그만 마을이다. 외부에서 온 많은 사람들이 삶의 질을 위하여 이곳을 선택해서 살며 일하고 있다. 외부인들은 원래 주민들에게 강점이 있는 독특한 점을 강조하였다. 지역과 지역 식품에 대한 주민들의 열정과 자긍심이 다양한 주민들과의 대화에서 부각되었다.

비록 West Cork의 위치가 지리적으로 처진 곳에 있어 외부 시장으로 접근하는 데 방해가 되지만, 오히려 이런 점이 확연한 지역 정체성과 주민협력을 이끌어내는 데 기여하였다. 많은 주민들은 농토와의 연계가 중요하다는 것과 그들이 소비하는 식량에 대해 알아야 한다고 강조한다. 이런 점에서 순수한 식량을 공급하는 소규모 농장들이 지역 정체성(territorial identity)에 실질적인 기여를 한 것이다.

다른 아일랜드 지역과 마찬가지로 West Cork도 1992년부터 유럽의 지원을 받았다. 지역 발전전략의 주요 리딩그룹으로서 이 지역의 정체성과 독특한 이미지를 사용하고자 웨스트 코크 리더 협동체(the leader co-operative)가 1995년에 발족되었다. 지역 브랜딩 전략의 근거로서 푸크시아 브랜드는 단지 마케팅 전략이라기보다는 오히려 개발에 도움이 되는 것으로 여겨졌다.

리더 협동체는 달력이나 포스터, 브로슈어를 통한 이미지를 활용하여 이 지역의 배타적인 특징에 대해 주민들의 인지도를 높이는 데 노력하였다. 7명의 젊고 다이내믹한 리더 협동체 멤버들이 브랜딩 프로세스뿐만 아니라 개발 프로세스에도 참여하여 의견을 조율하였다. 유럽과 네덜란드 정부 펀드는 이들의 임금과 브랜딩 홍보뿐만 아니라 농부, 예술가, 호텔관리자, 식당 주인, 소매상 등 사업가의 프로젝트에도 투자하였다.

출처: Messely, Lies, Dessein, Joost, & Lauwers, Ludwig(2010)

지역 DNA란 무엇인가?

중소도시 브랜딩에서는 다른 지역들과 차별화되는 의미 있는 무언가가 존재한다는 것을 확신시키는 것이 중요하다. 지역만의 독특한 매력은 바로 지역 DNA에서 찾는다. 지역 DNA란 그 지역에 살고 있는 사람들이 공유하는 것으로 사람들을 단결시키는 역할을 한다. 따라서 DNA의 개발이나 사회적 자본의 긴밀한 결속은 커뮤니티의 지원을 얻거나 브랜딩 프로그램을 활성화하는 데 필요불가결하다. 외부 사람이나 다른 도시와의 연결에는 잠정적인 부가가치가 있지만, 사회적 자본의 결속 없이 외부로 진출하거나 외부와의 연결을 시도할 때는 그 가치를 충분히 얻지 못한다.

그렇다면 지역의 DNA는 무엇이고 왜 중요한가? 목적지의 DNA는 지역의 구성과 지역 마케팅과 왜 관련이 있는가? 간단히 말해서 지역 DNA는 내적인 특징, 사람들이 지역에 속하는 특징으로 생각하는 의미, 이런 것들의 혼합으로 정의된다.[15] 도시마케팅에서는 이것을 정통성(authenticity)이라 부르는데, 지역 DNA를 정의하는 것은 바로 모든 마케팅에 대한 핵심적인 정통성 테스트이다. 만약 어떤 도시의 DNA가 특이한 옛 빌딩과 유산의 랜드마크라고 한다면 사람들을 끌어오기 위해 비즈니스하기에 트렌디하고 멋진 곳이라고 홍보해서는 정체성과 맞지 않는다. 목적지의 메시지는 지역 DNA와 일치해야 하기 때문이다.

일본 홋카이도의 유바리는 석탄광산 도시로 유명했지만 2007년 파산을 맞고 인구도 12,000명으로 줄어들었다. 젊은이들은 대도시로 떠났고 추락 추세

---

15 Cuypers(2016b). Why destination marketers need to understand Place DNA™(https://destinationthink.com).

는 불가피했다. 유바리 지도자들은 도쿄의 리서치 회사와 함께 도시 DNA를 찾는 작업에 착수하여 유바리가 일본에서 이혼율이 가장 낮은 도시라는 점을 알아냈다. 그래서 "유바리, 돈이 아니고 사랑"이라는 슬로건으로 캠페인을 하였고 "유바리 후사이(夕張夫妻)[16]"라는 커플 마스코트도 만들었다. 이 캠페인은 정직하면서도 도시가 처한 상황에 사람들이 애정을 느끼게 만들었다. 2009년까지 방문객이 매년 10%씩 증가하면서 지역경제에 절실히 필요한 자금이 들어왔다. 유바리 후사이 아이콘은 입소문을 타게 되었고, 시민들에게 힘을 실어주고 경제적으로 발전하게 만들었다.

지역은 하나의 유형물이나 소비상품 그 이상이다. 지역은 주민, 방문객, 회사, 지성집단의 욕구를 충족시킨다. 관광목적지 홍보기관인 DMO는 관광객 유치에만 신경을 쓰지만, 지역 마케터는 전체적으로 지역을 규정짓는 더 큰 가치를 알고 있어야 한다. 관광목적지는 이처럼 커다란 장소 마케팅 생태계의 한 부분이다. 지역은 관련 있는 사람들의 실질적인 욕구를

출처: www.yubari-fusai.jp

유바리 후사이 마스코트

만족시키는 것 외에도 추상적인 가치를 지녀야 한다. 예를 들어, 파리는 빛의 도시라고 알려져 있는데, 이것은 물리적인 환경을 넘어서는 파리의 DNA 본질을 표현하는 방법 중의 하나이다.

다음의 그림 모델은 지역 정체성의 센터로서 지역 DNA의 중요성을 보여준다.

---

16 후사이는 부부를 말한다.

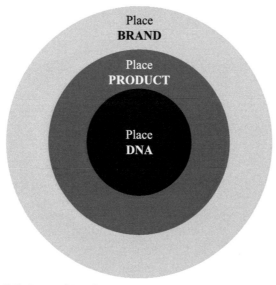

출처: Cuypers(2016b)

지역 브랜딩의 3개 층

　지역 DNA(place DNA)는 '왜'라는 질문에 대답하는 데 효과가 있다. '왜' A라는 도시에 살고 '왜' B라는 도시를 방문하는가? 이것은 지역 정체성과 목적을 보여준다. 즉, 그곳을 규정하는 특성, 사람들을 움직이게 만드는 그 무엇, 그리고 내부로부터 작동하는 방식 등이다. 지역 DNA는 역사, 일대기, 지리, 주민 특성, 특이한 발명품, 사상, 전통, 시각적/미적 퀄리티, 분위기 등 주목할 만한 여러 변수들의 세트로 구성된다.

　지역 만들기 3개 층에서 바깥에 있는 지역 브랜드(Place Brand)는 '무엇'이라는 질문에 대한 대답이다. 무엇이 도시 A를 특별하게 만드나? 무엇이 이 도시를 다른 도시와 다르게 만드는가? 내가 방문하면 무엇을 얻게 되는가? 지역 브랜드는 바로 지역 명성인데, 경쟁지역과 차별되게 어떻게 지역 가치와 소통하는가를 의미한다. 소셜 미디어 덕분에 기관이나 이해관계자, 방문객, 주민들은 메시지 전달이나 명성의 구축에서 동등한 역할을 한다. 이것은 훌륭한 스토리텔링과 홍보를 포함하는데, 지역상품과 지역 DNA를 표현하는 데 효과가 크다.

다른 지역과의 차별화를 추구할 때 지역 DNA보다 브랜드의 독특성에 초점을 두는 경향이 있다. 만약 소비자들의 브랜드 인식이 최우선 관심사라면 지역의 핵심 정체성은 잊혀질 위험이 있다. 대신에 진정한 지역 DNA는 지역의 상품과 경험의 원천으로 여겨질 필요가 있다. 상품 브랜드와는 달리 지역 브랜드는 소비자 연구를 바탕으로 정체성을 만들어낼 수 없다. 왜냐하면 지역의 정체성은 지역 DNA로부터 나오기 때문이다. 경쟁우위를 결정짓는 것은 핵심 정체성에 있는 것이지 브랜드를 홍보하는 것에 있지 않다.

지역 DNA를 무시하면 홍보는 실패한다. 싱가포르 관광청은 2014년에 "싱가포르, 세계가 어디로 흘러가는지를 안다"라는 슬로건으로 비디오를 제작하여 국제시장에서 주목을 받았다. 비디오에 등장하는 커플은 싱가포르에서의 첫 데이트에서 무엇을 할 것인지 보여주면서 몇 군데 관광을 하고 낭만적인 저녁을 먹고 나서 깜짝 임신을 확인한 테스트로 끝을 맺는다. 온라인에서 비난받자마자 싱가포르는 유튜브에서 비디오를 철수하였는데, 그 이유는 비디오 내용이 싱가포르를 방문하거나 거주할 이유를 보여주지 못한 데 있었다.[17]

지역의 핵심 정체성은 모든 경험과 지역이 생산하는 이야기의 중심에 있는 것이다. 와인업계에서는 이런 것을 테루아르(terroir)라고 부른다. 원래는 특정 지역의 자연환경으로 인한 포도주의 독특한 향미를 일컫는데 모든 것이 함께 어우러져 그 지역만의 독특함을 만들어낸다는 뜻이다. 테루아르가 바로 경쟁력 있는 정체성이다.

---

17 Cuypers(2016b). Why destination marketers need to understand Place DNA™(https://destinationthink.com).

지역상품(place product)은 '어떻게'라는 질문을 던진다. 사람들이 어떻게 지역을 경험하는가? 지역상품은 무수한 요인에 의존한 경험 없이는 의미가 없다. 어떻게 사람들이 지역의 인프라나 서비스와 교감하고 경제에 어떻게 영향을 받는가? 어떻게 도착하고 어떻게 머무는가? 방문객과 주민들이 어떻게 서로 대하고 있는가? 그 지역의 삶의 질은 어떠한가? 기후, 지리, 야생, 지역 전통 등과 같은 특성은 방문객의 경험에 영향을 주고, 지역이 만들어내는 경험은 주민과 방문객이 들려주는 스토리에 영향을 준다.

지역 만들기 실행은 특수한 자원, 의미, 창의성 등 3가지 요소의 조합을 통하여 지역에 뿌리를 내린다. 중소도시는 물리적 자원이 상대적으로 부족할지 모르나 디지털 시대에는 하드에서 소프트 인프라로 바뀌면서 불리함을 극복하고 있다. 유무형의 자원은 도시의 DNA와 밀접한 관련이 있고 의미를 부여하기 위한 기본 요소이다. 창의성과 스토리텔링은 그 DNA를 도시와 대중 사이를 연결하는 고리로 전환하는 데 필요하다.

중소도시나 대도시가 브랜딩을 할 때 어떤 DNA를 기초로 할 것인가는 늘 고민거리이다. DNA를 바탕으로 관광상품을 만들고 홍보하여 대표적인 브랜드로 키우고자 할 때, 자원이 가진 매력의 크기와 영향력을 고려한다. 특정 자원의 인지도는 지역 안에서는 절대적으로 높을 수 있지만, 전국 수준에서는 상대적으로 낮고, 국제적으로는 공감조차 얻기 어려운 자원이 있다. 반대로 그 지역이나 나라에서는 인지도가 낮거나 매력이 평가 절하된 자원이라도 국제적으로는 상당한 반향을 일으킬 수 있는 잠재력을 보유한 자원도 있다.

예를 들어, 대구의 김광석 거리는 대구는 물론 전국적으로도 잘 알려져 있어서 국내관광객들이 많이 찾는 곳이다. 대구시도 김광석 거리를 제1의 관광자원으로 홍보하고 있다. 그러나 그의 노래를 아는 외국인들이 얼마나 되는지는 의문이다. 그럼에도 불구하고 국제 홍보물에는 대표적인 관광자원으로 소개되어 있는 현실을 어떻게 봐야 할 것인가.

반면에 삼성상회 옛터는 대구의 중심가에 있지만 아직도 모르는 시민들이 많고, 전국적으로도 인지도가 매우 낮은 편이다. 그러나 삼성이 처음 사업을 시작한 곳이 대구라는 사실을 외국인들이 알게 되면 대구를 방문하는 동기가 될 가능성이 상당히 높다. 익히 알다시피 시애틀의 스타벅스 1호점이나 미국 아칸소주 벤튼빌의 월마트 등 세계적인 기업들이 태동한 장소는 연중 방문객들로 붐빈다. 왜냐하면 여기에는 기업의 태생이라는 DNA 관련 스토리가 있어서 사람들이 관심을 갖고 주목하기 때문이다.

중소도시 브랜딩에 있어서도 자기 지역만의 독특한 매력은 무엇인지 유심히 살펴보고 고민해 봐야 한다. 천안은 이미 '호두과자'로 잘 알려져 있으며, 조선 세종 때의 과학자인 장영실의 고향이라는 역사적 사실을 내세우며 차별화된 장소 브랜딩을 하고 있다. 장영실에 대해 재조명하게 된 계기는 2016년 장영실의 일대기를 그린 드라마가 지상파(KBS1)로 방송되면서부터이며, 이후 tvN의 '알쓸신잡2'에서 천안이 소개되는 가운데 지역 출신의 장영실이 집중 거론되면서이다. 이제 천안시는 타 지역에서는 도저히 흉내 낼 수 없는 호두과자와 장영실이라는 차별화된 아이템으로 도시의 명성을 이어갈 것이다.

정체성이 지역 브랜딩의 핵심

정체성의 정립은 지역 브랜딩 최고의 핵심요소이다. 정체성을 지역의 역사나 문화에서 찾거나 미래지향적인 가치를 창조하는 경우도 있다. 어느 한 지역의 정체성은 다른 지역과 다르다는 것을 보여주는 현저한 물리적, 문화적, 역사적 특징을 말한다. 지역 정체성이 가지는 의미는 지역이 품고 있는 풍습, 이야기, 상징 등에 지역주민들이 어느 정도로 호응하느냐로 해석된다.[18]

지역의 정체성이 중요하게 등장한 배경은 무엇일까? 그것은 글로벌화에 대한 반작용이라고 볼 수 있다. 글로벌화는 세계를 동일하게 만들려는 노력이다. 글로벌화는 지역이나 국가 간의 차이를 없애고 전통문화의 경계와 라이프 스타일을 무너뜨리면서 획일화를 초래하고 있다. 사람들은 전통문화의 기저가 약해지는 것을 염려하기 때문에 지역의 정체성은 큰 위협에 처해지기 시작하였다. 글로벌화 과정에서 지역의 특성이 점차 사라지게 되자 사람들은 특정 지역이나 도시에 대한 관심도 줄어들었다. 그러나 다른 한편으로 글로벌화는 초점을 지역으로 이동시키는 결과를 초래하였다.

이러한 정체성의 위협은 사람들로 하여금 자신의 생활환경 안에서 식별할 수 있는 평가기준을 찾게 만들었다. 지역 간의 차이가 강조되면서 경치, 지역 특산품, 문화역사 유산 같은 지역의 특색에 더 많은 가치를 부여하고, 정체성을 결정하는 평가기준이 되었다. 바로 이런 차별을 만드는 힘이 차이를 낳으면서 글로벌화 프로세스를 장소 특정(place-specific)이라는 로컬화 형태로 돌아가게 만든다. 로컬화는 사회의 변화하는 욕구와 기대에 대한 지역주민들의 반

---

18 Messely et al.(2010). Regional identity in rural development: Three case studies of regional branding. Applied Studies in Agribusiness and Commerce. 4(3-4): 19-24.

응이다. 원산지는 점점 더 주목받고 있으며, 지역상품과 지역관광이 주류시장으로 진입하고 있다. 이렇게 볼 때 로컬화는 글로벌화와 대립적인 것이 아니라 오히려 글로벌화라는 발전의 한 부분으로 볼 수 있다.

브랜딩을 하는 중소도시들은 '우리 도시를 유명하게 만들기 위해 무슨 말을 해야 할 것인가?'에 대해 묻지 말고, '우리 도시를 의미 있게 만들기 위해 무엇을 해야 할 것인가?'에 대한 의문을 가져야 한다. 즉 사람들을 이끌 수 있는 방법을 찾기 이전에 타 지역민들이 해당 도시에 관심을 가져야 하는 이유에 대해 생각해 봐야 한다. 우리 도시로 사람들을 끌어들이기 위해서는 광고나 홍보활동을 하는 것보다 지역의 정체성을 확실히 보여주는 데 치중해야 하는 것이다. 여기에는 정체성과 관련이 높은 상징적 활동이 필요하다. 그 예로 아일랜드 정부는 창작의 가치를 존중한다는 것을 보여주기 위해 예술인, 작가, 시인들에게 세금 면제를 결정했다. 네덜란드의 헤이그는 유럽 인권회의를 주최함으로써 국제법 수호지로서의 입지를 완전히 굳혔다.

안홀트는 상징적 활동에서 놓치지 말아야 할 점을 제시했다. 우선은 믿을 만한 완전한 지역 이미지를 만들어내기 위해서는 하나의 상징적 활동만으로는 지속적인 효과를 창출해 낼 수 없으므로, 다양한 활동들이 많은 분야에서 동시다발적으로 일어나야 한다는 것이다. 그리고 상징적 활동들은 여러 해에 걸쳐 끊임없이 이어져야 한다. 각각의 상징적 활동이 완성되는 순간 대중의 관심은 사라지기 시작하므로, 재빠르게 하나의 활동을 더 추가하거나 해당 지역에 대한 놀라울 정도의 증거를 제시해야 한다. 그렇지 않으면 그 지역의 평판은 오래 가지 못하거나 퇴색하게 된다.

미국 센트럴 켄터키(Central Kentucky) 농촌유산개발청은 루이빌과 렉싱턴 사이에 있는 8개 카운티의 통합체이다. 이 지역의 정체성을 브랜딩할 때 나온 질문은 왜 이 8개의 군(County)이 함께 통합되어야만 하느냐였다. 켄터키의 동쪽에서 서쪽까지 다양한 문화경험을 한 후에 답은 분명해졌다. 버번 헤리티지 트레일 여행, 세이커 빌리지 방문, 링컨 고향 방문이나 '켄터키 고향집'이라는 연극을 감상했는지에 따라 답이 결정된 것이다.

이런 상징적인 활동으로 대도시에 가지 않아도 켄터키 문화의 정수를 경험할 수 있다. 켄터키에 산재한 여러 농촌지역들은 보존할 가치가 있는 많은 문화자산을 가졌기 때문이다. 시골 도로를 이해하고 받아들이는 것은 특색 있는 문화경험을 말해주는 지역 정체성으로, "켄터키 중심지: 모든 것이 함께 만나는 곳(Kentucky Crossroads: Where Everything Comes Together)[19]"을 창조하는 통로가 되었다.

지역을 브랜딩하거나 기존의 브랜드에서 탈피하여 다시 브랜딩을 시도할 때 김영수 외(2018)는 새로움, 차별성, 지속가능성, 관계성 등 4가지를 강조하였다. 여기서 새로움을 정체성으로, 관계성을 매력성으로 대체하고자 한다. 그 이유는 트렌드에 부합하는 새로움을 찾는 것도 결국 지역의 정체성을 찾는 방안 중 하나라고 생각하기 때문이다. 사실 정체성은 차별성과 매력성을 동시에 포함하는 개념으로 볼 수 있어서 중소도시 브랜딩의 가장 중요한 성공요소라고 본다. 관계성에는 도시가 방문객에게 매력과 타당한 가치를 주는 의미로 해석하고 있지만, 매력성으로 보는 것이 이해가 쉬울 것이며 방문하기에 충분한 가치도 매력성에 포함된다.

정체성과 DNA

브랜딩 과정에서 지역을 기반으로 하는 정체성을 찾기 위하여 주민을 비롯한 방문객, 투자자 등 이해관계자들의 의견을 수렴한다. 도시가 가지고 있

---

19 https://kycrossroads.com

는 자연 & 문화자원, 산업, 생태, 인문, 스포츠 등 나름대로의 특징을 가진 대상을 놓고 방문가치가 있고, 다른 지역과 차별되며, 지속가능한지를 따져보는 것이다. 지역주민들의 일방적인 시선만으로는 정체성의 한쪽만 보는 문제가 있으므로 지역 외의 시선이 주민들과 같은 방향을 바라볼 때 정체성이 완성되는 것이다. 예를 들어 '자기다움', '지역다움', '농촌다움', '도시다움' 등이 정체성이다.

관련 문헌들을 종합해 보면 독특한 정체성을 얻는 3가지 범위는 크게 개성, 시각 디자인, 그리고 대형 이벤트로 구분할 수 있다. 개성 연상은 역사, 문학, 예술, 건축, 정치, 스포츠, 연예 등으로부터 거론된 개인과 장소를 연계하는 방법이다. 이런 분야의 유명인사가 출생한 곳이나 활동한 곳, 아니면 마지막 생활을 한 곳을 활용하여 정체성을 찾는다.

빌딩과 도시 디자인의 시각적 특성으로는 대표적인 랜드 마크 빌딩, 대표적인 거리나 건축 디자인을 꼽을 수 있다. 이는 도시풍경을 의미하는 시티스케이프(cityscape)를 구성하는 대표적인 자원들이며, 관광객을 끌어들이는 매력 자원이기도 하다. 스페인 구겐하임 빌바오 미술관은 쇠퇴하는 공업도시 빌바오를 세계적인 관광도시로 만들었다.

대형 관광이벤트는 통상 문화나 스포츠 이벤트를 조직하여 그들의 존재를 널리 인식시키거나 특별한 브랜드 연상을 구축하는 것이다. 스코틀랜드 에든버러축제, 미국 루이지애나 뉴올리언스의 마르디 그라(Mardi Gras)축제 등은 세계적인 예술문화축제로 매년 개최되면서 도시의 정체성을 확고히 구축하는 데 기여하고 있다.

유별난 지역 DNA를 가지고 성공적으로 브랜딩한 중소도시들도 있다. 미국 미네소타의 작은 타운인 인터내셔널 폴스(International Falls)는 자연으로 둘러싸인 곳인데, 지역 DNA는 미국에서 가장 추운 곳이라는 사실에 있다. "국가대표 아이스박스(Icebox of the Nation)"이라고 브랜딩한 후에 주민들은 "Icebox Days"라는 축제를 만들어 볼링이나 눈보라 속 달리기 대회 등을 개최하였다.[20]

벨기에의 샤를루아(Charleroi)는 '세계에서 가장 추한 도시'로 악명이 높았다. 주민들은 이런 점을 부인하지 않고 유머 감각을 살려 매우 특이한 'Charleroi Safari'[21] 관광상품을 만들어 "유령 지하철"과 "벨기에에서 가장 후진 거리"를 돌아보게 만들었다. 도심 사파리는 추하다는 정체성을 부끄러워하지 않고 당당하게 그들만의 장소성으로 표현하는 정직성과 개방성이 서로 비슷한 브랜딩의 바다에서 차별성을 보여준 것이다. 물론 모든 사람들을 위한 상품이 아니라 타깃 시장을 위한 것이었지만, 익히 알려진 산업 쇠퇴 현장을 인스타그램에서 가장 핫한 장소로 만든 사례가 되었다.

두 도시의 사례에서 보듯 부정적인 인식을 붙들고 싸우기보다는 이를 인정하고 도시의 DNA를 끌어안는 전략이 필요하다. 이런 사례는 도시의 크기와

출처: SouthernMinn.com

---

20 https://SouthernMinn.com
21 http://cm-tourisme.be

상관없이 자신들의 정체성과 진정성을 끌어안아서 지속적인 경쟁우위를 만들 수 있음을 보여준다. 이런 이벤트는 그 지역의 DNA로부터 나오는 것이지 다른 데 있는 것이 아니다. 만약 자신의 지역이 특별한 게 없다고 생각한다면 지역을 좀 더 깊게 파고들지 않은 탓도 있을 것이다.

이런 사례로부터 얻은 교훈은 지역의 결점을 기발하게 창조함으로써 다른 곳에서 할 수 없는 차별성을 만들어냈다는 것이다. 무언가 독특한 것을 창조하기 위하여 도시의 진정한 강점과 약점을 사용하게 될 때 중소도시들도 같은 도전에 직면한다. 사실 창조라는 것은 어려운 과제이지만, 관광에서는 각 지역마다 독특함이 있기 때문에 지역 DNA를 발굴하고 명확히 표명하는 것이 아주 중요하게 되었다. 이렇게 창조된 도시는 이제 트렌드가 되었고, 누구나 의지할 수 있는 전천후 목적 개념이 되었다.

출처: CM Tourisme

Obidos는 포르투갈 수도 Lisbon에서 한 시간 거리에 있는 12,000명의 인구를 가진 도시이다. 2001년에 취임한 Faria 시장은 'Creative Obidos'를 기치로 삼은 발전전략을 수립하였는데, 이 전략은 문화와 창의성을 활용하여 농업기반의 지역경제를 전환하는 것이었다.

그들이 시작한 일은 다음과 같은 결정적인 생각에 기초한 것이었다. 즉, 규모가 작으면서 부진한 경제상황에 처하거나 오로지 지역주민과 재능에만 의존해야 할 때는 상황을 반전시키기 위해서 혁신적으로 독특한 프로젝트를 개발해야 한다는 것이다. 개발전략을 수행하기 위해서 Obidos 산하의 도시행정을 보다 민첩하게 수행할 목적으로 2개의 회사를 설립하였다. 한 회사는 문화와 이벤트를 관할하고, 다른 하나는 Obidos 테크노 파크 개발 같은 프로젝트를 통해서 도시재생에 집중하였다.

2008년부터 2011년 사이 Obidos는 EU네트워크인 URBACT II를 이끌었는데 이 네트워크는 영국, 스페인, 헝가리, 루마니아 등 유럽의 중소도시가 회원이다. 네트워크를 통한 협력으로 Obidos를 문학도시라는 콘셉트로 유도하였다. 민관 파트너십으로 문학을 경제와 사회발전의 도구로 사용하자는 프로젝트였다. 리스본의 유명한 서점인 Ler Devagar의 오너인 Pinho를 설득해서 창의적인 공간을 제공하여 창의 인재를 끌어들여서 창의산업을 개발하고자 문학을 레버리지로 사용하려 한 것이다. 이런 프로젝트로 인하여 11개의 서점이 문을 열었고, 아트 갤러리와 Obidos TV와 Municipal Portal 같은 플랫폼을 오픈하였다.

2014년에 13만 명이 넘는 관광객이 방문했는데 이 중 80%가 외국인이었다. 결국 Obidos는 2015년 UNESCO 창의도시 네트워크의 멤버가 되었다. 45,000개의 도서를 갖춘 30개 객실의 호텔이 문을 열었고, 도시를 더 다양하고 지속가능한 방향으로 나아갈 수 있도록 인터내셔널 초콜릿 축제도 개최하여 도시의 매력을 폭넓게 표현하였다. 현재는 인터내셔널 문학축제, 바로크 음악대회, 크리스마스 축제 등을 추가로 개최하고 있다.

Obidos의 프로젝트가 도시 브랜딩에 성공한 요인을 몇 가지 들 수 있는데, 무엇보다도 자연적, 문화적, 역사적, 상징적인 가치를 지닌 로컬 정체성과 DNA를 강조한 덕분이었다. 이런 사업은 12년간 시장직을 맡으면서 강력하고도 안정적으로 추진한 시장의 리더십도 성공요인이었다. 특히 유럽과 포르투갈 언어를 사용하는 브라질 같은 국가들과의 네트워크도 도움이 되었고, 창의교육을 실행하여 창의계급을 유치한 것뿐만 아니라 그런 계급을 자체적으로 만들어낸 것도 브랜딩의 성공요인으로 꼽힌다.

출처: Richards & Duif(2019)

중소도시의 핵심가치가 더 이상 트렌드에 맞지 않고 다른 지역과 차별화되지 않으면 새로운 가치를 찾아야 한다. 지역에 내재되어 있으며 앞으로도 다른 지역과 뚜렷한 차별성을 가지는 분야를 조사하여 정체성을 수립하는 것이 중요하다. 지역의 정체성은 한 지역을 브랜드하면서 다른 지역과 차별화시키는 출발점으로 활용된다. 정체성은 지역을 규정하고 그것을 통하여 지역이 존재하는 과정의 하나이다. 정체성은 고착화된 역사도 아니고 전통이나 풍습도 아닌, 지속적으로 사회가 변천하는 과정에서 생기는 역동적인 개념으로 라이프 스타일같이 사회변화에 영향을 받는 것이다.

젊은이 라이프 스타일의 대표적 레저인 서핑의 원조 도시는 남부 캘리포니아의 헌팅턴이다. 1960년대 서핑 문화의 중심지로 태어나서 이제는 Surf City USA로 성공적으로 브랜딩되었다. 고객 경험을 강화하도록 브랜드 이미지에 맞는 액션을 지속적으로 기획하고 실행하였다. 서핑 온/오프라인 홍보, 인스타그램 비치 활동, 서핑 이벤트, 서핑 라이선스, 서핑 아카데미, 서핑 라이프 스타일 소개 등을 통하여 대중에게 서핑의 모든 것을 제공하는 도시로 자리를 굳힌 것이다.

매력성

사람들이 어느 도시나 지역을 찾아가는 이유는 거기에서 매력을 발견하기 때문일 것이다. 매력성을 구성하는 주요 요소는 재미, 멋, 맛이라고 할 수 있는데 이런 요소들이 방문할 가치를 제공하는 것이다. 일단 재미가 있어야 신이 나서 SNS에 자신의 경험을 올리고, 남들에게 자랑하고 싶은 욕구가 생겨난다. 즉 재미가 없으면 누구한테 이야기할 마음이 생기지 않는다.

TV방송에서 맛과 음식에 대한 프로그램들이 인기가 좋다. 스타 셰프들은 유명 연예인 못지않은 인기를 누리고 그들이 찾아가는 식당은 대중의 사랑을 받고 있다. 예전에는 관광객들이 자연이나 문화자원을 1차적으로 구경한 후에 부차적으로 즐기는 것이 음식이었으나, 최근에는 음식 그 자체가 관광활동의 1차 목적이고 직접적인 방문 동기가 되기도 한다. '금강산도 식후경'이라 먹어야 여행도 할 것이니 당연한 말로 들리지만, 요즈음 방송매체나 SNS를 통하여 음식 정보가 유행하다 보니 음식에 대한 관심이 부쩍 높아지고 음식관광이 트렌드로 떠오르고 있다.

이 같은 현상은 2018년 한국문화관광연구원의 국민여행조사 결과에도 나타났는데, 음식에 지출한 비용의 비중(39.2%)이 가장 많음을 알 수 있다. 숙박관광객보다는 당일 관광객들에게 음식은 더 중요한 여행 중의 활동이다.

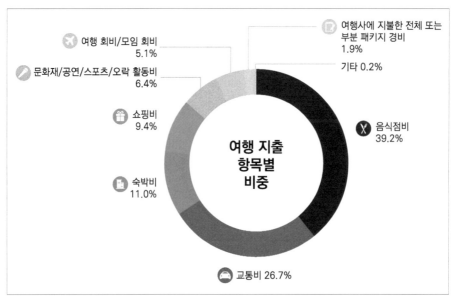

여행 회비/모임 회비 5.1%

여행사에 지불한 전체 또는 부분 패키지 경비 1.9%

기타 0.2%

문화재/공연/스포츠/오락 활동비 6.4%

음식점비 39.2%

쇼핑비 9.4%

여행 지출 항목별 비중

숙박비 11.0%

교통비 26.7%

출처: 한국문화관광연구원(2018)

미식관광은 음식을 포함하여 음료, 식품, 조리법, 식품생산지, 축제 등을 두루 경험하는 데 있다. 음식 생산지 방문, 음식축제 참가, 음식 시식, 지역 특산물 체험 등 일상생활에서 경험할 수 없거나 경험하기 어려운 음식을 체험하기 위하여 특정 지역이나 국가를 방문하는 것을 말한다. 한국음식에 대한 기대를 가지고 방문하는 외국인도 그 숫자가 늘고 있는데, 외국인 관광객들, 특히 대만, 중국, 일본 관광객들은 식도락 관광이 55%가 넘는다.

국가별, 도시별 관광객 유치경쟁에서 지역의 고유문화와 역사가 담긴 식(食)자원은 차별화된 관광자원이며, 다른 관광상품과는 달리 만족도 및 재방문 비율이 높은 매력적인 자원이다. 음식자원은 지역문화를 가장 쉽고 친근하게 접할 수 있는 대표적인 문화상품이기도 하다. 음식은 관광객들에게 여행동기를 강하게 자극하는데 춘천 닭갈비, 안동 찜닭, 대구 치맥, 통영 굴 등도 관광객이 일부러 찾아가서 먹을 정도로 명성이 높다. 지역 음식을 체험하는 과정은 기억에 오래 남는 경험이기 때문에 음식으로 지역을 브랜딩하는 사례가 많다.

음식으로 지역이 브랜딩됨으로써 새로운 관광지로 등장한 사례가 있다. 영국의 작은 어촌 마을인 패드스토(Padstow)는 관광객에게 주목받는 곳이 아니었지만, 릭 스타인(Rick Stein)이라는 유명 요리사가 식당을 개업한 이후 어촌마을이 확 바뀌었다. 그는 원래 요리사가 아니고 1970년대에 옥스퍼드 대학에서 영문학을 하면서 나이트클럽을 소유하고 DJ도 했다. 그 후 음식 비즈니스에 뛰어들기로 마음먹고 요리사를 고용하여 패드스토에서 영국인들이 그리 좋아하지 않는 해산물 레스토랑을 오픈했다. 어부들로부터 싱싱한 해산물을 공급받아서 즉시 요리해 주는 것이 성공요인이었다. 그의 요리실력은 어머니의 솜씨를 배운 것이다. 스타인의 요리가 영국의 방송 대가인 Floyd가 진행하는 TV프로그램인 'Floyd On Fish'에 방영된 후 주목을 받았는데, 이 프로그램이 10년간 지속되면서 많은 사람들이 일부러 방문하는 레스토랑으로 변하게 되었다.[22]

출처: bbc.co.uk

스타 셰프 Rick Stein과 그가 운영하는 시푸드 레스토랑

---

22 Rigby(2019). Rick Stein, the man who would be king(fish)(https://www.good food.com.au/)(April 22).

스타 셰프 덕분에 관광객이 늘어나서 다양한 음식점들이 생겨나고, 일자리도 많아지고, 생선 값도 올라서 해산물을 공급하는 마을어부들의 소득도 늘어났다. 이 식당은 해산물 조리법의 전당으로 인식되고, 그가 여러 식당들을 오픈하면서 Padstow는 해산물 요리의 명소가 되었다. 방문객들의 숫자가 늘어남에 따라 여행, 숙박, 기념품업 등 관광산업도 덩달아 발전하면서 지금은 풍요로운 어촌마을로 성장하였다. Padstow는 영국은 물론 유럽에서도 해산물 요리마을로 성공적으로 브랜딩되었다.

차별성

도시나 지역이 브랜딩된다는 것은 다른 지역과 비교하여 우위를 갖는다는 것을 의미한다. 그것은 자연환경일 수도 있고 문화자원일 수도 있는데 다른 지역에서 감히 흉내 낼 수 없는 무언가가 있어야 가능한 이야기이다. 아주 뛰어난 자연을 가졌거나 특수한 역사와 전통을 내세울 수 있는 경우, 다른 곳에서는 경험할 수 없는 기회를 주는 곳이거나 오직 그곳에서만 맛볼 수 있는 특산물이 있는 경우이다.

그러나 우리나라의 중소도시들은 비슷한 자연환경을 가지고 있거나 문화 차이도 그리 크지 않아서 차별성을 나타내기에 상당한 어려움이 있다. 가장 쉽게 접하는 것이 지역 특산품이나 기념품인데, 제주의 돌하르방을 경주나 서울에서도 살 수 있다. 유교문화도 경북이 정통성을 갖고 있다고는 하나 호남이나 충청에도 비슷한 문화가 있고 자원이 있다. 더군다나 경북지역에서도 안동이나 예천, 영주 등 중소도시들이 유사한 문화자원으로 경쟁하고 있는데 차별화하기가 쉽지 않다. 농촌체험마을도 전국적으로 수백 개가 있지만 동네이름만 다를 뿐 그곳에서 체험하는 프로그램이 거의 유사하여 마을 고유의 특이성을 내세우기가 만만치 않다.

이런 가운데서도 전북 완주군은 차별성 있는 로컬푸드 사업으로 지역 브랜딩에 확실한 성공을 거두고 있어 오래전부터 지자체의 벤치마킹 대상이 되었다. 전주와 이웃한 완주군에서 매일 생산된 싱싱한 농산물이 전주 시내의 여러 로컬푸드 매장에서 판매된다. 로컬푸드 소비자들은 저렴하면서도 싱싱하고 지역에서 생산된 재료라 믿을 수 있어서 좋아한다. 지역경제에 도움을 준다는 자부심도 로컬푸드를 이용하는 동기이다. 농가의 65% 이상은 농산물을 직접 판매해 본 적이 없었는데, 농가들은 200여 가지의 채소를 경작하고 산나물도 채취하여 판매한다. 로컬푸드 사업에 참여하는 1,600여 농가의 수입도 안정적이어서 주민들도 기꺼이 참여한다.[23]

완주 로컬푸드 매장

---

23 완주군(2018). 식과 농의 거리를 좁히는 완주로컬푸드.

지속가능성

앞의 3가지 요소를 충족시키더라도 지속가능하지 않으면 브랜딩의 수명이 단축된다. 도시나 지역에서 갖고 있는 자원을 바탕으로 브랜딩하면 미래에도 지속될 가능성이 높다. 지속가능성은 지역이나 도시의 수명과도 같은 의미이다. 아무리 도시나 지역의 정체성이 차별성 있는 매력 덩어리라 해도 오래 지속하지 못하면 그걸로 끝이다. 지속성의 문제는 중간에 정체성을 다른 것으로 바꾸거나 매력이 사라질 때 나타나고, 또 다른 지역에서 유사한 자원을 갖고 더 강력한 마케팅으로 도전해 올 때도 생긴다.

경북 상주는 며느리로 시집오면 자전거부터 배운다고 말할 정도로 자전거가 일상생활화된 곳이었고, 전국에서 유일하게 자전거박물관도 있을 정도로 자전거로 이름을 날렸던 도시이다. 그러나 2005년 자전거 축제의 가요콘서트에서 유명가수들을 보기 위해 스타디움 입장객들이 한꺼번에 몰려들면서 압사사고가 일어났다. 그 사건 이후로 상주에서는 '자전거' 축제를 버리고 '동화 이야기' 축제로 바꿔버렸다.

출처: 뉴스경북

그러나 지역에서 오랫동안 만들어온 정체성과 사뭇 다르고, 낯선 주제로 바꾸는 바람에 크게 주목받지 못하였다. 그 이유는 비록 소수의 상주 출신 동화작가가 있지만, 동화는 이곳에서 뿌리가 약하고, 다른 지역에서도 따라 할 수 있는 축제 주제이기 때문이다. 단 한번 발생한 사건을 기화로 튼튼하게 심어진 지역의 이미지를 '이야기'로 바꿔보려는 시도는 지금까지 계속되고 있지만, 그 많은 지방축제 중의 하나로 기억될 뿐이다. 만약 브랜드를 리포지셔닝하고 싶다면 지역에 뿌리를 두면서 다른 도시들과 차별화할 수 있는 그런 자원을 선택해야 한다. 지금까지 상주는 자전거로 널리 알려진 도시이니까 '대한민국 자전거 수도 상주'에 걸맞게 자전거로 지속적으로 브랜딩하는 것이 사람들이 머릿속에 저장해 둔 이미지와도 잘 부합된다.

소싸움은 진주 지방을 중심으로 수백 년의 전통을 자랑하는 민속놀이였고, 고령층에서는 아직도 진주 소싸움을 기억하는 숫자가 많다. 그러나 경북 청도군은 20여 년간 꾸준한 마케팅 활동으로 사람들의 머릿속에 '소싸움 = 청도'라는 인식을 심는 데 성공하였다. 그렇다면 왜 진주는 선두자리를 빼앗겼을까? 그것은 진주가 청도에 비하여 전국적인 홍보 활동이 부족했거나 지속적으로 브랜딩 노력을 하지 못한 때문이 아닌가 생각한다. 지역 브랜드딩이 성공하려면 지속성과 일관성이 필요하다.

브랜딩 콘텐츠가 중요하다

경제발전과 관광을 통해서 명성을 높이고자 하는 지역은 다음과 같은 지역브랜딩의 핵심적인 물음에 답할 수 있어야 한다.[24]

• 무엇으로 우리 지역이 알려지고 싶은가?

---

24 Baker(2012). Destination branding for small cities: The essentials for successful place branding. Portland, OR: Creative Leap Books.

- 어떻게 다른 많은 지역과 차별성을 지니면서 경쟁우위를 유지할 것인가?
- 사람들이 우리 지역 이름을 봤을 때 어떤 생각과 감정을 가지게 만들고 싶은가?
- 우리 지역의 자원을 가지고 어떻게 향상된 결과를 얻을 수 있을 것인가?

첫 번째 질문은 지역의 정체성에 관한 것인데, 자연이나 문화, 역사, 산업 등이 주로 정체성을 대표하는 요소로 사용되어왔다. 여기에 덧붙여 웰빙, 휴식, 라이프 스타일 등도 삶의 질을 지향하는 트렌드에 맞는 정체성 요소로 등장하고 있다.

그러나 더 중요한 것은 무엇으로 알려지고 싶은 것만으로는 부족하고 지역 발전에 기여할 수 있는 것이라야 주민들의 공감을 얻을 수 있어 브랜딩 전략을 추진할 때 탄력을 받을 수 있다는 점이다. 브랜딩 전략으로 주민들이 실질적인 혜택을 받을 수 있게 되면 경쟁우위도 확보한 것이라고 보아야 한다.

지역 이름이 오랫동안 사람들의 머릿속에서 좋은 감정으로 자리 잡으면 주민들의 자긍심도 높아지고, 지역 관련 상품들에 대한 이미지도 덩달아 좋아진다. 브랜딩의 방향도 바로 이런 점을 지향하고 있다. 중요한 것은 다른 사람들이 지역에 대하여 어떻게 생각하고 있는가이지 자신이 어떻게 생각하고 있는가가 아니다. 지방 중소도시는 방문객이나 투자자에 초점을 두고, 전략적이며, 개방된 사고방식을 가지며, 상상력이 풍부해야 한다. 그래야만 도시에 대하여 긍정적인 감정을 갖게 되고 지역의 문화와 사람을 존경하게 되어 지역에 대한 애착심을 만들어낼 수 있다.

일반적으로 사람들은 퍼블리시티, 구전, 소셜 미디어 등을 통해 브랜드 경험을 생성한다. 좋은 브랜드는 감정을 자아내므로 브랜드는 What이나 Where가 아니라 Why이다. 부정적인 인식이 있으면 포지셔닝을 다시 하거나 브랜딩 노력을 다시 해야 한다. 몇 년 전 해외로 여행 간 지방의원이 가이드를 폭행하여 언론에 대대적으로 보도된 적이 있었다. 그 지역주민들은 물론이고 출향민들도 고향이 수치스럽다고 느꼈다. 그 여파로 소비자들이 그 지역농산물 불매운동을 벌이면서 농민들이 큰 피해를 입은 적이 있다. 부정적인 이미지를 타파하려면 꽤 오랜 세월 동안 노력을 해야 한다.

지역자원으로 향상된 결과를 얻는 방법은 지역마다 전부 특성이 다르기 때문에 일률적으로 같은 브랜딩 전략을 적용하기 어렵다. 더군다나 대도시 브랜딩 전략을 그대로 지방 중소도시에 적용하기도 곤란하다. 같은 지방 중소도시라도 한곳에서의 성공이 다른 곳에서 그대로 작동한다고 볼 수 없다. 따라서 어떤 콘텐츠를 가지고 브랜딩 전략을 구사할 것인지는 지역의 특성에 크게 좌우된다.

중소도시 브랜딩의 궁극적인 목적은 지역주민들이 살기 좋은 환경을 만드는 데 있다. 환경이란 경제, 문화, 사회, 자연 등을 의미하지만 브랜딩 전략은 그중에서도 지역경제 활성화로 연결되지 않으면 생명력이 오래 가지 못한다. 그러나 일정한 경제수준을 유지하는 지역이라면 문화나 사회, 자연환경 등의 콘텐츠가 강력한 브랜딩 요소가 될 수 있다. 지역이 취할 수 있는 여러 가지 브랜딩 콘텐츠 전략을 소개한다.

문화자원 활용 전략

대다수 도시의 브랜딩 전략은 문화자원에 기반을 두고 있다. 그 이유는 지역마다 문화가 다르고 주민들은 자신의 지역이 차별성 있다는 믿음이 있고, 지역문화가 곧 지역 DNA라고 생각하기 때문이다. 실제로 지역문화가 정체성에 직결되고 다른 지역과의 차별성을 확보해 주는 역할을 하므로 유럽에서도 문화를 기반으로 브랜딩한 사례가 많다. 비틀스의 고향 영국 리버풀, 스페인 빌바오, 독일 뮌헨 등은 대표적인 문화자원을 활용해서 도시 브랜딩에 성공한 경우이다.

많은 도시들이 문화특성을 가지고 브랜드를 구축하였지만, 그것을 지속적으로 유지하는 것은 결코 쉽지 않다. 그러나 예외적인 사례가 있는데 바로 미국 텍사스의 오스틴(Austin)이다. 미국에서는 전통적으로 내슈빌이나 뉴욕, 뉴올리언스가 라이브 음악의 도시로 인식됐지만, 오스틴이 그런 명성을 능가하고 있다. 컨트리 음악의 도시라고 인정받은 테네시주의 내슈빌을 제치고 오스틴이 라이브 음악의 도시로 알려진 것은 다소 의아스럽기도 하다. 오스틴은 삼성전자 반도체가 진출한 도시여서 우리에게는 첨단기술 도시의 이미지로 알려져 있기 때문이다.

미국의 어느 도시보다도 일인당 라이브 음악 공연장(250여 개)이 더 많다는 것이 밝혀진 후 오스틴은 "세계 라이브 음악의 수도(Live Music Capital of the World)"라는 슬로건을 1991년에 만들었고, 거의 30년간 탄탄하게 이런 포지션을 유지해 왔다. 250개가 넘는 공연장이 있다는 것은 언제 어디서나 음악을 즐길 수 있다는 것을 의미한다. 현재도 1,900여 개의 밴드와 공연자들의 음악을 들을 수 있으며, 매년 5만여 회의 공연을 하고 있어 오스틴을 찾는 사람들이 언제든지 음악을

출처: Austin Relocation Guide

Austin 라이브 뮤직 축제

즐기고 싶은 욕구를 풍부한 음악 인프라가 해결해 준다. [25]

---

25 Edwards(2020). The real story of how Austin became known as the live music capital of the world(https://click2houston.com).

이 밖에도 South by Southwest(SXSW), Austin City Limits Music Festival (ACL), The Urban Music Festival, Fun Fun Fun Fest, the Pachange Festival 등 세계적인 음악 이벤트와 페스티벌을 개최하고 있다. 이처럼 라이브 뮤직으로 리브랜딩하여 매년 뮤직 관련 대회를 개최하고, 각종 예술가 지원사업 등을 펼쳐서 지역경제 활성화에 기여하고 있다. 이처럼 오스틴은 전통적으로 지니고 있는 명성에 안주하지 않고 늘 참신함을 유지하여 음악도시로서 브랜딩되고 있다.

미국 Arkansas Delta Byways 지역은 아칸소주 동쪽의 미시시피강을 따라 남북방향으로 560km에 걸쳐 있는데 아칸소의 12개 관광지 중 하나이다. 미국 아칸소 델타는 많은 중요한 장소를 자랑거리로 가지고 있지만, 가장 매력적인 점은 바로 사람들의 성격이다. 아칸소 델타의 문화는 토지에 전적으로 의존하는 농업문화라는 특징을 지니고 있다. 이런 농촌의 라이프 스타일이 좋을 때나 어려울 때를 겪으면서 주민들은 단호한 회복력을 갖게 되었다. 아칸소나 미시시피 델타 지역에서 유래된 블루스 음악도 이런 회복력을 가장 잘 표현하는 장르이다.[26]

델타 지역의 문화적인 정체성은 식량, 가족, 믿음으로 융합된 라이프 스타일에 초점을 맞춘다. 이 지역은 15개 카운티를 포함하고 있는데, 아칸소 델타 사람들 사이에서 느끼는 지역 자부심을 "Deltoids"라 부르고 Deltoids가 곧 자신들을 지칭한다고 한다. 이런 정체성은 문화적으로 혼합된 사회에서는 매우 드문 경우이지만, 가장 매력적인 브랜딩 방식을 만들고 있다. "아칸소의 흙과 영혼(Arkansas Delta: Soil & Soul)"은 아칸소 사람과 지역, 농업문화의 본질을 직설적으로 표현하고 있는데 이런 주제로 브랜딩 캠페인이 개발되었다.

---

26 http://deltabyways.com

출처: the Delta Cultural Center

아칸소 동쪽 Delta 지역

이 지역은 매력자원들 사이에 존재하는 점들을 연결함으로써 역사, 문화, 자연 관련 장소에 관광객 유치에 필요한 임계질량[27]을 만들어내고 있다. 만약 이런 자원들이 서로 연계되지 않는다면 각각의 자원이 독자적으로 먼 거리에서 관광객을 끌어오기에 충분히 매력적이지 않았을 것이다.

경제활성화 전략

브랜딩 전략의 성과는 경제효과로도 측정되는데 중요한 지역을 대표하는 산업이나 기업이 있으면 지역을 브랜딩하기가 수월하다. 캘리포니아 실리콘 밸리는 IT, 디트로이트는 자동차, 일본 사바는 안경, 이탈리아 볼로냐는 패션, 울산은 조선, 수원화성은 반도체 산업으로 특화되어 있다. 성공사례는 거의

---

27 충분한 관광객 숫자

대도시 중심으로 소개되어 왔지만, 여기서는 기업유치를 활발히 한 중소도시의 사례를 소개해 본다.

충북 진천군은 전국에 있는 군(郡) 단위 지방자치단체 중 인구가 늘어나는 유일한 곳이다. 한때 8만 명이 넘었던 인구가 5만 명 밑으로 떨어진 적이 있었지만, 혁신도시의 효과로 조만간 10만 명에 이를 것으로 전망된다. 25년 전 현대모비스 공장을 유치하면서부터 줄어들던 인구가 다시 증가하고 지역이 활기를 띠기 시작했다. 한화큐셀의 진천 태양광 공장이 들어오면서 진천군 내 1,300여 개 중소기업의 가동률도 85%에 달할 정도로 지역경제가 활발하게 돌아가고 있다.[28]

진천군이 취한 파격적인 조치는 한화큐셀 공장 유치를 위해 '선(先)지원 확약, 후(後)대책 수립'이었다. 통상 대규모 공장 건설을 하려면 각종 사전 인프라 구축, 행정 절차 수행 등에만 1년 가까이 걸리는데, 진천군은 이 기간을 4개월로 줄였다. 충북의 에너지와 반도체고등학교 등과의 산학협력을 통해서 고용률을 높였는데, 80% 이상이 진천과 음성, 청주 등 인근 지역 출신이다. 진천공장 임직원의 평균 연령이 27세로 활력을 잃어가는 지방 중소도시가 활력을 찾게 되었고, 굳이 홍보하지 않아도 산업도시로 브랜딩되었다.

경제활성화에는 외부 투자에 의한 전략도 있지만, 지역공동체가 자발적으로 경제를 일으키는 '내발적 발전' 전략도 있는데 '자립형 산업집적'이라고도 한다. 지역의 대학이나 연구소에서 훈련된 인력이 혁신을 일으키는 전략인데 협력과 공유를 특징으로 한다.[29]

세계 최고의 기술을 자랑하는 산업이 이탈리아 볼로냐에는 많다. 거의 중

---

28 동아일보(2019a). '태양광 셀−모듈'의 도시 충북 진천(5월 15일).
29 후지요시(2016). 이토록 멋진 마을(김범수 옮김). 황소자리.

소기업이지만, 이곳에는 패션, 식품, 람보르기니 같은 스포츠카, 오토바이 등이 발달했다. 볼로냐는 인구 100만 명을 자랑하고 중세문화를 간직한 도시로서는 유럽에서 큰 축에 든다. 볼로냐는 역사문화가 풍부하여 관광객들이 많이 방문하며, 특히 중소기업이나 협동조합에 대한 벤치마킹 도시로서 우리나라에도 널리 알려져 있다. 특히 볼로냐대학은 이탈리아에서 최초로 미술, 음악, 실행예술 학위과정을 설립하기도 하였다.

이탈리아 볼로냐

국가지원이나 대기업을 유치하는 의존형과 다르게 이들은 자신들의 힘으로 일어서고자 서로 정보를 교환하고 혁신을 이루어냄으로써 공존하는 법을 체득하여 국제경쟁에서도 전혀 뒤지지 않는다. 볼로냐는 레가코프(Legacoop)라는 300여 개 조합의 연합회가 있는데, 40만 명의 볼로냐 시민 거의 전부가 조합원으로 있다. 조합끼리 상호 협력적 네트워크를 형성하고 있고, 소속 조합원에 대한 교육과 신생 협동조합을 레가코프가 지원한다.

이같이 공존이 잘되는 이유는 향토애 때문이라고 한다. 자신의 고향을 발전시키고자 하는 여망이 경쟁과 협동을 통해 이루어지고 있다. 이들은 공개적으로 아이디어를 공유하지만, 남을 따돌리고 혼자만 하지 않으며, 가격경쟁을 해서는 안 되고, 제품경쟁도 하지 않는다고 한다. 패션제품인 옷이나 구두는 남성, 여성, 어린이용으로 세분해서 만들기 때문에 서로 경쟁이 되지 않는다. 일하던 기업에서 기술을 갖고 나오는 것은 상관없지만, 똑같은 제품을 만들지 않는 것이 규칙이다.

이처럼 지역공동체가 공유하는 가치관, 규칙, 문화가 산업발전에 기여하는 사례를 볼로냐에서 찾을 수 있다. 볼로냐같이 도시가 인큐베이터 역할을 해야 한다는 사고방식이 세계경제의 주류가 될 것이라고 후지요시는 말한다.

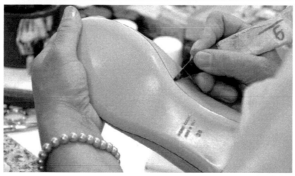

출처: UNESCO, https://www.corrierecesenate.it

이탈리아 볼로냐 시내 전경과 여성구두 제작

공간자원 발견 전략

지역이나 마을의 기차역, 광장, 공원, 해변, 항구, 시장, 스포츠 시설 등과 같은 어메니티를 리모델링하여 방문객이 찾아오게 만드는 것도 지역을 브랜딩하는 방법이다. 기차역을 레스토랑이나 역사전시관으로 활용하거나 마을에 벽화를 그려서 마을의 이미지를 전혀 다르게 만들어 주목받는 경우를 볼 수 있다. 스페인 산티아고 순례길은 길로써 브랜딩된 대표적인 사례이다.

제주 올레길은 스페인 산티아고 순례길을 벤치마킹한 도보 여행길로, 제주도 방언으로 집으로 통하는 아주 좁은 골목길을 뜻한다. 2007년 제1코스를 시작으로 21코스까지 총길이가 425km로 제주도를 일주하는 코스로서 한국관광공사가 추천한 한국관광 100선에도 올랐다. 제주 올레길은 대부분 해안을 끼고 만들어졌고, 제주의 자연, 역사, 신화, 문화, 여성 등의 문화코드를 간직하고 있다. 제주도 올레길을 벤치마킹한 수많은 길들이 개발되었으나 그리 큰 주목을 받지 못했지만, 경북의 청송, 영양, 봉화, 영월을 잇는 '외씨버선길' 등이 전국적으로 명성을 얻고 있는 길이다.

영국 잉글랜드 서남부에 자리 잡은 코츠월드(the Cotswolds)는 런던 근교에 위치한 면적 800평방마일로 5개의 카운티(county)가 속한 넓은 지역이다. 광활한 언덕이 있어 양의 방목지로도 알려져 있고, 금색의 벽돌로 지은 집들은 영국의 전형적인 마을 모습을 가장 잘 보여주고 있다. 이 지역에는 버턴 온 더 워터(Bourton on the Water) 등 작은 마을 수십 개가 모여 있다.

버턴 온 더 워터는 다른 마을보다 관광객이 많이 찾는 작은 마을인데 한국인 관광객들의 방문도 많다. 마을 가운데를 지나는 야트막한 윈드러시강을 사이에 두고 돌로 만든 중세기 냄새가 물씬 풍기는 가옥들이 강을 따라 늘어서 있다. 이 마을은 관광객들의 발길이 끊이지 않지만, 정작 마을은 조용하고 주민들의 인적은 찾아보기 힘들다. 그렇지만 다른 마을에 비해 레스토랑, 카페, 기념품점 등이 많아서 코츠월드에서 가장 번화한 마을이라 불린다.

영국 런던 근교에 위치한 코츠월드의 버턴 온 더 워터 마을 풍경

어떤 전략으로 접근할까?

인구감소를 심하게 겪으면서 쇠퇴의 길로 접어들 가능성이 높은 중소도시가 살아남으려면 중소도시를 브랜딩화해야 한다. 한 예로 과거 번성했던 문경시, 태백시, 삼척시, 정선군 등 탄광도시들은 1980년대 에너지자원으로서의 석탄의 매력을 잃어가자 광부들과 그의 가족들이 떠나게 되면서 급속한 인구 감소를 겪게 된다. 그러나 각기 지역 특성을 살린 관광목적지로 거듭나기 시작했으며, 오히려 관광객들로 지역 전체가 호황을 누리는 곳이기도 하다.

문경시의 경우, 영화세트장과 농산물 공동브랜드 '새재의 아침'으로 유명한 재정자주도[30]가 66%이다. 경기도의 수원시와 서울의 강남구도 60% 후반대의 재정자주도를 보이는 것을 생각하면 꽤 높은 재정자주도를 보이고 있다. 또한 수산자원이 풍부했던 여수는 한때 부유한 도시였다. 그러나 어획고 감소로 여수의 경제는 침체되고 사람들은 도시를 떠나기 시작했다. 2012년 여수세계박람회를 계기로 도시 브랜딩을 본격화하기 시작했고, 이제는 갓김치와 젓갈 등을 내세워 남도음식의 메카로 자리매김하고 정유화학도시로도 알려져 있다.

지자체 주도의 브랜딩 전략은 주로 컨설팅 회사를 활용하고 있지만, 그 전략이 실행에 옮겨지지 못하거나 설령 추진한다 해도 오래가지 못하는 경우가 많다. 중앙정부나 지방정부가 적지 않은 예산을 들여서 만들었던 수많은 지역개발이나 마케팅 보고서는 그 실효성과 비용, 그리고 의사결정권자의 교체 때문에 서랍에서 잠자고 있는 경우가 허다하다. 아마도 가장 큰 이유는 주민이나 지역 리더 등 이해관계자들로부터의 의견수렴이 부족하여 추진동력을 얻지 못했기 때문이 아닌가 생각한다.

지역브랜드의 콘셉트를 결정할 때 가장 중요한 것은 지역주민들의 자발적 참여이다. 주민들의 의견이 반영된 전략이라면 중간에 지자체장이 바뀌어도 다음 지자체장이 이어받아 지속적으로 추진할 수 있다. 이것이 지속가능한 지역브랜딩의 전제조건이기도 하다. 컨설팅 회사보다는 오히려 창의적인 개인이나

---

30 최종 예산 대비 자체수입에 지방교부세와 조정교부금을 더해 계산한 비율

지역 리더들이 나서서 지역을 브랜딩하는 경우가 사례조사에서 자주 등장한다. 이처럼 창의계층은 지역의 변화를 선도하는 역할을 한다. 제5장에서 국내 젊은 이들의 창의적인 활동이 지역의 변화를 가져온 사례를 몇 개 소개하였다.

창의계층 유치

중소도시와 창의경제 사이의 연관에 대한 최근의 연구결과와 개인들의 진술에 의하면 어메니티, 인구 유입, 고용성장, 그리고 부의 창조에 상관관계가 있음이 밝혀졌다. 맥그래나한과 우잔(McGranahan & Wojan)[31]은 창의계층은 더 높은 삶의 질을 찾아 인구밀도가 낮은 지역(농촌)으로 이동하며 창의계층을 육성하는 것이 일자리 창출과 부의 성장을 만들어낸다고 하였다. 사실 중소도시(타운)도 창의경제에서 일정한 역할을 하며, 비록 대도시와는 정도의 차이가 있지만 다른 형태로 창의적인 사람들을 유치하는 경쟁에 참여함으로써 혜택을 받을 수 있다.

작은 커뮤니티에서 창의계층의 유치와 유지는 대부분 삶의 질과 지역의 품질(어메니티)에 달려 있는데 이것은 '도심 탈출'의 주요 요인들이다. 이것은 창의자본모델(Creative Capital Model)에서 제안한 '어메니티' 개념을 수정한 것이다. 즉, 작은 도시에서는 대도시의 계획적이고 창의적인 도시풍경을 반드시 제공하지는 않지만, 새로운 주민을 유치하기 위한 자신들의 고유한 장점을 가지고 있다.[32] 이러한 관점에서 볼 때 어메니티는 심미적이고 사회적, 경제적 가치를 지닌 자연과 인공물의 특징들로 묘사될 수 있다. 어메니티는 어느 한

31 McGranahan & Wojan(2007). The creative class: A key to rural growth. Economic Research Service, U.S. Dept of Agriculture.
32 Lewis & Donald(2009). A new rubric for 'creative city' potential in Canada's smallercities. Urban Studies. 47(1): 29-54.

지역의 독특함과 비모방성 같은 전략적 차별성과 관련이 있다. 다음은 INTE-LI에서 제시한 어메니티 분류표이다.

| 어메니티 분류와 설명 |

어메니티 분류	설명
자연	따뜻한 기후, 뚜렷이 구별되고 그림 같은 지형의 다양성(계곡, 강, 호수, 산, 산림 등)
문화	건축학적 또는 고고학적인 유산(성, 교회, 다리, 수로 등), 기억, 공식 선언, 전설, 전통 등의 무형유산
상징	커뮤니티 참여, 신뢰관계, 참여문화, 친밀한 이웃관계, 사교성, 사회자본, 시민연계망 등
인공물	건강과 사회서비스, 우수한 학교, 호텔, 레스토랑, 만남의 공간, 스튜디오, 생방송 작업장 등

출처: INTELI(2011)

미국 농촌의 작은 커뮤니티를 연구한 맥그래나한과 우잔은 창의계층은 특히 어메니티가 많은 지역에서 나타났다고 한다. 그중에서도 자연적인 어메니티가 풍부한 곳이 이런 창의계층을 끌어당길 자석이 될 것이라 보았다. 숲과 전망이 좋은 탁 트인 지역을 가진 산악지대에서 창의계층이 증가하고 있다고 하였다. 이런 곳에는 자전거와 야외 스포츠 상점이 상대적으로 많다.

창의적인 사람들은 지속가능함과 저탄소 라이프 스타일을 찾는데, 출퇴근 시간이 짧고, 자동차가 아닌 교통수단을 사용하는 공간이 작은 콤팩트 도시를 선호한다. 전통이 있고 독특한 환경과 시골의 라이프 스타일을 보존한 곳도 이런 부류의 사람들이 관심을 보인다. 사실 작은 커뮤니티에서는 비경제적 요소라 할 수 있는 커뮤니티 관여, 협동과 참여의 문화, 사회적 친밀성이 특권이 된다. 즉, 사회적 자본과 강한 유대감, 개인주의가 창의계층을 끌어오는 요인이다.

중소도시와 큰 도시와의 근접성은 창의계층을 끌어오는 매력이 된다는 연구도 있지만, 반드시 이런 계층을 끌어오는 전제조건이 되지 않는다는 연구도 있다. 그러나 중소도시의 발전을 위한 동력으로서 어메니티와 외부자원의 잠재력은 공간시스템에서나 도시와 지방 사이의 행정체계에서 차지하는 위상에 달려 있다. 소도시나 농촌에 대한 창의계층의 선호는 정보통신기술에 의해 촉진된다. 비즈니스는 대도시에서 멀리 떨어진 작은 마을에서도 시작할 수 있기 때문이다. 이들은 대부분 프리랜서나 자가 고용 또는 미니기업의 오너여서 자율적이고 이동하기 쉽다. 작업, 여가, 생활 간의 장벽이 물리적으로나 실제로도 사라져가고 있다.

강한 리더십과 커뮤니티 참여와의 연결은 소도시나 타운에서 창의기반 전략의 성공을 위해서는 절대적으로 필요하다. 창의적인 변형의 과정을 선도하는 소위 '변화의 선구자(agents of change)'의 역할은 매우 중요하다. 이런 행동자나 매개체는 정치집단, NGO, 기업, 지역주민 또는 변화를 주도하는 특정인이 될 수 있다. 소도시나 타운의 창의계층은 단지 지식의 생산이나 높은 소비성향으로 경제성장에 기여하는 것이 아니라, 새로운 아이디어를 제공하고 경제발전의 제도적인 틀을 개조함으로써 기여한다.

관광 활성화를 위한
중소도시 브랜딩 전략

제3장

브랜딩 절차와
효과

브랜딩 절차와 효과

브랜딩 전략을 통하여 도시의 특징을 뽑아내는 것이 가능할까? 어느 지역이나 장소를 브랜딩한다는 것은 터무니없는 것같이 보이지만, 잘 된다면 지역 주민을 단결시키고 관광객을 불러들여 지역민에게 큰 선물이 될 수 있다. 도시의 특징을 대표할 수 있는 브랜드의 내용은 다양하다. 브랜딩의 절차를 설명하기 전에 지역 브랜드의 형태를 다음의 5가지로 구분해 본다.

지역 브랜드의 모습은?

지역 브랜드는 여러 형태를 지닌다.[1] 대부분은 지리적 경계에 기반하지만, 특별한 청중과 울림이 있는 테마를 형성하는 클러스터들과 연관된 브랜드도

---

1 Baker(2012). Destination branding for small cities: The essentials for successful place branding. Portland, OR: Creative Leap Books.

있다. 우선, 포괄적인 지역 브랜드가 있다. 이것은 도시의 전체적인 퀄리티를 품고 있는 최고 상위수준의 엄브렐러(우산)와 같은 브랜드이다. 도시의 가장 특징적인 개성과 장소성을 잡아내고, 문화, 경제개발, 투자, 교육, 헬스케어, 인프라, 지역사회 자긍심 등을 지향하는 도시 마케팅을 위한 경쟁력 있는 정체성을 포함한다. 특히 가장 살기 좋은 도시로 선정되는 도시를 지역 브랜딩의 대표적인 도시로 볼 수 있다.

가장 살기 좋은 도시 순위를 매년 발표하는 영국의 정치경제 분석기관인 EIU(The Economist Intelligence Unit)의 연구에 의하면, 2019년 1위는 오스트리아 비엔나이고, 호주 멜버른 2위를 비롯하여 시드니, 애들레이드가 랭크되어 있다. 캐나다는 캘거리, 밴쿠버, 토론토 등 3개 도시, 일본은 오사카와 도쿄가 톱 10 순위에 올랐다. 5개 영역(안전성, 헬스케어, 문화 & 환경, 교육, 인프라)에서 평가했는데, 순위에 든 모든 도시가 교육영역에서 100점을 받았고, 헬스케어 영역에서도 코펜하겐만 빼고 전부 만점을 받을 정도로 교육과 헬스케어는 살기 좋은 도시의 중요한 조건으로 인식되고 있다.

| 2019년 가장 살기 좋은 도시 랭킹 |

Country	City	Rank	Overall Rating (100=ideal)	Stability	Healthcare	Culture & Environment	Education	Infrastructure
Austria	Vienna	1	99.1	100	100	96.3	100	100
Australia	Melbourne	2	98.4	95	100	98.6	100	100
Australia	Sydney	3	98.1	95	100	97.2	100	100
Japan	Osaka	4	97.7	100	100	93.5	100	96.4
Canada	Calgary	5	97.5	100	100	90	100	100
Canada	Vancouver	6	97.3	95	100	100	100	92.9
Canada	Toronto	7	97.2	100	100	97.2	100	89.3
Japan	Tokyo	7	97.2	100	100	94.4	100	92.9
Denmark	Copenhagen	9	96.8	95	95.8	95.4	100	100
Australia	Adelaide	10	96.6	95	100	94.2	100	96.4

출처: EIU(2019)

관광목적지 브랜드는 방문하기에 매력적인 장소라는 지리적 위치 맥락에서의 브랜드이고, 흔히 관광 브랜드라고도 한다. 왜냐하면 지역의 특성을 전달하는 데에는 관광의 목소리가 가장 크고 또 가장 잘 다듬어져 있기 때문이다. 그러나 장소 브랜드가 관광목적지 브랜드의 대체용으로 간주되어서는 안 된다. 다만 두 브랜드 간의 연계성은 매우 높은 편이다. 유명한 관광자원을 가진 지자체 거의 모두가 관광목적지 브랜드를 사용한다.

경제발전 브랜드는 관광을 제외하고 비즈니스 재배치, 확장, 투자 등을 위한 브랜드이다. 타깃 마켓과 최적의 잠재력을 가졌음을 확신하기 위하여 전체적인 브랜드와 연계는 되지만 별도의 브랜드 전략이 요구된다. 우리나라의 여러 지자체에서 주창하고 있는 '경제수도'가 대표적인데 포항, 용인, 남양주, 제천 등에서 경제도시를 표방하고 있다.

커뮤니티 브랜드는 지역주민들에게 상기될 수 있도록 만들어진 브랜드인데, 보통 지역민의 자긍심을 불러일으키거나 지역에 정체감을 주도록 디자인된다. 또는 주거, 소매업, 엔터테인먼트, 레저, 스포츠 활동 등에 대한 지역의 후원을 증대시키도록 고안된다. 충북 보은군, 강원 양양이 스포츠 전지훈련이나 레저 장소로 알려져 있다.

마지막으로, 테마 브랜드는 지역의 특산물이나 특정문화에 기반을 둔 브랜드인데 축제, 음식, 와인, 과일, 레저, 문화, 역사, 스포츠, 음악 등을 테마로 한다. 이런 브랜드는 전체적인 시장보다는 특수한 세분시장에 강점이 있는데, 많은 지자체가 특산물을 강조한다. 경기 화성 포도, 경북 청송 사과, 전북 부안 오디, 전주 비빔밥, 화천 산천어축제, 충북 보은 왕대추 등은 지명도가 높은 특산물로 축제를 여는 대표적인 곳이다. 본서의 제4장에서 소개된 곳으로는 덴마크 코펜하겐 음식, 뉴질랜드 넬슨 와인, 텍사스 오스틴 음악, 노스캐롤라이나 스코틀랜드 넥 레저, 인도네시아 우붓 영성, 독일 바트 뵈리스호펜 치유 등이 있다.

어느 도시나 문화를 주제로 브랜딩하는 사례가 가장 많다. Duxbury 등은 중소
도시가 문화를 기반으로 브랜딩에 성공하려면 몇 가지 조건이 필요하다고 하
였다.[2] 다양하고 풍부한 문화를 가진 활발한 다운타운이 있어야 하고, 정통성
있고, 공적으로 기념하는 역사가 있어야 하며, 주민들의 문화행사 참여도가
높고, 시내 중심의 유산이 주변과 연계되어야 한다는 것이다.

미국 루이지애나주의 아차팔라야(Atchafalaya) 국가유산지역은 아차팔라야강을 따라
형성된 루이지애나 14-군(county) 지역이다. 1950년대부터 댐과 제방 시스템이 강물
을 통제하고 미시시피강을 거쳐 뉴올리언스로 흘러가는 수로를 보존하기 위해 만들어
졌다. 제방은 국립유산지역을 둘러싸고 세워졌기 때문에 아차팔라야강으로 접근하는
데 장애가 된다. 이 지역은 강과의 관계가 분명하게 정립되는데, county들이 강 유역을
따라 위치했지만 제방 때문에 사람들이 강
으로 접근하는 것을 불가능하게 만들었다.

이 지역은 아프리카와 인디언 원주민뿐만
아니라 유럽의 후손들이 사용하는 재료를
가지고 세계에 유례없는 독특한 음식을 만
들어냈다. 이 지역 음악가들은 로큰롤, 컨
트리, 복음성가, 로커빌리(록과 컨트리 음
악 요소를 지님)에 영감을 불어넣었고, 토
속음악은 케이준(Cajun) 리듬과 자이데코
(Zydeco: 루이지애나의 미국 흑인들이 연
주한 춤곡) 단주를 창조할 정도의 혼합적인

출처: http://www.atchafalaya.org
아차팔라야 유역

---

2 Duxbury, Garrett-Petts, MacLennan(2015). Cultural mapping as cultural inquiring,
  London: Routledge.

문화이다. 이와 같이 음식과 음악은 루이지애나의 풍부한 문화의 상징이다. 프랑스어가 인디언과 아프리카 아메리칸 언어와 혼합되어 케이준 방언을 만들었다.

이 지역에 놓인 도전적인 과제는 바로 마케팅과 브랜딩을 이용하여 지역과 강을 연결하는 것이다. 이처럼 강과 지역이 분리된 것이 오히려 이 지역에서 특색 있는 문화경험에 대한 연구를 촉발하게 되었고, 이 지역이 아카디안 사람들과 그들 자신의 음식과 언어를 가진 케이준 문화 발전의 본고장이라는 점이 밝혀졌다. 이런 발견으로 브랜드 슬로건을 "아차팔라야: 미국 속의 외국"으로 정하고 아차팔라야의 독특한 문화정서로 브랜딩하고 있다.

5단계의 브랜딩 절차

브랜드화되지 않은 단계에서 소비자들이 알아주도록 브랜드를 만들어가는 과정이 브랜딩이다. 일차적인 노력은 대표적인 자연자원이나 문화자원의 발굴에서 시작하여 그 다음은 그 자원의 대중적인 인지도를 높이고, 마지막으로 타 지역과 확실히 구분되는 그 무엇을 방문객에게 제공한다. 그렇다면 중소도시는 어떻게 브랜딩할 것인가? 중소도시 브랜딩의 저자인 베이커(Baker)는 5단계의 브랜딩 절차를 제시하고 있다. 이 절차는 지방정부나 브랜딩 전략가가 이니시어티브를 가지고 접근할 때 사용하는 톱다운(하향) 방식이다.

국내에서의 위치는 어떤가?

제일 먼저 파악할 일은 지역이 세상에서 처한 위치가 무엇인가이다. 다른 중소도시나 마을에 비하여 어떤 강점이나 약점이 있는지를 조사하는 것인데, 지역과 지역 브랜드의 핵심가치를 확립하는 일이다. 핵심가치를 확립하기 위해서 현재 상황을 경쟁자와 비교 분석하여 강점을 파악하고, 핵심가치가 지역과 어느 정도 부합하는지 조사하고 분석한다.

로컬 브랜딩 전략수립에 경험이 많은 지역 브랜딩 전문가 윌슨과 멀드로 (Wilson & Muldrow)는 브랜딩을 말하기 전에 먼저 커뮤니티를 이해하는 것이 중요하다고 강조한다. 단순히 지역을 여행하는 것으로는 부족하고 많은 시간을 현지에서 보내면서 연구하거나 답사하고 유명한 곳과 사람들이 전혀 가보지 않은 곳도 방문해야 한다. 그러면서 주민들과 소통하고 로컬 식당에서 식사도 하고, 지역 음악을 듣고 거리를 걸으며, 지역 냄새를 맡으면서 지역문화에 빠져들어야만 커뮤니티의 정수를 맛볼 수 있다고 강조한다.

이 단계는 지역이 가지고 있는 본질적 가치와 특성을 찾아내어 주민들로부터 공감을 이끌어내어 지역 브랜드의 정체성을 도출한다. 그중에서 다른 경쟁 지역에 비해 우위에 있는 가치가 무엇인지를 결정한다. 또한 도시가 갖는 지리적 이점, 산업, 문화, 역사적 유산, 인물 등 다양한 개성들을 확인하고 분석의 대상으로 삼는다.

도자기 수도이자 세계적인 도자기 메카로 꼽히는 중국 장시성(江西省) 징더전시(景德鎭市)는 주민의 60%가 도자기를 굽고, 도자기 업체만 6,700여 곳에 달한다.[3] 고령토의 주산지에서 멀지 않은 곳에 있으며, 장강 내륙수운을 통해 중국 전역과 해외로 수출이 용이한 곳에 자리

---

3 임주리(2020). 中 '도자기 수도'는 어떻게 2000년 넘게 살아남았나. 차이나랩(https://blog.naver.com/china_lab)

잡고 있다.

징더전에서 도자기가 생산된 것은 한나라(기원전 202~220년) 때부터로 알려져 있다. 뛰어난 품질의 고령토가 있었던 덕에 당대부터 청자와 백자를 구웠으며, 송대에는 우수한 품질의 백자를 해외로 수출하였고, 청나라 때까지도 지속적으로 우수한 품질의 도자기를 생산하는 곳으로 이름을 날렸다. 특히 '청화백자'는 중동을 넘어 유럽 곳곳에 수출된 중국의 대표적인 효자상품이었다.

문화대혁명으로 수많은 가마들이 훼손되었고, 1980년대에는 품질이 좋지 않은 도자기들이 팔려나가 명성을 잃기도 했지만, 이곳 사람들은 원, 명 때의 가마를 복원하는 등 대대로 전해져 내려오는 기술을 복원하는 데 집중했다. 도예가들은 컴퓨터로 디자인하고 3D 프린팅 기술을 사용하고, 라이브 커머스를 도입하여 생생하게 제품생산 과정을 보여주면서 판매한다. 도자기 공방으로 가득한 거리로 관광객이 몰려드는데, 중국 정부는 2035년까지 징더전을 세계적인 관광도시로 키우겠다는 계획을 갖고 있다.

미국 애리조나주의 인구 1만 300명의 세도나(Sedona)는 기가 세다고 알려진 명상의 도시로 연간 500만 명이 찾는다. "신은 그랜드 캐니언을 창조했지만, 신이 사는 곳은 세도나(God created the Grand Canyon but He lives in Sedona)."라는 말이 있을 정도로 세도나에는 독특한 영적인 분위기가 흐른다. 신비한 에너지 소용돌이라는 보텍스(vortex)가 지구상에 총 21개가 있는데, 그중 4개가 세도나 국립공원에 있고 이 중 가장 강력한 보텍스가 벨록 주위에 흐른다고 한다.

세도나 시내 전경

인디언들은 몸이 아프면 세도나에 찾아와 병을 치유했을 정도로 이곳을 신성하게 여겼다고 한다. 1950년대부터 세도나는 명상과 휴양을 위한 관광지로 유명해졌고 은퇴한 부자들이 거주하는 곳으로 주목받았다. 65세 이상이 약 25%를 차지하는데 1970년대부터 인구가 증가하기 시작하였다. 화려한 볼거리나 먹거리는 없지만, 자연을 벗삼아 명상과 휴식을 즐기며 힐링할 수 있는 최적의 장소로 손꼽힌다. 실제로 한국인 최초로 메이저리그에 진출했던 박찬호도 허리 재활치료와 명상훈련을 하기 위해 세도나를 수차례 방문한 적이 있다고 한다.[4] 애리조나에서 전지훈련을 하는 한국프로야구 선수들도 귀국하기 전 단체로 기를 받기 위해 세도나를 찾는다고 한다.

기가 흐르는 도시라는 명성 외에도 세도나가 유명한 이유는 인디언들의 전통문화를 보유하고 있고 영적 에너지를 예술로 승화시키려는 예술가가 있기 때문이다. 영적인 감동을 얻고자 하는 명상가, 작가, 공예가, 사진작가, 조각가, 화가 등 다양한 분야의 예술가들이 세도나로 모여들어 약 80여 개의 갤러리가 성업 중이다. 예술가들은 주민의 3분의 1을 차지하고 있다. 이외에도 철

---

4 월간조선(2014), 세계 최고의 氣가 흐르는 곳, '애리조나 세도나'(3월호).

학, 종교, 심리학자들도 늘어나고 있다. 과거 이곳에 거주했던 인디언 후손들이 제작한 수공예용품을 파는 상점들도 있다.

이러한 역사적 유산과 문화를 가진 세도나는 미국 USA Today가 선정한 미국에서 가장 아름다운 10선 중 1위를 차지한 곳으로 '기(氣)의 도시'로 브랜딩되었다. 기를 상품화하여 벌어들이는 수입이 전체 수입의 80%를 차지한다.[5] 국내에서는 경남 산청, 전남 월출산, 인천 강화 등이 '氣'를 주제로 브랜딩하고 있다.

무엇으로 알려지고 싶은가?

브랜드 정체성을 개발하기 위하여 브랜드와 관련이 있는 지역특성과 자원에는 무엇이 있는지를 파악한다. 브랜딩에서 핵심적인 요소는 타운이나 지역의 경성(hard) 자산이나 연성(soft) 자산을 강조할 것인가 아니면 둘 다를 강조할 것인가를 결정하는 일이다. 경성 자산은 물질적인 특징, 사이트, 여행목적지 등을 포함하고, 연성 자산은 문화, 인문, 풍습 등을 말한다. 어떤 방식이 옳거나 틀렸다고 말할 수 없지만 두 종류의 자산을 철저히 이해한 뒤 결정을 내려야 한다.

대부분의 지역에서는 문화자원에서 DNA를 찾아내고 정체성을 확립한다. 이따금씩 지역의 매력적이고 독특한 스토리를 좀 더 열심히 주목해야 한다. 오픈 마인드를 가져야만 흥미를 돋우는 잘 알려지지 않은 아름다운 체계, 뚜렷한 역사, 흥미로운 소문, 매혹적인 음악, 훌륭한 음식, 우스꽝스러운 캐릭터, 유명 인물 등을 발견할 수 있다. 물론 이런 각각의 자산은 도시의 주요 매력과 경쟁이 되지 않지만, 이들 지역 자산들을 한데 묶어서 본다면 지역의 현

---

5 동아비즈니스리뷰(2011). '氣의 도시' 세도나, 자연의 영감을 빚어 '명품도시'로. 82호.

실적인 이야기를 들려줄 수 있는 그 지역만의 정통성이 있는 문화적인 컬러를 만들게 된다.

벽화마을로 세계적인 명성을 얻은 도시가 인구 4,000명 정도의 캐나다 브리티시 컬럼비아주에 위치한 슈메이너스(Chemainus)이다. 이곳 출신 사업가 칼 슐츠(Karl Schultz)가 1971년 루마니아에서 천연 안료로 그린 프레스코 양식의 벽화를 보고 영감을 얻어 고향에 적용하려 했으나 모두가 부정적이어서 포기하였다. 그 후 10여 년이 흐른 후 시장의 지원을 받아 5개의 벽화를 만들었다. 그 당시에는 제재소가 문을 닫아 수백 개의 일자리가 없어졌을 때였기에 벽화가 일자리를 제공하는 기회가 되었다.

Chemainus는 1987년부터 벽화축제를 개최한 이후로 갤러리, 아틀리에 등이 문을 열었고, 섬유예술, 미술, 조각, 보석공예, 그래픽 디자인, 사진업계와 협업하여 도시에 벽화 인프라를 구축하였다. 이런 자원들을 바탕으로 글로벌 벽화컨퍼런스를 개최하고, 벽화프로젝트를 추진하여 세계에서 제일가는 커뮤니티 주도의 벽화예술 도시로 브랜딩되었다.[6]

브랜드 정체성은 도시의 다양한 이해 관계자 간 합의를 거쳐 도출되어 정치적 생명을 가지게 되는데, 도시 비전의 정립, 비전 실행을 위한 전략의 구상과 구체적인 아이디어 등은 브랜드 정체성에 기반을 둔다. 지역 브랜딩의 핵심적 메시지는 개발된 브랜드 정체성을 구성하는 다양한 가치를 반영한다. 그러나 창의적 사고를 통해서 기존에 형성된 정체성을 뛰어넘는 새로운 브랜드로서 건축물이나 산업, 문화자산을 육성하는 경우도 많으며, 이는 도시의 새로운 정체성 형성에 중요한 영향을 미친다. 이 과정을 통해서 창조적이고 유

---

6 Richards & Duif(2019). Small cities with big dreams-creative placemaking and branding strategies. London: Routledge.

효한 새로운 정체성을 만들어나가는 경우 지역 브랜딩은 더 강하고 풍부한 정체성과 이미지를 창출하는 선순환 사이클을 가지게 된다.

전남 보성군은 보성차밭으로 알려져 있다. 약 1.6㎢(50여만 평)에 580여 만 그루의 차나무가 있는 국내 유일의 녹차관광농원이다. 강수량이 많고 일교차가 큰 기후와 바람과 물이 흙에 잘 통하여 녹차 재배지로 적격이다. 녹음이 최고조에 이르는 5월에는 보성 녹차밭에 가고 싶다는 충동이 일어난다. 국내 최대 규모의 다원으로 계절에 구애받지 않고 관광객의 발길이 끊이지 않는 곳이며, '한국관광 100선'에 보성 녹차밭이 이름을 올리며 '관광녹차수도' 보성의 위상이 굳어졌다.

보성 녹차밭은 각종 CF와 드라마 촬영지로도 사랑받고 있다. 영화 '선물', '목포는 항구다', 드라마 '여름향기', '하노이의 신부', SK텔레콤(수녀와 비구니편) 광고 등에 등장했다. 보성군 대표 브랜드인 녹차에 대해서는 소비자 신뢰 확

보를 위한 인증을 더욱 강화하고 전 면적 유기농 재배를 추진하여 지역 브랜딩의 가치를 한층 더 높이고 있다.

브랜드를 어떻게 표현할 것인가?

브랜드의 핵심가치에 근거하여 모든 이해관계자와 고객 모두가 공유할 수 있는 비전이 명확하게 표현되어야 한다. 시각적으로나 언어적으로 브랜드를 어떻게 명확히 표현할 것인가? 개발된 브랜드 정체성은 로고, 슬로건, 다양한 광고 홍보의 형태로 핵심적인 메시지를 목표 고객에게 일관되게 전달하도록 한다. 고객들은 이러한 과정에서 장소에 대한 정보를 접하게 되며, 구체적 행위를 계획하거나 결정하는 단계에서 장소를 방문하게 된다.

미국 캘리포니아에는 유명한 해변이 여러 개 있다. 샌타모니카는 캘리포니아의 라이프 스타일을 경험할 수 있는 곳이고, 롱비치는 자동차 경주장 등의 세계적인 이벤트가 펼쳐지고, 샌타바바라는 지역과 역사, 와인이 어우러지고, 샌디에이고는 최고의 휴식을 취할 수 있는 해변으로 각각 브랜딩되어 있다. 또 하나의 헌팅턴 비치는 "Surf City USA"라는 명성을 유지하고자 끊임없이 노력한다. 이곳은 반세기 동안 도시의 한 축을 이루고 있는 정통 서핑문화가 있다. 그리고 이에 기반한 특징적인 분위기가 있어

출처: visitcalifornia.com(下)

샌타모니카(上)와 캘리포니아 헌팅턴 비치(下)

서 새로운 서핑 마니아들의 중심지가 되고 있다. 세계적인 서핑대회를 개최하고, 관광객들은 국제서핑박물관, 서핑명예의 전당 등을 통하여 서핑문화에 흠뻑 젖어든다.

성공적인 브랜드는 초점을 좁히거나 틈새를 노린다. 모든 사람들에게 맞는 것을 제공할 수는 없으므로 포괄적인 내용은 버리고 지역에서 가장 매력적인 점을 홍보하는 것이 중요하다. 홍보에서 즉시 버려야 할 포괄적인 단어를 꼽는다면 "탐험하다, 발견하다, 아웃도어 레크리에이션, 할 게 많은, 4계절 방문지, 유서 깊은 다운타운, 모든 것의 중심, 휴양지, 비밀을 가장 잘 간직한" 등이 있다.[7] 이런 표현은 어느 곳에서나 주장할 수 있는 것이어서 사람들에게 뚜렷하게 깊은 인상을 심어주기 어렵다. 초점을 좁혀서 핵심가치를 보여주는 단어가 설득력이 있는 것이다.

산청 브랜드(上)와 귀감석(下)에서 기원하는 사람들

인구 3만 6,000명의 경남 산청군은 지리산 약초의 효험이 널리 알려진 전통 한방의 본고장이며 한방과 항노화로 알려져 있다. 지리산의 고봉 3개가 산청군에 있어서 가야시대부터 황실의 요양지로 알려졌고, 조선 왕실에 명품 약초를 진상했다. 1,000여 종의 약초가 지리산 자락에서 자생하고, 산청

---

7 Baker(2012). Destination branding for small cities: The essentials for successful place branding. Portland, OR: Creative Leap Books.

에는 1,200여 곳의 약초 재배농가에서 40여 종의 약초를 생산한다.[8] 산청군에서도 약초 생산이나 가공, 제품을 지원하면서 한약초산업의 중심 도시로 지위를 굳히고 있다. 『동의보감』을 쓴 허준의 스승인 유이태도 산청에서 활동했던 것으로 전해지고 있어 역사적 정당성도 있다.

산청의 DNA는 한약초이다. 이를 기반으로 산청은 한방에서 정체성을 찾았고 정체성을 구체화하는 작업도 실행하고 있다. 산청약초시장은 약초전문 상설시장인데 농가에서 직접 판매한다. 한의원과 한약방은 물론 경남한방항노화연구원도 있어 항노화 관련기업의 기술지도나 상품개발도 하고 있다. 한방 테마파크인 동의보감촌에는 동의보감 둘레길, 한방 약초탕, 한의학박물관이 있고, 한옥 숙박과 의료, 스파 등을 할 수 있는 한방힐링타운과 한방 자연휴양림을 조성하여 한약초를 관광과 연계하여 한방 휴양관광지로 발전하고 있다.

여기에다 기(氣)의 도시로도 알려져 있다. 산청에는 3개의 기 바위가 있어 한 해에 100만 명이 찾는다. 귀감석에서 기도하면 무병장수하고 소원도 성취할 수 있다고 알려져 있어 지리산 등산객들이 다녀가는 곳으로 한 해 480만 명이 방문하여 관광효과도 상당하다.

산청군이 한방도시로서 브랜딩된 배경은 한방 관련 다양한 인프라에 있다. 한방 인프라를 통하여 주민들이 소득을 창출하게 되므로 인구가 줄어도 지역은 쇠퇴하지 않는다. 그러나 지역에 깊은 뿌리를 두지 않은 관광상품을 만들어서 홍보에만 매달리면 일시적인 방문효과를 거둘 수는 있겠지만 지속성이 없다. 산청은 지역에 뿌리를 둔 한방관련 산업으로 브랜딩이 지속가능함을 보여주는 사례이다.

---

8 조선일보(2019a). [뜬 곳, 뜨는 곳] '한밤의 고장' 경남 산청(9월 27일).

이해관계자들의 지원을 어떻게 이끌어낼 것인가?

도시에는 다양한 이해관계자들이 있어 정체성이나 브랜드에 대하여 이견이 있다. 많은 중소도시의 브랜딩 과정에는 이해관계자들의 지원을 얻어서 브랜드를 활기차게 만드는 방안을 실행에 옮긴다. 공공과 민간영역의 이해관계자 간 긴밀한 협력적 네트워크와 파트너십으로 브랜드를 지원한다. 브랜드는 이해관계자들에게 의미를 주는 활동과 해석을 통해서 꾸준히 창조된다. 도시의 엘리트들과 환대산업 종사자와 문화산업이나 지식산업의 종사자들은 지역 브랜드의 정체성을 개발하거나 정체성을 강화하는 데 중요한 역할을 한다.

출처: 산샤후시

중국 저장성 진주 도시 산샤후(山下湖)

중국은 예로부터 진주 생산으로 유명한데 저장성 주지시 산샤후현은 인구 2만 9천 명의 작은 도시지만 진주 수출 세계 1위를 자랑한다. 산샤후는 중국 진주시장의 80%를 차지하고, 세계 담수진주 시장의 75%를 점하고 있다. 이곳에는 진주관련 기업과 자영업, 그리고 공방이 3,000여 개에 달한다. 산샤후의 진주산업은 정책지원이나 대외홍보 없이 현지 진주 양식업자들의 노력으로 발전한 사례이다. 진주를 가공하기 전 상태로 대량 거래하기 때문에 부가가치가 낮음에도 불구하고, 주지시의 일인당 GDP는 약 9,500위안으로 저장성 소도시 중 1위를 차지했다.[9]

2017년부터는 진주 양식업자 왕홍이 등장하면서 라이브 방송 판매가 활성화되어 인터넷을 통하여 더 넓은 소비층을 확보하게 되었다. 여러 주민들

---

9 미래에셋은퇴연구소(2019). 작지만 강하다. Global Investor(vol. 59).

도 라이브 방송으로 판매한다. 2018년에는 산샤후 보석박람회와 국제진주축제에서 왕홍 100인이 각자 자신의 라이브 방송을 통해 3일간 산샤후 진주를 중국 전역에 1천만 위안(약 17억 원)어치를 판매하였다. 주지시에는 1천여 개의 진주 웨이상(微商: 위챗에서 판매하는 업자)과 1,800여 개의 진주 관련 콘텐츠 라이브 계정이 있고, 온라인 누적판매만 240억 위안에 달한다고 한다. 산샤후 정부에서도 글로벌화를 지향하며 진주산업의 성장을 촉진하고 있고, 생산액을 12% 이상으로 향상시키고 수출액도 10% 늘려 잡았다. 이해관계자인 양식업자들이 스스로 왕홍이 되어 직접 판매와 홍보에 나섰고, 진주기업과 공방과의 네트워크를 통하여 산샤후를 진주로 브랜딩하는 과정에 열성적으로 참여했음을 알 수 있다.

브랜드를 어떻게 늘 신선하게 유지할 것인가?

브랜드가 원래의 핵심가치를 훼손하지 않고 지속적으로 유지되고 있는지를 모니터링한다. 어떻게 브랜드를 활기차게 만들 것인가? 브랜드가 어떻게 생생하고 타당하게 유지관리될 것인가? 도시의 정체성과 이미지는 고객과의 원활한 홍보활동을 통해 이루어지는데, 도시에 대한 방문경험이 없는 사람들은 홍보활동의 결과로 방문을 결심하게 된다.

로고나 슬로건은 브랜드가 아니고 단순히 브랜드를 지원하는 마케팅 메시지이며, 전체 마케팅의 2%를 차지할 뿐이므로 너무 집착할 필요는 없다. 소비자 입장에서는 로고나 슬로건 때문에 방문 목적지를 결정하지 않음에도 불구하고 미국에서는 지역 마케팅 노력의 98%가 여기에 집중된다고 한다.[10]

미국 뉴멕시코주의 수도인 Santa Fe는 인구 70,000명 정도지만 미국의 다

---

10 Baker(2012). Destination branding for small cities: The essentials for successful place branding. Portland, OR: Creative Leap Books.

른 어느 도시보다도 일인당 문화자산이 많은 곳이다. 노동인구 중 작가와 저술가의 비중이 미국 도시 중에 가장 높고, 75개의 예술단체와 250여 개의 갤러리가 있는 도시이다. 19세기 철도가 그곳을 우회하게 되자 시는 쇠퇴하고 인구도 줄었지만, 예술적인 분위기의 커뮤니티와 향토공예 덕분에 회복할 수 있었다. 도시의 예술적인 기풍은 오페라 하우스를 설립하는 토대가 되었고, 이런 자산들을 지렛대로 삼아 도시를 매력 있게 만들고 경제를 활성화시키고자 하였다.

2005년에는 디자인, 공예 분야에서 UNESCO 창의도시가 되면서 국제 네트워크를 강화하였고, 유네스코 네트워크를 가진 미국 최초의 도시가 되었다. 이를 계기로 창의적인 관광프로그램을 개발하여 2008년에 창의관광 국제학술대회도 개최하였으며, 국제민속공예제전 등 동종 분야의 이벤트를 많이 유치하였다. 2015년에는 "문화가 닿는 곳: 산타페(Culture Connects: Santa Fe)"라는 슬로건을 내걸고 커뮤니티에 기반한 실행계획을 세웠다.[11] 산타페는 문화를 이해하고 산타페의 미래를 위한 꿈을 공유하고 도시의 비전을 실현할 로드맵을 만들었다. 이런 과정에서 사람과 장소, 관습, 정치 등을 한데로 묶어서 '산타페=문화도시'라는 브랜드를 지속적으로 유지하는 노력을 하고 있다.

브랜드를 신선하게 유지하는 방법 중 하나는 PR을 활용하는 것이다. 하버드 경영대학 마케팅 교수인 수잔 푸르니에(Susan Fournier)와 보스턴대학의 커뮤니케이션 연구센터의 연구에 의하면, 새로운 브랜드를 시장에 처음 내놓을 때 PR이 광고보다 효과적이라는 결과를 얻었다. 여기에서 PR은 원래 언론보도를 의미하는 퍼블리시티를 말했지만 지금은 SNS도 포함한다. 문화유적, 건축물, 문화거리 등의 자원에 대한 스토리를 인터넷, TV, 신문 등 대중매체나

---

11 https://santafenm.gov

소셜미디어(유튜브, 인스타그램, 핀터레스트, 페이스북, 트위터 등)에서 회자하게 만드는 것은 소비자의 머릿속에 브랜드를 신선하게 유지시켜 주는 기능을 한다.

외부 세계와의 커뮤니케이션에는 관광산업이나 미디어를 통한 전략이 효과적임을 알 수 있다. 예를 들어, 벨기에 북서쪽에 위치한 West Flanders주의 수도이면서 인구 12만여 명의 Bruges는 2003년 유럽문화수도(ECOC)로 선정되기 위한 노력을 시의 문화과가 아니라 관광과가 주도하도록 했다.[12] 도시를 외부 세계에 알리는 대외홍보는 문화보다는 관광분야가 더 전문성이 있다고 본 것이다. 미디어도 전통적인 대중매체보다는 인터넷이나 SNS를 이용하는 것이 도시홍보에서는 일상화되고 있다.

중앙아메리카의 카리브 연안에 있는 작은 국가인 벨리즈(Be-lize)는 해변, 흰 모래섬, 마야문명 유산, 최대 산호초 등 풍부한 자연자원이 있어 전도가 유망한 관광지로 포지셔닝하였다. Belize의 관광상품은 주로 자연과 문화 자원에 의존하는데 스쿠버 다이빙, 조류 관찰, 하이킹, 야생생물 관찰 등 레크리에이션 활동이 필요한 고고학적 사이트, 육상과 해양 보호지역 등이 대표적이다. 틈

출처: Moreno & Larrieu

12 Richards & Duif(2019). Small cities with big dreams—creative placemaking and branding strategies. London: Routledge.

새시장으로는 신혼여행, 플라이 낚시, 조류학자, 미식이 있다.[13]

현대인은 관광정보를 검색하는 데 오프라인보다는 온라인에 시간을 더 많이 쓴다는 점에 착안하여 video를 지속적 홍보수단으로 활용하는 등 관광객 유치에 테크놀러지를 적극적으로 활용했다. Belize는 buzz 마케팅의 플랫폼 역할을 하는 Youtube, Facebook, Twitter 등을 활용하여 빠르고 쉽게 관광정보를 전달하여 2012년부터 2015년까지 연간 관광성장률은 8.6%로 총 관광객 수는 32만 명 정도였다.

관광마케팅 매니저는 처음에는 Youtube나 Vimeo 시청자의 프로파일을 확인하였고, 95개의 다양한 주제의 비디오를 평가하였다. Vimeo는 벨리즈 관광청이 사용하는 비디오 플랫폼으로 디지털 홍보활동의 결과를 측정하는 데 사용하였다. 비디오는 트위터에서 16만여 명에게 공유되었고, 페이스북 대화도 활발히 참여하여 매일 15만 명을 끌어들였다. Pinterest, Instagram, Snapchat, Vine도 현재까지 활용 중이다. Youtube 동영상은 28만여 회의 뷰를 달성하였지만, 이용자나 관광객으로부터는 약간의 코멘트만 받았다. 유튜브가 접근하기 쉽고 사용자도 증가하여 오프라인에 비하여 상당한 효과를 거두었다.

도시의 정체성을 고객에게 원활하게 전달하고 브랜드를 신선하게 유지하는 방법은 지역의 대표적인 상품을 내세워 각종 이벤트를 개최하는 것이다. 그렇게 하면 특정상품을 거론할 때 지역 이름이 자연스럽게 함께 떠오른다. 라스베이거스를 카지노와 갬블링을 연관시키지 않고는 상상할 수 없는 것과 같다. 결국 도시 이름과 브랜드가 하나가 된다. 예를 들어, 미국 Pittston은 펜

---

13 Moreno & Larrieu(2017). Belize and the importance of video marketing in tourism campaigns. In Real J.'s Destination branding. A compliation of success cases. IBRAVE, EU.

실베이니아주의 석탄지대의 중심에 놓여 있는 아주 작은 시골마을로서 '토마토의 수도'라고 브랜드화되었다. 설령 그것이 사실이 아니더라도 Pittston은 매년 여름 토마토 축제를 열어 대규모 토마토 싸움을 개최하였다. 거리는 토마토 이름으로 장식되고 토마토를 칭송하는 예술작품들로 도시를 채움으로써 이런 이미지를 소비자의 머릿속에 철저히 심어놓았다.

이런 절차를 완성하는 속도와 엄격한 집행은 커뮤니티의 크기라든지 개발 단계, 예산, 브랜드의 범위, 시간, 그리고 브랜드를 구축하는 기관의 권위와 자율성에 좌우된다. 그러나 브랜딩 작업은 이 순서대로 반드시 진행되지 않고 순조롭게 진행되지도 않는다. 한 단계에서 오랫동안 머무를 수도 있으며, 문제점이 발견되어 중간에 첫 단계부터 다시 시작해야 하는 경우도 있다. 유연성과 개방성을 유지하는 것은 더욱 강력하고 건강한 결과를 가져오기 때문에 이런 과정 역시 브랜드를 활기차게 한다.

루마니아의 시골지역인 Pensiunea Cetatuia 사례는 거의 개발이 안 된 지방에서 관광을 발전시키도록 아래와 같은 브랜딩 절차를 사용하였다. 관련된 서비스로는 전통 식당, 운동장, 파킹, 가이드 투어, 이벤트 조직 등이 있는데, 이곳을 로컬, 국가, 국제 차원에서 홍보하고, 새롭고도 흥미있는 관광 서비스를 제공하는 것을 목표로 한다.

Cetatuia가 취한 절차와 활동은 다음과 같다.
　단계 1: 이 지역에 대한 역사, 경제, 문화, 사회에 관한 스토리 조사
　단계 2: 인근 지역 관광자원에 대한 정보 수집
　단계 3: 수집된 정보를 바탕으로 SWOT 분석
　단계 4: 로고 디자인 회사와 로고 개발
　　　　잠재고객과 협의하여 로고 선정
　단계 5: 인터넷을 통한 홍보
　　　　전문기업의 웹 페이지 디자인

이외에도 글로벌 숙박 사이트인 booking.com과 파트너십을 체결하고, Facebook을 통하여 홍보했으며, 지역대학 학생들이 Bucharest 국제관광전시회에서 이곳을 홍보하였다.

출처: Real, Jose Luis(2017)

전략개발 절차와 접근방식

전략개발 절차

지역 브랜딩은 소수의 기업을 위한 비즈니스를 활성화시키는 것이 아니라 정치, 사회, 문화, 경제적인 목적을 달성하여 시민과 국가의 발전을 도모하는 것이다. 훌륭한 지역 브랜딩 전략은 분명한 목적이 민간, 공공, NGO 센터에서 공유되고 주민들의 참여와 관여를 독려하는 것이다. 외부적으로는 다른 지역과 주민들과의 연계를 강화하는 데 도움이 된다. 요즈음의 지역 브랜딩 전략은 관광객 유치 단계나 실제 방문 중에 사람들과 소통하기 위하여 앱을 사용하는데, 고객들이 그들의 경험을 공유하고 주요 오피니언 리더가 될 때는 앱의 활용이 더욱 요구된다.

지역 브랜드 개발은 타당성에 기반을 두어야지 지역민의 정서에 두어서는 안 된다. 우선 다음의 몇 가지 사안에 대한 평가부터 시작해야 한다. 현재의 위치는 어디인가, 무엇이 되고 싶은가를 지역민들에게 묻는 절차가 필요하다. 10년 후 자신의 지역에 대해서 이야기하는 사람이 있다면 그들이 무엇을 말해주기를 원하는가를 찾아내고, 그 다음으로는 가장 타당한 아이디어가 무엇인지 연구해야 한다.

타당성에 관련한 질문[14]으로는 '표적시장을 우리 지역과 어떻게 좀 더 가깝게 할 수 있는가?', '커뮤니티는 다른 많은 사람들이 믿는 것을 시간이 흘러도 믿을 수 있는가?', '비용이 얼마나 들고 회임시기는 언제인가?', '브랜드를 명확히 하고 도시 구석구석에 스며들게 할 수 있는가?', '이런 노력을 동참해줄 열성적인 주도자들이 있는가?', '계획이 실행 가능한 것인가?', 바라만 보는 것이 아니고 해야 할 일' 등이다. 이런 콘셉트가 타당성이 있을 때 실행계획을 세우기 시작한다. 액션플랜은 해야 할 일, 책임자, 비용, 자금조달 방법, 완료시기, 의사결정의 근거 등을 포함시켜야 한다.

지역 브랜딩 전략개발 절차는 다음과 같다. 우선, 정부, 산업, 문화, 교육, 과학, 스포츠, 미디어 등의 섹터 대표로 구성된 워킹그룹을 만든다. 그 후에 주민 자신들이 지역과 다른 지역 사람들을 어떻게 바라보느냐를 조사하고, 외부인의 시각을 통한 지역의 실질적인 이미지를 측정한다. 그리고 중장기 관점에서 무엇이 되고 싶은가에 대한 비전을 만들고, 포지셔닝, 정체성, 커뮤니케이션, 미디어 플랫폼에 대한 전략을 개발하는 것이다. 그래서 주요 목적은 지역의 주요 강점을 찾아내서 기관이나 단체, 사람들이 나름대로의 브랜딩을 할 때 구성요소로써 사용할 수 있게 만드는 것이다. 따라서 지역으로부터 사람들이 얻는 메시지는 모순되지 않고 일관성이 있어야 한다.

전략개발과 관련하여 두 가지 어려운 점이 있다. 하나는 다양한 섹터의 니즈와 욕구를 조화시켜 단순한 방향으로 끌고 가는 것이고, 다른 하나는 영감을 불러일으키면서 또한 실현 가능한 전략 목적을 찾는 일이다. 실체는 경제, 정치, 사회, 문화, 교육 등 여러 방면에서의 전략을 효과적으로 실행하는 것

---

14 Baker(2012). Destination branding for small cities: The essentials for successful place branding. Portland, OR: Creative Leap Books.

이다. 진정한 혁신이나 투자, 정책들이 전략개발의 발전을 가져온다.

상·하향식 그리고 수평식

중소도시를 브랜딩하는 방식은 크게 세 가지로 접근할 수 있겠다. 우선 도시나 지역이 외부 컨설턴트를 고용하여 브랜딩 전략을 수립하는 하향(top-down) 방식과 규모가 작은 지역(예를 들면 마을이나 커뮤니티)에서 시작하여 점차 전 도시로 확대해 가는 상향(bottom-up) 방식, 그리고 이 두 방식을 혼합한 수평적 방식(horizontal approach)으로 구분할 수 있다.

먼저 하향식 방법은 종합적이고 재정지원이 있는 방식이다. 비록 주민들이 자긍심을 갖는 정체성이 있다 해도 주민들은 배제되고 일부 전문가들이 주도하여 브랜딩하는 방법이라 대다수 주민들과 지역기업의 지원을 받지 못한다. 지방정부와 투자그룹, 브랜드 전략가가 주도하는 방식이라서 브랜드는 지방정부가 개발하고 홍보한다. 그래서 다른 기관들은 어느 정도까지는 자발적으로 사용하지 않는다. 우리나라에서는 대부분 이 방식을 많이 사용한다.

하향식 방법의 브랜딩 절차는 3단계로 나눈다. 첫 번째는 착수단계인데, 기능적인 협력 수준으로서 브랜딩 과정을 계획하고 참여자들에게 임무를 부여하며 도시의 현재 상황을 분석한다. 두 번째는 통합단계로서 관계적인 협력 수준으로 브랜드 정체성을 체계화하고 커뮤니케이션 전략을 짠다. 마지막은 확인단계로서 상징적인 협력 수준으로서 브랜딩을 디자인하고 브랜드를 활용한다.

핀란드 Tampere시는 6개월간의 브랜드 구축사업을 시 공무원 마케팅팀, 컨설팅 회사, 커뮤니케이션 회사 등 전문가들이 참여한 프로젝트 그룹이 관리하였다. 몇 개의 그룹으로 임무를 나누어서 진행하였다. 운영그룹은 온라인이나 인트라넷, 워크숍을 통하여 프로젝트 그룹의 성과물을 테스트한 뒤 코멘트를 주었고, 사용자 그룹은 성과물을 코멘트하고 아이디어를 공유하며 다른 사람에게 정보를 제공했다. 영향력 있는 리더 그룹은 의사결정자, 시 공무원, 학자, 기업가, 정치가, 예술가, 스포츠 스타 등으로 구성되었고, 진행 중인 브랜딩 작업을 널리 퍼뜨리는 역할을 맡았다.[15]

그러나 브랜딩 작업이 진행될수록 Tampere는 시민들이 의사결정에 더 많이 관여하도록 신경쓰기 시작하였다. 왜냐하면 시와 시민들의 이야기를 쓰는 것이 목적이었기 때문이다. 그런 이야기를 쓰기 위하여 도시와 시민들에 관한 특이함, 명성, 열정, 경이로움 등의 요소들을 발굴하였다. 이런 요소들을 바탕으로 이미지를 도출하고, 그에 부합하는 핵심 메시지를 개발하여 Tampere를 외부와 소통하는 데 사용하였다. 이 사례에서는 시가 이니시어티브를 가지고 관련분야 전문가들과 브랜딩 기획을 먼저 협의한 후에 주민들의 의견을 청취하여 반영하는 하향식 방식을 따랐다.

상향식 방법은 창의적인 주민들의 지원을 먼저 얻는 방식이다. 브랜딩을 주관하는 주체가 지역 브랜드가 어떻게 이해되기를 원하는가도 중요하지만 그 브랜드가 실제로 주민들에게 어떻게 인식되느냐도 중요하다. 따라서 브랜드에 대한 주민들의 생각이나 느낌, 기대는 반드시 고려해야 할 가치가 있는 것이다.

뉴질랜드의 크라이스트처치(Christchurch)는 2010년과 2011년 지진으로 도심이 폐허가 되었다. 지진 직후 커뮤니티 단체들이 조직되었고, 도시와 도시의 삶을 재건하기 위하여 시민들이 제안한 다양한 프로젝트를 실행하여 빈터를 채우고 도시에 생명력을 불어넣었다. 이 시민단체들은 피해를 입은 장소에서 많은 소규모 이벤트를 개최하고 해결책을 제시하였다. 거리음식 이벤트를

---

15 Euro Cities(2011). Tampere(https://eurocities.eu/cities/tampere).

한다거나 유료 주차장을 임시 공원으로 전환하여 인간 중심의 도시와 보행자 우선 사회가 필요함을 인지시켰다. 이런 일시적인 프로젝트를 정부보다는 주민들이 주도하는 상향식 방식으로 커뮤니티의 사회문제를 해결하여 삶의 질을 높임으로써 '떠나고 싶지 않은 도시'로 브랜딩하였다.

주민들이 자신의 지역을 홍보하는 것은 지역 브랜딩에 있어서 매우 중요하다. 그러나 만약 주민들이 지역 브랜드가 표방하는 삶의 장소로 인식하지 못하거나 자신이 브랜드에 공감하지 못한다면, 그들의 무관심으로 브랜드는 오랫동안 유지되지 못한다. 일반적으로 지방도시들은 삶의 질이나 지방이 주는 기회를 알리려고 상당한 노력을 하지만, 주민 대다수와 기업들이 브랜딩 노력에 참여하지 않고서는 관심 부족과 재원 부족으로 브랜딩의 지속성을 추구하기가 쉽지 않다.

이런 사정을 감안하여 Pedersen은 제3의 방식인 수평적 방식[16]을 제안하였다. 지리적으로 여러 곳을 포함하고 각기 다른 섹터를 아우르는 협동방식이라서 이들 간에 강력한 네트워크 구조가 필수적이다. 브랜딩을 시작할 때부터 정치, 경제, 사회, 문화 등 여러 방면에서 영향력 있는 사람들의 지원을 확실히 보장받는 것이 중요하다. 지방도시 브랜딩은 지방정부뿐만 아니라 문화, 관광, 무역 등의 분야와 이웃 지역의 기관 대표에 이르기까지 브랜딩 프로세스에 포함시키는 것이다. 말하자면 커뮤니티의 모든 영역에서 브랜딩에 대한 이해가 필요한 방식이라서 시간과 자원 소비가 많다는 단점이 있다.

톱다운 방식은 정부가 주도권을 갖는 형태이지만 주민들의 참여를 이끌어내는 것이 중요하고, 바텀업 방식은 주민들이 이니시어티브를 쥐고 있다. 주

---

16 Pedersen(2004). Place branding: Giving the region of Oresund a competitive edge. Journal of urban Technology. 11(1): 77-95.

민들이 브랜드가 주는 혜택을 확실히 느끼지 못하거나 그들이 배제된다고 느끼면 브랜드의 지속성은 짧아진다. 호라이즌 방식은 여러 섹터를 망라한 의견을 취합하고 조정하는 데 많은 노력이 필요하다.

이해관계자들은 대부분 주민과 비즈니스업계이므로 혜택이 민간기업과 지역주민들에게 돌아갈 수 있도록 한다. 비록 바텀업 방식이 증가 추세이긴 하나 정부의 강력한 리더십이 요구되는 경우에는 톱다운 방식으로 접근한다. 그러나 모든 방식에 있어서 지방정부가 직접적으로 관여한다면 힘을 발휘할 수 있고, 개방성과 공정성 이슈를 담보할 수 있는 강점이 있다. 지방 중소도시의 브랜딩은 정부관계자와 이해관계자들인 시민이 참여하여 계획을 수립하고 실천하는 민관협력형이 일반적이다.

어떤 방식을 취하든 간에 브랜딩 사업에는 지역주민에게 적극적으로 정보를 공유하고, 브랜딩의 모든 과정에 참가하기 쉬운 방법을 알려주어 많은 지역주민의 참여를 이끌어내는 것이 중요하다. 사업운영에서도 주민 중심의 조직이 적극적인 역할을 하게 되면 지역주민들은 결속력을 바탕으로 지역자원을 발굴하고 브랜딩 추진체로서 활동한다.

지역주민들이 같은 태도를 취하고 브랜드를 믿는 것이 중요하다. 주민들이 지역브랜드를 믿어야 브랜드 옹호자(advocate)가 되는 것이다. 마케팅 석학 코틀러(Kotler) 교수는 저서인 『마케팅 4.0』에서 옹호자를 많이 만드는 것은 마케팅 노력의 효과 측정에서 매우 중요하다고 강조한 바 있다. 따라서 도시의 진정한 정체성부터 커뮤니티 구성원들이 믿음을 갖고 공유해야 적극적인 옹호자가 될 것이다.

그러나 현재 많은 지방 중소도시나 마을에는 고령 노인들이 대부분이어서 브랜딩 작업에 참여하거나 설령 브랜딩이 성공하여 방문객들이 늘어나도 이에 상응하는 서비스를 담당할 인력이 부족한 게 문제이다. 중소도시는 10여

년 전만 해도 50~60대 주민들이 방문객 서비스를 해왔으나, 이제는 상당히 고령화되어 인력수급의 문제를 안고 있다.

그러나 브랜딩은 창의성이나 전문성이 요구되는 분야이므로 주민의 노력만으로는 한계에 부닥친다. 노하우를 갖춘 전문기업의 컨설팅이 필요하다. 성공한 브랜드의 뒤에는 항상 민관의 파트너십이 역할을 한다. 브랜딩 정책과 운영은 지방정부가 담당하지만, 컨설팅 기업으로 하여금 브랜드 사업을 추진하게 만들면, 그 기업은 국내외 네트워크를 활용하여 글로벌하게 브랜딩을 개발할 수 있는 역량을 보여줄 수 있다. 대부분의 도시에서는 수평적 방식이나 상·하향식을 혼합한 접근방식을 사용한다.

브랜딩 실행절차와 방법

한 곳의 브랜딩 전략이 모든 도시에 적용될 수는 없지만, 일반적으로 중소도시에서 브랜딩을 실행하는 절차는 다음과 같다. 우선, 중소도시의 미래에 대한 창의적인 비전을 개발하는 것이 중요한 과제이다. 비전은 지역의 현실과 공유된 커뮤니티 가치에 바탕을 두고 미래에 대한 기대를 보여주는 것이다. 비전에 대한 주민들의 컨센서스가 있어야만 지속적으로 추진할 힘이 생긴다.

둘째, 객관적으로 중소도시의 자산을 분석한다. 자연, 문화, 인문, 환경, 산업 등 지역의 유무형 자산을 분석하여 지역의 강약점을 찾아내서 지역 고유의 정체성을 발견해야 성공 가능성이 높다. 중소도시 브랜딩은 본질이 무엇인가를 발견하는 작업부터 시작해야 한다. 다른 도시에서 성공한 정체성을 그대로 적용하면 실패할 가능성이 높기 때문이다.

셋째, 지역에 부합하고 최대의 시장 잠재력을 가진 기회를 포착한 전략을 디자인한다. 트렌드를 모니터링하여 거시적인 기회와 위협을 찾아내고, 중소도시가 감당해 낼 수 있는 기회를 활용할 전략이 요구된다. 지방 브랜딩의 목적은 지역 어메니티 가치의 중요성을 설파하여 기업가 정신과 비즈니스를 진작시키는 데 있다고도 할 수 있다. 지역 브랜딩의 종착지는 지역발전으로 귀결되므로 공동체 형성과 지역의 독특성을 알리는 노력이 강조된다. 높은 수준의 커뮤니티 응집력을 만드는 것은 중소도시 브랜딩 프로세스에 중요한 동기로 작용한다.

그러나 지역 브랜딩은 항상 장기적이고 지속가능한 개발 전략은 아니다. 그 이유는 모든 이해관계자들이 같은 방향으로 기꺼이 브랜드를 사용하지 않기 때문이다. 따라서 새로운 커뮤니티 어젠다를 수용하기 위해서는 기존 브랜드와 브랜딩 접근방식을 다시 설계해야 하는 경우가 생긴다.

장소 브랜딩이 커뮤니케이션이 아니고 정책이라면 좋은 정책을 가진 많은 국가나 도시가 왜 부정적이거나 약한 명성으로 시달리는 것일까? 정책만으로는 외국인들이 지닌 편견이나 인식에 영향을 주기에 충분하지 않다. 명성을 끌어올리려면 실체는 전략과 빈번한 상징적 액션이 수반되어야 한다. 전략은 간단히 말해서 국가의 정체성은 무엇이고, 어디에 위치하고 있는가; 어디로 가고 싶어 하는가; 어떻게 가려고 하는가이다.

상징적 액션은 내적인 커뮤니케이션의 힘을 우연히 갖게 하는 실체의 특별한 분야이다. 액션은 함축성 있고, 시사성이 있으며, 현저하고, 기억에 남을 만한 혁신, 법률 제정, 개혁, 투자, 정책 등이다. 액션은 단순한 소통이 아니라 전달하는 실체가 되어야 하고 수년간 중단 없이 지속되어야 한다. 상징적인 액션을 실행한 사례를 보면, 도시나 국가들이 중요한 스포츠나 문화 이벤트를 개최할 기회를 갖지 못하거나 개최능력이 부족해 보여도 그런 행사의 입찰에 적극적으로 참여하는 모습을 볼 수 있다. 비록 입찰에 성공하지 못하더라도 그들이 국제적인 행사에 참여하고, 야심이 있으며, 업적을 자랑스러워한다는 사실을 알리기 위하여 이런 상징적인 액션을 보여줄 때가 있다.

상징적 액션은 지역에 대하여 세련되고 믿음이 가는 이미지를 만들기 위하여 가능한 여러 섹터로부터 나와야 한다. 전에 실행했던 상징적인 액션이 대중의 관심에서 멀어질 때는 주목할 만한 액션으로 신속히 대체되지 않으면 도시의 명성은 정체되거나 후퇴된다. 상징적인 액션을 전달하는 파워 없이는 수십 년간 왜곡되거나 낡은 이미지에 갇히게 되어 소비자나 인재, 미디어의 관심, 관광객, 투자자를 끌어들이는 데 어려움을 겪는다.

포지셔닝 전략의 활용

중소도시가 대도시와 경쟁할 때 상대적인 강점을 강조하기 위해서 네트워크상에서 다음과 같은 포지셔닝 방법을 사용할 것을 Simons는 제안하고 있다.[17]

자원 활용을 다르게: 작은 도시들도 개중에는 문화역사 유산, 산업, 이벤트 등 나름대로의 가치가 있는 차별화된 자원을 보유하고 있다. 큰 도시들은 저마다 어메니티와 축제, 이벤트 등을 가지고 있지만, 사람들의 눈에는 복제한 도시처럼 보인다. 그래서 중소도시는 그들의 특이한 자원을 어떻게 사용할 것인가를 되짚어볼 여지가 있다. 예를 들어, 대도시보다 여러 측면에서 매력적으로 보이지 않아도 중소도시의 특이성을 살려서 활용한다면 사람들은 방문하게 된다.

미국 미시시피 시골지역의 코빙턴 카운티(Covington County)는 고등학교 풋볼 라이벌로부터 정치와 경제에 이르기까지 여러 분야에서 3개의 커뮤니티가

---

17 Simons(2017). The practices of the eventful city: The case of incubate festival. Event Management. 21(5): 593-608.

경쟁하면서 분열이 촉발되었다. 그러나 카운티 안에서는 최소한의 협동정신은 있다고 판단하여 커뮤니티를 단결시키고 협동정신을 강화하는 브랜딩 캠페인이 필요하다고 커뮤니티를 설득하였다.

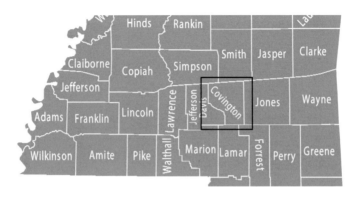

미국 미시시피 Covington County

그래서 커뮤니티에 아직 존재하는 협동요소를 찾았다. 내부적으로는 아무것도 없어 보였지만, 외부적으로는 3개의 커뮤니티를 함께 묶은 도로, 강, 철로 등 3개의 자원이 있었다. 한 커뮤니티는 강에서의 레크리에이션 활동으로 알려져 있고, 다른 커뮤니티는 아름다운 철도역과 광장을 자랑하고, 나머지는 주 도로의 가로수 길로 알려져 있다.

커뮤니티를 단결시킬 각기 다른 3가지 자원을 확인하고 나서 커뮤니티 간의 협동정신을 강화할 목적으로 "철로, 강, 도로… 다시 연결하다"라는 브랜드 슬로건을 만들었다. 또한 3개의 커뮤니티가 중첩되는 상업지역이 없어서 코빙턴 카운티 중심가에서 쇼핑하도록 강조하여 경쟁관계에 있는 주민들의 화합을 유도하였다.

포지션을 다르게: 비록 지역들이 유사한 자산을 보유하더라도 네트워크의 중심에 있는 도시들은 파워와 영향력을 모을 수 있다. 어떤 이벤트를 독창적

으로 처음 만든 도시가 이벤트 네트워크에서 중심 역할을 하면, 나중에 여러 도시들이 비슷한 이벤트를 개최하더라도 결국 오리지널 도시로 문의가 돌아가게 되어 있다.

유연성 정도를 다르게: 작은 도시는 큰 도시와 비교하여 커뮤니케이션 라인이 짧아서 신속한 결정을 내릴 수 있고, 인간적인 신뢰도 강한 장점이 있다. 이러한 장점들이 대도시보다 더 유연하게 대처할 수 있는 요인이 된다.

협력전략을 다르게: 누구와 어떻게 협력할 것이지를 선택함으로써 작은 도시들은 다른 큰 도시에는 없는 독특한 자산 프로필을 구축할 수 있다. 지역발전 전략에서 지역의 경쟁력 확보나 경쟁우위라는 개념은 상당히 강조되는 편이다. 그러나 남을 이기는 길을 경쟁에서만 찾지 않고 오히려 협력과 연대에서도 찾을 수 있다. 지역사회의 자원이나 인력 등 역량이 부족한 상태에서는 지역 내의 기업이나 공공기관, 시민단체 등과 네트워크를 구축해서 협력하면 역량을 키워나갈 수 있는 것이다.

공정무역을 창시한 네덜란드 출신의 가톨릭 사제인 보에르스마 신부는 약자들은 경쟁이 아닌 연대를 통해서만 자신의 삶을 개선할 수 있다고 역설하였다. 그는 멕시코의 가난한 산악지역 커피 소작농들과 30여 년간 함께 생활하며 공정무역을 만들고 실천하였다. 커피 중개상들과 다국적 기업들은 수익을 독점했지만, 정작 생산한 농민들은 가난에서 벗어나지 못했다. 이런 불합리를 타개하기 위하여 농민들이 연대하여 협동조합을 만들어서 중개상 없이 직접 커피를 수출하게 만든 것이다.[18]

---

18 공동체의 연대를 강화한 사회적 경제를 사회연대경제라고 한다.

컨설팅의 활용

외부에서 고용하는 전문적인 컨설팅 회사로는 PR전문 기업이 있다. PR회사는 지자체를 대상으로 마케팅 전략을 만들어주는데, 지역이 보유한 자연, 문화, 인문, 생태자원 등을 취합하고, 주민이나 관광객, 타 지역주민들의 의견을 조사하여 지역의 정체성을 찾아내거나 지역주민들이 원하는 미래의 지역 모습을 그려낸다. 다른 지역과 차별적인 특성을 뽑아내어 이를 지역홍보나 관광홍보에 사용한다. 이런 지역특성이나 미래 비전이 반영된 슬로건을 만들기도 하고, 비전을 실행에 옮길 구체적인 액션플랜을 수립하는 것이다. 과학적이고 합리적인 방식으로 브랜딩 전략을 수립하기 때문에 상당히 프로페셔널하다.

그러나 이러한 방식에도 약점이 있다. 아무리 타당한 브랜딩 전략이라도 어디까지나 의사결정 과정의 한 단계에 지나지 않는다는 점이다. 가장 큰 약점은 비록 전문컨설턴트가 전략을 만들었다 해도 채택되지 않는 경우가 왕왕 있다. 용역을 발주한 시장이나 군수가 그 후 바뀌었을 때 용역보고서는 캐비닛에서 잠자고 있는 경우가 많고, 몇 년 후 그와 유사한 용역을 또 발주하는 경우도 있다. 또 용역보고서의 브랜딩 전략을 실행할 때 소요되는 예산을 확보하지 못할 때도 보고서가 사장되곤 한다.

내생적 발전방식

어떻게 하면 지방 중소도시가 브랜딩 전략을 활용하여 활성화될 수 있을까? 지금까지 지방도시에서는 중앙정부의 재정이나 외부 자본을 끌어들여서 지역을 발전시킨다는 생각이 지배적이었다. 지금까지 지방의 발전은 소위 '외생적 개발(exogenous development)'에 따라 이루어졌다. 외생적 발전방식은 인력이나 자본 등을 지역에서 감당하기 어려워서 외부의 힘을 빌려야 하는 경우에 사용하는 방식이다. 따라서 지역주민이 주체가 되기 어렵고, 상당수 이익의 외부 유출(leakage)로 지역주민에게 돌아가는 이익도 그리 많지 않아서 지역경제가 크게 나아지지 않는다. 외부 자본이나 중앙정부 재정지원에 의존하면 지역의 자립 역량이 구축되지 못하고, 외부의 계획에 따라 개발되기 때문에 지역의 특성을 살리지 못하는 개발 결과를 초래할 수 있다.

그래서 나온 것이 대칭되는 개념인 '내생적 발전(endogenous development)'이다. '내생적 발전'은 지역주민이 주체가 되어 지역의 자연/문화자원, 예술, 인문, 산업, 환경 등의 자원을 활용하여 네트워크 경제를 육성하고, 주민생활의 질을 향상시키는 지역발전을 의미한다. 내생적 발전을 추구하기 위한 지역 내부적인 조건으로는 주민의 자발적 참여에 뿌리를 두고, 환경보전을 우선하는 지역경제 계획, 발전계획을 추진할 수 있는 문화와 교육 수준이 뒷받침해주어야 한다. 지방 중소도시 해법의 실마리는 발전동력을 내부에서 찾아서 스스로의 문제를 해결할 주체를 만들어내는 것이다.

향토산업이나 지역산업은 대부분 영세한 자영업자들이 운영하지만, 일자리 창출은 소규모일 수밖에 없어서 대기업이나 외국기업의 투자에 의존해 왔다. 그러나 내생적 발전방식을 취한다면 지역자원을 활용하여 괜찮은 일자리를 만들어내고 지방 소멸도 어느 정도 방어해 나갈 수 있을 것이다. 물론 내생적 발전방식의 선택은 지역 안에서 충분한 자원과 가용할 인력이 전제되어야 한다.

후쿠이현의 사바에市는 지역경제 활성화 방법으로 내생적 발전모델을 실행하는 대표적 도시이다. 해마다 인구가 주는 일본에서 주목받고 있는 인구 6만 8,000명인 소도시이지만 인구절벽 시대의 일본사회가 후쿠이 모델에서 희망을 찾고 있다. 후쿠이현은 현재 초중고 학력평가 1위, 맞벌이 비율 1위, 정규직 사원 1위, 대졸 취업률 1위, 인구 10명당 서점 숫자 1위, 노인과 아동 빈곤율 및 실업률이 가장 낮다. 특히 여성취업자가 많아 맞벌이 가구 비율이 높아 가구당 실질 소득은 전국 1위이다.[19]

사바에 안경은 세계시장의 약 20%와 일본시장의 98%를 점유하는 지역으로 바뀌었지만, 한때는 중국이 싼 노동력을 이용해 안경 생산을 늘려가자 곤경에 처했다. 사바에 핵심 안경 사업체가 중국으로 생산거점을 옮기거나 중국

사바에 안경

기업이 기술자를 스카우트한 것이다. 사바에가 다시 일어선 배경에는 마스나가 고자에몬이 있다. 마스나가는 농한기가 될 때 생활이 급격히 곤란해지는 농민들의 모습을 보고 빈곤 탈출의 방편으로 안경테 제조를 생각했다. 당시 일본에서 안경은 값이 비싸서 성직자나 지식인의 전유물로 여겼다. 그럼에도 불구하고 초기 투자비가 높지 않다는 이점 때문에 마스나가는 사바에의 발전을 안경에 걸었다.

사바에시는 오랜 세월에 걸쳐 안경산업으로 알려진 도시이다. 마스나가는 '초바(帳場)제도'를 도입하였는데, 일종의 스핀오프(spin-off)를 촉진하는 시스템

---

19 후지요시(2016). 이토록 멋진 마을(김범수 옮김). 황소자리.

이다. 초바제도는 기술자 양성을 위해 모은 1기생을 숙련공으로 만들어 독립시키고, 그 기술자 아래 다시 제자그룹을 만들어 거기서 제조업을 배운 사람이 독립하여 서로 경쟁하면서 기술발전을 유도하는 방식이다. 사바에시는 초바제도라는 내생적 발전방식을 도입하여 소재나 디자인 등 분야에서 꾸준한 기술발전을 이루어왔다. 비록 10만 명에 못 미치는 인구를 가졌지만, 사바에 안경은 일본이나 세계시장에서 그 이름이 확실히 각인되고 있다.

다양한 파급효과

지역 마케팅은 주로 지역개발, 이벤트 등에 대한 판촉을 하지만, 지역 브랜딩은 이러한 사업들이 지역 이미지와 지역 정체성을 기초로 한다. 그러나 지역 브랜딩이 유효하다 해도 그 방법이 모든 지역에 똑같이 적용될 수 있는 것은 아니다. 브랜딩의 효과는 지역의 여건과 주체 역량에 달려 있기 때문이다. 도시를 대표하는 정체성을 중심으로 하는 로컬 브랜딩이 효과적이지 않다면, 부문에 따라 몇 개의 대표적 브랜드로 나누어 실행할 수도 있다.

지역 브랜딩은 어떤 지역이 가지고 있는 여러 가치들 중에서 잠재력이 가장 큰 가치를 핵심가치로 설정하여 다양한 요소로 구체화하고 상징화시켜서 지역의 의미와 이미지를 향상시키고 지역의 가치를 높이는 것이다. 이러한 지역 브랜딩은 지역 고유문화에 기초한 이미지를 통합시키고, 그렇게 만들어진 이미지와 가치를 실현시킬 수 있는 정책을 연계시킬 수 있다. 또한 공간에서 어떤 가치를 선택하고 강조할 것인지 효율적인 선택과 집중 전략을 세울 수

있게 한다. [20]

효과적으로 잘 수행된 지역 브랜딩의 파급효과는 기업, 주민, 투자를 유치하고 관광객을 끌어들일 뿐만 아니라, 지역에서 만들어지는 상품의 판매를 촉진시킴으로써 유·무형 공간 전체의 가치를 증진시키는 역할을 한다. 지역과 브랜드의 조합이 큰 반향을 불러일으키는 것은 지역의 이미지가 실제로 그 지역의 발전과 번영에 중심적인 역할을 하기 때문이다. 브랜드 이미지의 효과는 쉽게 확인할 수 있다. 긍정적인 평판을 획득한 국가나 도시, 그곳의 시민들은 신뢰와 존경을 얻어내며, 경쟁력과 신뢰도에서도 후한 점수를 받는다. 반대로 노후화되고, 가난하고, 교육수준이 낮으며, 부패하고, 위험한 곳이라는 이미지를 가진 지역은 외부에서 뭔가를 성취하는 것이 훨씬 어렵다.

지역 브랜딩이 성공적으로 실행되면 지역의 정체성을 강화하고, 더 높은 수준의 지역사회 단결을 이루어낸다. 더 나아가 인구 유입으로 기업활동도 진작시켜 경제성장을 촉진하며, 관광과 레저생활의 질을 고양시키는 성과를 이루어낼 수 있다.

종합적인 정체성 강화

글로벌화와 동질화에 대한 반대급부로 사람들은 안전한 환경에 안주하고 싶은 경향이 있어서 지역의 특성과 정체성에 대한 관심이 높다. 경관이나 유산 같은 지역의 특성은 전보다 더 중요해졌고, 지역 간의 사소하고 경미한 차이나 변화에 대한 반응들조차 브랜딩 어젠다로 올라올 정도다. 이런 이유는 일반적으로 지역들이 엇비슷해지는 경향이 있을 뿐만 아니라 관광객이나 주민들도 독특한 지역을 기대하기 때문이다. 지방도시의 강점을 브랜딩함으로

---

20 박상훈·장동련(2010). 장소의 대탄생. 디자인하우스.

써 지역에 대한 전체적인 인식이 좋아지고, 궁극적으로 지역의 정체성을 강화하는 효과가 생긴다. 지역 정체성은 지역의 독특한 DNA와 같은 것으로 지역을 홍보하는 근거로 작용하는 중요한 요소로 인정된다.

미래에셋은퇴연구소(2019)가 발간하는 Global Investor에 소개된 중국 허베이성의 핑샹은 자전거로 브랜딩된 소도시인데, 오늘날에는 유아자동차, 세발자전거, 킥보드를 포함하는 각종 아동용 모빌리티 제품의 산지로도 알려져 있다. 현재의 도시를 만든 주체는 수십 년간 영업해 온 자전거 가공업체들이다. 지난 30년간 핑샹은 자전거 조립에 대한 연구를 해온 결과 자전거 도시로서 브랜딩에 성공하였다.

핑샹이 자전거 고장이 된 배경에는 흥미있는 스토리가 있다. 1970년에 중국인의 3대 혼수용품은 손목시계, 재봉틀, 그리고 자전거였는데, 한 가난한 청년은 값비싼 혼수를 마련하지 못하여 선을 볼 때마다 퇴짜를 맞았다고 한

출처: 핑상현, 허베이신문

중국 허베이성 자전거 도시 핑샹(平鄉)縣

다. 어느 날 그 청년은 손수 만들기로 결심하고 수개월 동안 각종 부품을 구입하여 직접 자전거를 완성하였다. 그 모습을 본 마을사람들이 그를 따라 자전거를 만들기 시작하면서 부를 축적하게 되었다고 한다.

자전거 산업은 급속도로 발전하게 되어 판매상과 철물상가의 자전거 부품 수요가 공급을 따라가지 못할 정도였다. 그러자 핑샹 사람들은 자전거 부품을 가공하기 시작하여 자전거 완제품뿐만 아니라 부품 판매도 증가했다. 핑샹과 가까운 허구먀오현은 1982년부터 지금까지 자전거 부품 대리점이 1,000개가 넘었고, 중국 전역에서 온 바이어들로 붐빈다. 일평균 고객 수는 6,000명이고, 거래액은 20만 위안에 달할 정도로 허구먀오현은 자전거 부품단지로 발전하였다. 이렇게 되자 자전거와 아동용 모빌리티를 생산하는 창주 자전거와 유모차 등 출산 육아용품 세계 1위인 GB도 들어왔다. 창주자전거는 아동용 모빌리티 세계시장의 20%를 차지하고, 고용인구 1만여 명에 20여 종의 연관산업의 발전을 가져왔다.

지역사회의 단결

지역 브랜딩 노력은 더 높은 단계의 공동체를 만들어내는데 책임과 소속감은 사회단결의 핵심 포인트다. 브랜딩을 통하여 주민들을 교육하면 더 높은 수준의 참여, 책임, 관여를 이끌어내는 효과가 생긴다.

일본 나가노현 오부세마치(長野縣 小布施町)는 인구 12,000명 정도의 작은 마을이지만, 역사 유산을 활용한 마을 만들기로 이미지를 형성하여 브랜드 파워를 높인 지역이다. 오부세마치는 에도시대 후기 치쿠마카와(千曲川)의 해운업을 중심으로 교통의 요지로 번창하였으나, 2차 대전 이후 과수 생산의 정체와 인구 유출로 과소화가 진행되었다. 마을 가꾸기 콘셉트로 문화예술을 선택한 오부세마치는 전통 일본풍의 건물을 재현하고, 옛날 거리 풍경을 부활시키는 등

출처: driveconsultant.jp와 journey-of-japan.com

호쿠사이칸 박물관과 밤과자

역사성을 살린 시설을 정비하고, 가옥을 개수하며, 개인 정원을 방문자에게 공개하였다.[21]

여러 개의 미술관과 박물관이 있으며, 그중에 호쿠사이칸을 마을의 상징으로 하여 지역자원을 활용한 상품과 서비스를 이 상징과 결합시킴으로써 지역브랜드의 구축에 성공하였다. 수려한 자연자원, 전통 있는 역사자원, 밤과자 등 자연, 문화, 상품까지 갖춘 오부세마치는 이들 자원을 잘 조합하여 '걸어보고 싶은 마을'이라는 브랜딩에 성공하여 방문객이 증가하면서 지역이 활성화되었다. 지역 브랜드에 대한 외부 평가도 우호적이라 주민들의 애착심과 자부심도 높아지는 효과도 거두고 있다.

오부세마치는 밤, 사과, 배, 포도 등 다양한 특산물이 있지만, 이 중에서 가장 유명한 밤과자를 판매하면서 밤을 주재료로 한 다양한 음식들이 명물이 되어 방문객들이 늘어나고 있다. 밤이라는 농산품을 관광과 접목하여 창조산업으로 육성하여 지역경제의 자생력을 높임으로써 농촌지역에서도 창조도시의 개념을 적용한 사례이다. 자연자원과 문화자원, 그리고 상품자원이 조합되어 지역을 매력적으로 만들어 지역 브랜딩을 성공적으로 이끌었다.

---

21 https://driveconsultant.jp

인구성장 촉진

인구성장이나 인구유입을 촉진시키는 것은 브랜딩 노력에서 필수적이나 지방으로 인구를 끌어오는 것은 매우 힘든 일이다. 그래서 차라리 현재 인구를 유지하려는 정책이 더 유용해 보인다. 지방정부는 지역 브랜딩을 사람들의 관심을 높이고, 긍정적인 발전을 위한 시발점을 만들어가는 수단으로 여기고 있다.

네덜란드에서는 이민자, 외국회사 파견 근무자, 구직자, 기업가 등 외국에서 살고 싶어 하는 사람이면 누구라도 참여할 수 있는 국제이민축제를 Houten 전시센터에서 매년 개최한다.[22] 이 축제에 네덜란드 서부지역에 위치한 Zealand-Flanders는 2008년 이후로 네덜란드 최초로 참가하고 있다. 사람들이 이주하는 동기는 평온하고 넓은 집에서 편리한 생활을 선호하기 때문이라고 한다. 그래서 Zealand-Flanders 대표들은 자신의 지역이 이런 동기를 충족시킬 수 있는 특성들을 충분히 가지고 있다고 주장한다. 예를 들어, 격조 있는 미슐랭 스타 식당이 있다는 것을 강조하는 것이다. 전국적인 신문이나 라디오 방송을 통한 캠페인이 이 지역의 이주자 축제를 지원하고 있어 1,000여 명의 방문자 중 300명가량이 이 지역으로의 이주에 진지한 관심을 갖는다고 한다.

기업가 정신과 기업활동 촉진

강력하고 역동적으로 브랜딩된 지역은 신규 비즈니스를 유치하고 창업가 정신을 고양시키는 역할을 성공적으로 수행한다. 그러나 기업을 유치하는 것은 이례적인 사례여서 식재료 등 로컬 상품이나 서비스 등의 지역기업을 존치

---

22 Richards & Duif(2019). Small cities with big dreams—creative placemaking and branding strategies. London: Routledge.

하는 데 투자하는 것이 부가가치를 더 높일 수 있다고 한다.

미국에서 시작된 이코노믹 가드닝(economic gardening)은 도시 안에 있는 금융, 산업, 기술, 연구 등 여러 분야가 각기 역할을 분담하여 지역기업을 정원 가꾸듯 지원하여 기업활동을 촉진하는 방식을 말한다. 미국 25개 주에서 등장할 정도로 급속히 팽창하는 이코노믹 가드닝은 커뮤니티, 지역, 주 단위에서 진정으로 지속가능한 경제발전의 본보기가 되고 있고 도시를 브랜딩하는 데도 역할을 한다.

미국 콜로라도의 리틀턴(Littleton)이라는 인구 4만 명의 도시가 외부기업을 하나도 유치하지 않고도 세수를 3배, 고용을 2배로 늘리면서 성공모델로 주목받았다.[23] 미국과 소련 간의 냉전시대가 막을 내리면서 리틀턴의 군수공장들이 문을 닫게 되어 실업자가 수천 명이나 생겨났을 때, 지역에서는 운동화 공장이나 컴퓨터 회사를 유치하자는 이야기도 있었다. 그러나 당시 시청 상공부장이었던 크리스 기번즈(Chris Gibbons)는 외부기업을 유치하는 대신 지역의 유망한 중소기업을 육성하기로 결정하였다.

출처: Edward Lowe Foundation, 리틀턴시

이코노믹 가드닝

여기서 중요한 점은 어떤 산업을 육성할 것인지를 먼저 결정하는 것이 아니라 촉망되는 지역기업의 육성을 목표로 한다는 것이다. 지원할 기업을 '가젤'이라 불렀는데, 가젤은 아프리카 초원에서 빠르고 높이 뛰어오르는 동물이다. 이를 위하여 지자체, 대학, 싱크탱크, 금융기관이 협력체계를 만들어서 중소기업이 필요로 하는 고객의 정보를 제공하여 소비경향을 알게 만들었다. 그리고 판로를 위한 유통망 만들기, 시장조사, 경영자 세미나 개최, 경영 조언, 기업활동을 위한 인프라 조성에 나섰고, 인재 영입을 위해 장애물을 제거하였다. 이렇게 하여 중소기업이 성장하면서 고용과 세수가 늘어났고, 리틀턴의 이코노믹 가드닝은 마침내 다른 도시들의 벤치마킹 대상이 되었다.

관광과 레저생활의 고양

관광산업을 진작시키는 것은 지역 브랜딩에서 가장 일반적이고 중요한 목적이다. 지방도시가 알려지고 관광객을 유치하게 되면, 관광분야뿐만 아니라 민간섹터의 경제적 발전 가능성을 마련해 준다. 관광발전은 긍정적인 정체성을 어떻게 창조하고 관리하느냐에 달려 있지만, 역으로 긍정적인 지역 정체성은 입소문을 통하여 관광객 유치에 기여한다.

영성도시로서 브랜딩된 도시로 미국의 세도나가 있다면 아시아에서는 인도네시아 발리의 우붓(Ubud)이 있다.[24] 우붓이 유명해진 계기는 『먹고 기도하고 사랑하라』라는 여성작가의 책이 베스트셀러가 되면서부터이다. 책에서 소개된 대로 서양인들은 요가시설을 짓고 자신들의 커뮤니티를 우붓에서 만들었다. 우붓의 왕실에서는 서양인들을 초대하여 발리 나이트를 개최하고, 예술의 도시라

---

23 National Center for Economic Gardening(2020), https://economicgardening.org
24 우붓의 지명은 '치유'(Ubad)라는 의미에서 생겨났는데, 우붓은 발리섬의 남부에 위치한 농촌 지역이면서 발리문화의 중심지이기도 하다.

출처: CNN.com

는 점을 유럽인들에게 알리고자 노력하였다. 도시를 지속가능하게 유지할 목적으로 발리의 낙원 이미지를 살리려고 리브랜딩하면서 전통을 살리는 활동을 정부가 지원하고 있다.

1970년대부터는 외국인의 영향을 받아서 다양한 장르가 등장했다. 우붓에 오는 외국인은 많이 걷고, 만지고, 대화하고, 느낀다고 한다. 우붓의 문화를 존중하고 우붓인의 생활리듬과 분위기에 젖어드는 노력을 하면 육체적으로나 정신적으로 활력을 받는다고 홍보하고 있다. 발리는 예로부터 호주인들의 놀이터였지만, 지금은 세계 각지에서 오는 요가 관광객이 늘어나서 요가시설도 도시 곳곳에 있다. Yoga Barn이라는 요가강습소는 성수기에는 긴 줄을 서서 등록할 정도로 인기가 높다. 1930년대 이후 발리문화의 중심지로서 우붓의 음식, 예술, 힐링, 전통 발리문화는 등산객부터 쾌락주의자나 그룹 관광객에 이르기까지 다양한 목적의 관광객을 끌어모으는 매력자원이 되고 있다.

발리인이 생각하는 영성관광의 핵심은 영성보다는 관광에 있다고 보고, 몸과 마음의 휴식이 필요한 도시민들을 관광하게 하면서 부수적으로 명상을 즐기게 만들었다. 전통 치유사나 전통 약초 캐기도 관광상품에 포함시킨다. 우붓의 활력적인 분위기가 방문객들이 장기 체류를 하게 만든다. 매년 발리 영성 페스티벌이나 요가 페스티벌을 개최하여 영성도시로서의 포지션을 굳히고

있다. [25]

　지금까지는 긍정적인 측면에서 지역 브랜딩을 바라보았다면 당연히 부정적인 영향도 있다. 역효과와 지속 불가능을 꼽을 수 있다. 많은 지역들이 다양하고 복잡한 방법으로 특징지워지기 때문에 하나의 브랜드를 설정하는 것이 쉬운 일은 아니다. 특히 브랜딩이 원하지 않는 방향으로 영향을 미칠 때는 문제가 크다. 지역 안에서 여러 이해관계자들이 추구하는 목적이 다르므로 브랜딩 전략에서 컨센서스에 도달하기가 어렵다.

　오버투어리즘(overtourism)이 그 사례이다. 정부나 업계는 세수를 기대하거나 수입을 위해서 관광홍보를 적극적으로 옹호하지만, 반대로 관광과 관련 없는 주민들은 교통 체증, 오염, 소음, 주차, 주택가격 상승 등으로 일상생활에서 불편을 겪게 되므로 불만이 상당하다. 북촌마을이나 유럽의 유명도시는 오버투어리즘으로 주민들의 관광객 반대 집회가 거세게 일어났다.

　지역에서 브랜딩 전략이 처음에는 신선했으나 시간이 지남에 따라 브랜드가 쇠퇴하게 되고 더 많은 지역들이 유사한 전략으로 경쟁하게 되면 어려움을 겪는다. 그래서 투자 대비 효과라는 재정적인 이유와 정체성과 이미지를 유지하기 위한 일관된 약속을 이해관계자들로부터 담보할 수 없기 때문에 지역 브랜딩은 장기적이고 지속 가능한 전략이 되기가 사실상 어렵다. 정체성을 갑자기 다른 것으로 대체시키면 그동안의 투자와 노력이 공염불이 된다. 브랜딩 전략이 성공하려면 일관성 있게 장기적으로 꾸준히 추진하는 것이 중요하다.

---

25 이유진. 마음의 평화를 찾는 곳, 우붓(https://publy.com).

중소도시의 브랜딩 전략에서 가장 먼저 해야 할 일은 지역의 독특한 DNA를 찾아내서 정체성을 세우는 일이고, 그 다음으로 이런 정체성을 효과적으로 홍보하는 노력이다. 따라서 브랜딩 전략에서 가장 중요한 요소는 정체성과 홍보라 할 수 있다.

브랜드의 신뢰성을 확보하는 일반적인 수단은 PR이며, 브랜드 구축은 PR을 통해서 이루어진다[26]고는 하지만, PR 중에서도 특히 언론보도(퍼블리시티)가 인지도 상승이나 신뢰성 구축에서 가장 중요한 역할을 한다. 이름이 나지 않은 지역이라도 한번 TV방송을 타거나 신문에 보도되면 그 이후에 방문객이 급증하는 경우를 흔히 볼 수 있다. 가장 자주 접하는 것이 맛집인데, 무명의 식당이라도 언론에 소개되는 순간부터 널리 알려지게 되면서 맛집은 물론이거니와 맛집이 위치한 지역도 덩달아 방문객이 늘어난다. 이와 같이 언론매체의 시선을 사로잡을 만한 영역에 진출해 있다면 상상을 초월하는 퍼블리시티 효과를 볼 수 있다. 따라서 브랜드 구축에 도움이 될 언론보도 소재를 찾는 것이 중요하다.

브랜딩 과정은 잠재고객의 마인드에 긍정적인 인식을 주고 그렇지 못한 브랜드는 고객들이 상품을 구입하거나 지역을 방문하는 동기를 유발하지 못한다. 사람들은 다른 사람들이 좋다고 생각하는 것에 자신들의 결정을 맡길 때가 많다. 소위 편승효과(bandwagon effect) 또는 양떼효과(herding effect)라고도 불리는 인간 행동의 특성이다. 어떤 사람의 특정 상품에 대한 수요가 다른 사

---

26 Ries & Ries(2002). The fall of advertising & the rise of PR. Harpercollins Publishers, Inc.

람들의 수요에 의해 영향을 받는 현상 또는 무리에서 혼자 뒤처지는 것을 싫어해서 남들을 따라 하는 현상이다. 이런 결정에 크나큰 영향을 주는 정보 원천은 언론매체나 입소문이다. 요즈음에 입소문의 대표적인 채널인 SNS는 가장 강력한 지역 홍보수단으로 등장하였다.

이와 같이 지역에 대한 지식이나 간접 경험은 제삼자를 통해 얻은 정보에 의존할 수밖에 없다. 특히 언론매체의 보도는 짧은 시간에 광범위하게 전달되기 때문에 브랜드 구축에서 중요한 힘을 발휘한다. 언론이란 공공성과 신뢰성을 갖춘 전통적인 매체인 신문, TV, 라디오, 잡지뿐만 아니라 인터넷 매체(포털사이트, 인터넷 방송/신문)도 포함한다. 언론은 공공성을 지녔기 때문에 대중은 언론에 보도된 내용을 신뢰하는 경향이 높다.

디지털 시대에는 웹사이트나 SNS 등을 통하여 사람들의 주목을 끄는 뉴스나 소문이 급속도로 퍼져나가기 때문에 퍼블리시티는 마케팅 효과의 시금석이 되고 있다. SNS 시대에 소비자들은 일반적으로 브랜드 경험을 타인과 공유하기 때문에 브랜드를 직접 경험한 사람보다 간접적으로 경험하는 사람이 더 많아진다. 어떤 상황에서 어떤 브랜드를 경험했다는 사실이 더 중요해지고 있다. 그래서 도시나 기업들은 브랜드 경험을 공유할 만한 가치를 만들기 위해 스토리를 만든다.

스토리와 이벤트는 브랜딩의 지렛대

도시 DNA에 근거한 강력한 스토리는 글로벌 문화시장에서 경쟁력을 갖추게 한다. 이런 스토리는 언론과 표적시장의 주목을 받기 때문에 기삿거리가 된다. 중소도시에게는 내외부의 이해관계자들과의 네트워크가 중요해짐에 따라, 네트워크 공간에 장소감을 불어넣기 위해서는 지역 기반의 DNA와 정체성을 찾는 것이 예전보다 더욱 중요하게 되었다. 지역 DNA에서 나오는 스토리는 이해관계자의 주목을 끌어내고, 그들이 힘을 합칠 수 있는 베이스가 된다는 점에서 중요하다. 이러한 스토리는 나중에 강력한 브랜드로 치환될 수 있는 것이다.

영국 맨체스터에서 이러한 사례를 볼 수 있다. 맨체스터는 과거의 스토리에만 매달리지 않고, 현재와 미래에 대한 스토리도 남에게 전달하고자 오리지널 모던(Original Modern)을 브랜드로 개발하기로 하였다. 이것은 광고라기보다는 진실된 목표였기 때문에, 슬로건에 그치지 않고 이런 목표를 여러 분야에서 추구할 사회정신이었다. 이러한 콘셉트는 새로운 아이디어를 소개하고, 진취적이며, 일반적인 관습에 도전하고, 글로벌하게 생각하며, 야심적인 태도를 취함으로써 도시의 발전을 가져오고자 함이었다.

맨체스터국제페스티벌은 오리지널 모던의 기풍을 담아 문화 엘리트와 시민 엘리트들에 의해서 역사적 궤적의 한 부분으로 자리매김되었다. 맨체스터를 혁신적이며 지속적으로 가치 있는 도시로 포지셔닝하기 위하여 현시대의 스토리를 축제를 통하여 전달할 것을 강조하였다. 이 축제를 통하여 문화 공유가 이루어지면서 반복해서 개최되는 축제이지만 '맨체스터다움' 때문에 시민들이 아껴준다.[27]

이벤트는 한 공간이 아니라 도시의 이곳저곳에서 시민들에게 문화를 제공하기 때문에 도시 만들기 과정에서 촉매작용을 한다. 물론 과거에 했던 것을 반복함으로써 새로운 문화에 도전하지 않고 현실에 안주하는 경우도 많다. 실제로 도시를 역동성 있게 만들어서 변화를 촉진시키는 펄사(pulsar)[28] 같은 이벤트는 상대적으로 적은 편이다.

---

27 Local Government Assoc.(2019). https://local.gov.uk
28 Pulsating radiostar를 줄인 말로서 전자기파의 광선을 뿜는 자전하는 중성자별이다.

오스트리아의 잘츠부르크는 인구 15만 명의 음악도시로 잘 알려져 있다. 모차르트의 생가가 있고, 여름 한 달 동안에 펼쳐지는 일련의 음악콘서트들은 1년 전에 예약이 완료될 정도로 인기가 높다. 거기에다 영화 '사운드 오브 뮤직'에서 결혼식을 올린 성당이나 산 정상 등 실존하는 촬영장소가 시내 도처에 널려 있어 세계에서 수많은 사람들이 연중 찾는 관광도시이기도 하다. 1965년의 영화 스토리와 음악이 반세기가 지난 지금도 회자될 정도로 인기가 있다. 잘츠부르크는 모차르트의 고향이자 사운드 오브 뮤직의 도시로 사람들의 머릿속에 각인되어 있다.

영화 사운드 오브 뮤직의 한 장면

모차르트는 음악도시 잘츠부르크의 대표적인 아이콘으로 도시 차원에서 보면 절대적인 매력자원이다. 오스트리아라는 국가 차원에서 보면 모차르트는 매우 높은 상징적 가치가 있어서 오스트리아를 상징하는 중요한 아이콘 중 하나이다. 그러나 국제적인 시각으로 볼 때 모차르트는 관광목적지인 오스트리아가 가진 상품 중 하나에 불과하다.[29] 비엔나, 그라츠, 인스부르크 같은 인기 있는 도시들도 있기 때문이다. 그럼에도 불구하고 모차르트와 사운드 오브 뮤직 스토리가 있기에 잘츠부르크는 음악도시로 브랜딩되어 오늘날에도 그 인기가 식지 않는다.

여기서 기억해 둘 것은 지역의 활성화나 관광 목적으로 전혀 새로운 이벤트를 개최하기보다는, 지역주민들의 삶의 질에 기여하기 위하여 지역의 DNA에 기반한 이벤트를 만드는 것이 생명력도 길다는 점이다. 지역홍보 차원에서 영화촬영 이벤트를 갖는 중소도시들이 아직도 많지만 일회성에 그치는 경우가 허다하다. 그러나 사운드 오브 뮤직의 로케이션은 잘츠부르크가 모차르트라는 음악 DNA를 품었기 때문에 가능했던 것이고, 지금까지 생명력을 지켜오고 있으며 앞으로도 지속될 것이다.

새로운 영역을 찾아라

리스 & 리스(A. Ries, & L. Ries)는 '새로운 영역을 개발해서 최초로 진출'하는 것을 브랜딩의 원칙이라 하였다. 다른 이름난 지역과 경쟁하기 위해서는 그 지역과 같아지기 위해 애쓰기보다는 오히려 차별성을 가지도록 노력해야 한다. 미국 시카고 노스웨스턴대학의 Kellog 경영대학원은 마케팅의 석학으로 불리는 Kotler 교수를 중심으로 '마케팅'이라는 새로운 영역을 선점하여 이 분

---

29 Richards & Duif(2019). Small cities with big dreams-creative placemaking and branding strategies. London: Routledge.

야의 리더로 자리 잡았다.[30] 경영학에는 여러 분야가 있지만 마케팅 분야에서 최고라는 인식을 심어주었기 때문에 경쟁 대학원들보다 우위를 가지게 된 것이다.

이렇듯 지역이 브랜딩되려면 다른 지역과 차별성 있는 강점을 가지고 있어야 한다. 국내 지역들이 자연자원이나 문화에서 서로 차이는 있다 해도 사람들이 인식할 정도로 뚜렷한 특징을 가지고 있는 지역이 흔하지는 않다. 이것은 도시나 농촌, 어촌의 경우도 마찬가지이다. 이런 틈바구니에서 어떻게 차별성을 제공하느냐는 지자체와 민간섹터의 전략에 달려 있다.

어떤 지역을 브랜딩하는 원칙은 사람들의 마인드에 확실한 자리매김을 하는 것이다. 그중에서 가장 중요한 점은 특정 지역에 대하여 사람들이 "그래 맞아. 거기는 바로 그런 곳이야"라고 인정해 줘야 한다. 사람들이 납득하고 믿을 수 있는 강력한 요소를 가진 개념이라야 한다. 사람들의 마인드에 지역이 의도하는 키워드를 심어주면 브랜드가 구축되는 것이다.

알 리스에 의하면 좋은 브랜드를 구축하는 방법은 주력분야에 집중하고 새로운 영역을 창출하여 최초로 진출하는 것이다. 그런 다음 사람의 마음속 PR을 활용하여 브랜드를 자리매김하면 된다고 한다. 브랜딩은 바로 사람의 마인드에 그 이름이 자리 잡게 만들어야 성공하는 것이다. 그는 관광지 브랜드 구축방법의 사례로 남미의 과테말라와 미국 미주리주를 제시하고 있는데 중소도시나 마을의 브랜딩 전략에 활용할 가치가 있어서 여기에 소개해 본다.

과테말라 사례

중남미의 과테말라는 일반인들이 잘 알지 못하는 곳이지만, 고대 마야문명의 중심지였고, 전체 인구의 40% 이상이 마야인의 후손들이어서 아직도 마야

---

30 Ries & Ries(2002). The fall of advertising & the rise of PR. Harpercollins Publishers, Inc.

언어의 방언을 사용하고 있다. 높은 산맥에 위치하고 있으므로 수백 년간 변화가 거의 없어서 마야문명의 유산인 도시, 사원, 주택 등을 볼 수 있다. 이처럼 관광지로서는 매우 매력적인 곳이지만 관광객이 별로 없는데, 그 이유는 이 나라에 대하여 알고 있거나 관심을 갖는 사람이 별로 없기 때문이다. 더군다나 마야유적은 엘살바도르, 온두라스, 남부 멕시코 등에도 퍼져 있어서 더욱 그렇다.

그래서 알 리스는 이 나라를 브랜딩하는 방법으로 나라 이름을 '과테말라'에서 '과테마야'로 바꾸면 문제가 해결된다고 제안하였다. 실행가능성이 낮은 제안이지만 나름대로 타당한 생각이 든다. '과테마야'로 나라 이름을 바꾸면 글로벌 언론에서 관심을 가지고 보도를 하면 자연스럽게 나라의 인지도가 높아지면서 세계인의 관심도 받을 수 있다. 우선 사람들의 마인드에 '마야'를 확실히 새겨 넣는 효과가 있어서 마야 유적을 대표하는 국가로 인식이 된다. 이렇게 퍼블리시티를 통하면 과테말라는 세계인의 머릿속에 마야문명의 대표로 확실히 자리 잡게 되어 브랜딩에 성공하게 되는 것이다.

미주리 사례

알 리스는 미국 미주리주 사례를 들어서 이벤트를 통하여 인지도가 낮은 지역의 브랜딩 전략을 제시하였다. 미네소타주는 '1만 개의 호수'를 가진 곳으로 홍보하고, 몬태나주는 '커다란 하늘을 가진 지역'으로 알려져 있지만, 정작 미주리주는 특별히 내세울 게 없는 듯했다. 그러나 그는 미주리가 두 개의 큰 강인 미주리강과 미시시피강이 만나는 지역이라는 점에서 다른 지역과 차별적인 특징을 가지고 있다는 데 주목하였다.

그러나 언론에서 이런 특징을 알리는 일은 결코 쉽지 않았지만, 그는 카누 경기를 제안함으로써 언론의 주목을 받았다. 몬태나주에 있는 미주리강의 근원지에서 미주리강이 미시시피강으로 유입되는 미주리의 세인트루이스까지 카누경기를 벌이자는 아이디어를 냈다. 이 루트는 1804년 루이스와 클라크가 탐험을 벌인 것으로 유명했기 때문에 알 리스는 언론들이 카누경기를 취재하면서 이 탐험루트를 보도할 것으로 예상하였다. 사람들의 마인드에 '강'의 이미지를 심어주기 위하여 먼저 언론매체에 그 이미지를 심어주고, '강'이라는 영역에 최초로 진출해야 한다는 믿음에서 출발한 것이다.

이같이 특정 지역이나 상품이 해당 분야에서 선두를 달리고 있다는 점을 잠재고객에게 입증시키려면 지역의 강점을 언론매체를 통하여 부각시켜야 한다. 광고를 통하여 알리는 것이 아니고 보도를 통해서 언론이 확증하게 만드는 것이다. 상품구매나 특정 지역의 방문 여부는 언론매체의 보도에 상당히 좌우되므로 호의적인 보도내용이 많을수록 지역 브랜드를 구축하기가 수월해진다. 단순히 자기 지역은 다르다느니 또는 더 낫다라고 주장하는 것으로는 충분하지 않으므로 반드시 제삼자인 언론이 그 사실을 말해주어야 효과가 높다.

브랜드 구축에 성공하려면 훌륭한 아이디어를 발견해서 새로운 영역에 진출하거나 새로운 브랜드를 개발한 후 고객의 마인드에 가장 먼저 침투해 들어가는 전략을 구사해야 한다. 이런 전략이 성공하려면 잠재고객의 마인드에 나름대로의 자리를 확보해야 한다. 예를 들어 스타벅스는 유럽풍 커피숍으로 새로운 영역에서 최초로 등장한 브랜드이기 때문에 선두 브랜드라는 강점을 확고히 부각시켰다. 삼성은 세상에 없던 폴더블 폰이라는 새로운 영역에 2019년 최초로 진입하여 전 세계의 이목을 집중시켜 혁신의 아이콘으로 재등장하였다.

좋든 싫든 간에 도시나 지역, 국가는 글로벌 경쟁시대에서 자신들을 홍보할 필요가 있는데, 이럴 때 가장 중요한 점은 자원의 품질이다. 스타벅스와 삼성 폴더블 폰처럼 우수한 품질이 홍보보다 먼저다. 나쁜 상품을 멋지게 광고하면 더 빨리 실패하게 되는 것과 마찬가지로 중소도시에서도 똑같이 적용된다. 우선 지역의 자원품질이 좋아야 홍보효과도 바라볼 수 있는 것이다.

쿠이퍼스(Cuypers)는 지역 브랜딩에서 피해야 할 두 가지 함정을 제시하였다. 우선 정체성이 곧 브랜드라고 믿는 것인데 지역 정체성을 브랜드와 혼동하는 경우가 있다. 이 둘은 밀접하게 연결되어 있지만 서로 다르다. 정체성은 지역 DNA에 기반을 두고 브랜딩을 포함한 모든 마케팅 활동의 출발점이다. 지역 브랜드는 선택이지만 정체성은 선택이 아니다. 지역 정체성은 브랜드의 기반이자 브랜드 전략이다. 정체성은 하루아침에 대체될 수는 없지만, 핵심 정체성을 구성하는 지역 DNA는 사람과 문화와 시대에 따라 점진적으로 변화할 수 있다.

지역을 브랜딩하는 데는 장기적인 노력이 요구되는데, 지역에 대한 모든 것은 연구 데이터에 뿌리를 두어야 한다. 철저한 연구를 통해 주민들의 염원에 역행하는 방향으로 가는 것을 방지해야 한다. 브랜드는 지역이 강조하거나 발전시키기 위해 지역이 선택한 스토리와 경험의 집합이다. 그들은 누구인가라는 기본으로 돌아가는 것이다. 지역은 정체성 위에 구축된 브랜드에 시간과 노력을 투자함으로써 회복해 나가는 것이다.

두 번째 함정은 동질의 정체성에 의존하는 것이다. 지역주민들은 다양하기 때문에 하나의 지역 정체성을 세우는 것은 불가능하다. 방문객들의 경험도 다양해서 그들의 이야기도 다양하다. 하나의 스토리만을 찾으려는 노력은 전통적인 마케팅 유물이어서 이런 접근방식은 지역 브랜딩에는 적용되지 않는다. 지역 브랜딩의 특별한 것 중 하나가 지역은 상당한 스토리와 경험의 조화라는 점이다. 지역은 안홀트가 말하는 '경쟁력 있는 정체성'을 발견해야 한다. 지역 DNA는 다른 경쟁지역과 어떻게 다른가를 강조해 주는 방식으로 지역 정체성을 분명히 표현하는 데 도움이 된다. 이런 성공은 주민과 지역이 좋은 경험을 한 방문객들과 연결될 때 일어난다.

미국 경제학자 해럴드 호텔링(Hotelling)이 1929년에 소개한 '호텔링 법칙'에 의하면, 가장 많은 고객에게 접근할 수 있는 최선의 방법은 가격, 위치, 제공 가능한 상품 등에서 중간에 상품을 갖다놓고 장사하는 것이고, 그렇게 하지 않은 사람은 그렇게 하는 사람에게 진다. 상품의 독특성을 강조하기보다는 대중적인 특성을 가진 상품이라야 많은 고객에게 어필한다는 이야기이다.

그러나 모두가 그렇게 하면 경쟁상품들이 엇비슷해져서 차별성이 사라지는데 브랜딩도 마찬가지이다. 많은 사람들에게 어필할 수 있는 대중적인 브랜드를 만들면 처음에는 잘 되겠지만, 경쟁자들이 시장에 뛰어들면 소비자들이 구별하기 힘들어진다. 이렇게 되면 현대 브랜딩에서 요구되는 독특성을 추구하기 어렵다. 우리나라에서도 음식관광이 인기 있다고 많은 지역이 음식으로 브랜딩하고 있지만, 시간이 흐를수록 지역 간의 차별성을 점점 잃고 있다.

모두가 같은 방식으로 독특해지려고 노력하는 분위기에서 어떻게 진실되게 정통성을 갖춘 특이한 브랜드를 만들 수 있을 것인가? 좋은 브랜딩은 많은 유사한 것 중에 눈에 확 띄는 것이다. 중간과 대중만으로는 살아남을 수 없는 시대로 바뀌어서 틈새(niche)를 노리는 전략이 더 먹혀들어간다. 영국 저널리스트 제임스 하킨은 니치는 틈새가 아니라 주류라고 외치면서 모든 것을 하려는 기업은 '누구나 알고 있지만, 아무도 좋아하지 않는' 대상이 되어 퇴락의 길을 걸을 수밖에 없다고 설명한다.[31] 보여주거나 이야기할 뭔가를 갖고 있으면 그것에 관심을 갖는 진정한 청중을 찾아서 끌어들여야 한다.

---

31 하킨(2012). 니치(고동홍 옮김). 더숲.

제 **4** 장

외국 중소도시의
브랜딩 사례

제4장

외국 중소도시의 브랜딩 사례

이 장에서는 유럽을 비롯하여 미국, 캐나다, 중국, 일본 등에 있는 중소도시의 브랜딩 사례를 소개한다. 익히 아는 도시도 있지만, 규모가 아주 작은 마을 사례도 있다. 우리나라에서도 외국 사례와 유사한 자원을 가지고 브랜딩하는 중소도시들이 있어 독자들에게도 어느 정도 친숙감을 줄 것이다.

유럽 사례

스위스 알프스 지역: 중세기풍 마을호텔

유럽 전역의 시골마을은 젊은 사람들에게 기회가 부족하고 그들이 도시생활을 선호해서 마을을 떠나는 현상이 지속되어 소멸할 것이라는 공포를 가지고 있다. CNN.com은 2018년 9월 26일자에 스위스 남쪽 베르자스카 계곡의 산악 농촌마을이며, 이탈리아어를 사용하는 코리포(Corippo)를 통째로 호텔로 개발한다는 소식을 전했다. 이탈리아에서 마을을 호텔로 전환하여 성공한 모델을 빌려와서 마을의 30개 주택을 관광객을 위한 별장이나 호텔로 전환하는 프로젝트이다. 마을 인구가 노령화되고 인구감소도 함께 겪는 마을에서 호텔이라는 콘셉트를 가지고 일자리 창출과 인구 증가라는 두 마리 토끼를 잡는 것이 목적이다.

이 마을은 한때 주민 수가 300명에 달했지만 12명으로 줄어들었고 그중 11명이 65세 이상으로 평균나이가 75세이다. 70여 개의 건물들은 무계획하게 뒤죽박죽으로 배열되어 있으며, 집들은 슬레이트 지붕과 티치노(Ticino) 지역의 화강암으로 만들어졌는데, 지금까지 대부분 손대지 않은 채 지내왔기에 유령마을이 되기 직전의 모습을 하고 있다.

출처: CNN.com

이탈리아 알프스 산악마을 Corippo

마을 발전 아이디어는 1990년대에 나왔는데 원래 계획은 주민들이 사는 마을로 만들자는 것이었지만, 타당성이 없었고 차로 직접 가기도 힘든 곳이었다. 하지만 'Fondazione Corippo 1975'라는 재단이 나서서 이 마을을 재건하려는 계획을 세웠는데 이곳이 스위스 최초의 마을호텔(Albergo Diffuso)이다. 영어로는 scattered hotel(흩어진 호텔)이다. Albergo Diffuso는 이탈리아에서

버려진 타운을 재생하기 위하여 소멸위기에 있는 커뮤니티가 채택한 호텔업계의 트렌드이다. 대표적인 곳으로는 Castello di Postignano, Corte della Maesta, Castello di Gargonza가 있다.

이 마을에는 2018년 7월 말에 Casa Arcotti라는 별장이 문을 열었지만, 엄밀한 의미에서의 호텔은 2020년 부활절에 모습을 갖추었다. 타운 홀과 교회 앞의 광장을 제일 먼저 만들고, 방앗간, 빵집, 밤 건조실 등을 리노베이션하며, 호텔 식당과 리셉션, 회의실 등의 개조, 조경 사업과 호밀, 대마, 밤나무뿐만 아니라 염소 목장의 재개장도 계획하고 있다. 원래 말이나 마차를 위해 만들어진 도로여서 관광객을 받아들이기에 적합하지 않아 개선하는 등의 프로젝트 비용은 은행 대출과 공공펀드를 통해 조달하였다.

1800년도부터 그대로 유지해 온 산골마을을 경험할 수 있는 기회가 굉장히 특이하여 국제적인 관심을 받고 있다. 전통적인 티치노 마을 분위기에 젖는 것 외에도 이 마을을 통해 하이킹도 하고, 마을 문화유적도 보고, 마을 음식을 맛보는 것이 셀링 포인트이다.

그러나 노인들이 관광객을 맞이할 수 있는 능력이 되는가가 이슈로 떠올랐다. 이 문제에 대한 해결책으로 어린이가 있는 젊은 부부에게 호텔경영을 맡기면 Corippo에 다른 고용자들과 같이 정착하게 된다고 긍정적으로 보고 있다. 또한 공예품 상인들을 지역으로 유치하여 마을을 재생시키는 계획도 있다. 재단 회장인 자코마치(Giacomazzi)는 마을호텔사업으로 주민 수를 늘릴 수 있다고 본 것이다. 인구가 급감하고 노인만 남은 산골마을의 문제를 마을호텔 운영으로 일자리를 만들어 인구를 증가시켜 마을을 지속적으로 유지하려는 목적이다.

이와 같은 커뮤니티 호텔사업은 우선 관광객을 체류시킨다는 데서 큰 효과를 만들어낸다. 체류는 소비와 직결되고 지역에 대한 이해도와 애착을 발생시킬 수 있는 충분한 시간을 확보한다는 의미가 있다. 이와 같이 커뮤니티 호텔은 지역의 매력과 잠재력을 발굴하고 이를 증폭하여 관광객과 이어주는 역할, 지역민과 관광객 간의 직접적인 교류와 소통을 발생시키는 역할을 한다. 특히 마을 전체를 호텔로 개조함으로써 지역경제의 활성화를 기대하고 있다. 아직까지 이러한 마을호텔 개념은 세계적으로 널리 퍼지지 않았고 나름대로의 독특함을 지니고 있기 때문에 관광객의 주목을 끌고 있다. Corippo는 점차 마을호텔로 브랜딩되고 있는 것이다.

영국 Ludlow: 느리게 살기

영국 West Midlands에 위치한 인구 10,000명이 넘는 러들로(Ludlow)에서 중점을 두는 비즈니스는 관광이지만 정밀기계, 목재, 농업 등의 산업이 있다. 지역 농장에서는 명성과 인지도가 높은 전통요리에 사용되는 식자재를 공급하면서 영국에서 첫 번째로 Cittaslow 운동[1]에 가입한 도시이기도 하다. 1999년 이탈리아에서 시작한 이 운동은 슬로푸드와 느리게 살기를 실천하는 마을을 만들자는 취지로 시작하였다.

Ludlow는 슬로시티를 지향하는 콘셉트를 가지고 개발전략을 추진하고 있다. 주민뿐만 아니라 방문객들에게도 삶의 질 향상이라는 목표를 설정하고, 글로벌화에 대응하는 전략으로 지역 내의 제작자, 예술가, 농부, 가족중심 소매상 등을 지원한다. 지역 예술가들은 도심에 있는 낡고 빈 건물에 입주하여 예술활동을 함으로써 도시 분위기를 일신하는 데 기여하고 있다. 낡은 빌딩을 재생하고 정비하는 전략은 'Great Town'이라는 도시계획상을 수상하기도 하

---

1 Cittaslow는 삶의 질이 좋고 우수한 요리(슬로푸드)와 관련이 있는 조용한 도시를 장려하기 위한 국제적인 도시 네트워크이다.

였다.

　Ludlow시는 Teme강의 절벽 위에 세워진 도시여서 가장 때묻지 않은 영국의 농촌지역이지만, 영국 역사에서 가장 중요한 모멘트를 가진 이야기가 도처에 널려 있고, 강과 그 주변에서 다양한 여가활동을 즐길 수 있다. 이 도시는 역사가 유구한 유산을 가지고 있는데 다른 시대의 건물 500여 개가 있다. 그중에서도 캐슬(1086), 세인트 로렌스 교회(1199), 페더스 호텔(1619) 등 역사적인 빌딩들이 중세기 거리 풍경이 보존된 시내 중심부에 모여 있다.

　Ludlow 캐슬은 영국 역사의 가장 중요한 순간에서 핵심역할을 했지만 현재도 커뮤니티의 회합장소로서 명성을 지닌다. Ludlow 페스티벌, 아트 페스티벌, 중세 크리스마스 행사 등을 오랫동안 개최하고 있으며, Ludlow 식음료라는 지역음식과 연관된 이벤트가 특히 알려져 있다. 보석, 세라믹, 섬유, 가구 분야에서 이름 있는 장인들을 보유하고 있어서 러들로 디자이너라는 예술인 네트워크도 생겼다. 음악, 무용, 영화 공연에서부터 모든 연령층의 정규 교

육활동까지 다양한 프로그램을 제공하는 공연예술센터는 아트 갤러리로도 사용된다. Ludlow대학은 창의적인 예술에 오랫동안 참여하면서 적극적으로 지역 이벤트에 참여하고 있다.

　현대예술을 사랑하는 사람들의 센터로서 도시를 홍보하는 것이 장기적인 목적이다. 방문객들에게 항상 변하는 예술 루트를 만들어서 이 루트가 예술 상점, 갤러리, 레스토랑, 문화공간들을 통과하도록 하였다. 그리고 다양

한 장소에서 꾸준히 설치 변경을 통하여 관심을 끌었다. Ludlow Assembly Rooms, Ludlow Designer Makers, Ludlow Food Center 같은 창의적인 프로젝트를 통하여 관광이나 식음료 비즈니스의 발전을 촉진시킴으로써 도시발전을 더욱 강화하는 중이다.

Ludlow 축제

덴마크 Copenhagen: 떠오르는 스타 셰프

덴마크 코펜하겐 사례는 음식관광이 지역경제를 창출하는 과정을 보여주고 있어 관광목적지로서의 중소도시 브랜딩이라는 본서의 취지에 상당히 부합한다. 덴마크가 음식관광지로 떠오르고 있다고 하면 필자를 비롯한 대부분의 사람들은 상식 밖의 일이라며 선뜻 동의하지 않을 것이 분명하다. 그러나 코펜하겐의 음식관광이 상식 밖의 변화를 가져왔다.

덴마크 코펜하겐의 음식 혁명은 덴마크 경제를 완전히 바꿔놓았다. 최근 몇 년 전만 해도 덴마크는 돼지고기 튀김과 청어절임의 평범한 음식이 고작이었지만, 요리사들의 노력으로 덴마크는 미식관광 목적지가 되어 미식가들의 순례지로 자리 잡았다고 뉴스위크는 보도하였다.[2] 2008년 이후 덴마크의 민간부문 일자리는 18만 6,000개가 줄었지만, 레스토랑 분야에서 유일하게 일자리가 대규모로 창출되었다.

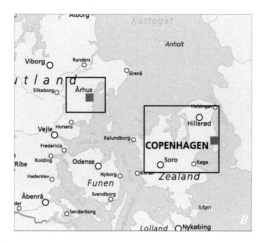

덴마크 코펜하겐과 오르후스

덴마크는 낙농업이 발달하여 우유와 같은 유제품이 발달한 나라지만 국토의 대부분이 바다로 둘러싸여 수산업도 식생활 문화에 큰 영향을 끼쳤다. 덴마크의 대표적 요리인 '스뫼레브뢰(Smorrebrod)'는 얇게 썬 빵에 버터를 바르고 청어절임, 토마토, 쇠고기, 새우, 계란, 햄 등을 얹은 샌드위치이다. 바다낚시는 거의 어디서나 할 수 있고 가장 흔한 물고기는 대구, 고등어, 가자미, 바다송어 등이다. 음식 재료가 풍부하여 다양한 요리를 맛볼 수 있는 나라이다.

여기서도 영국 Padstow의 셰프 릭 스타인처럼 한 명의 셰프가 덴마크의 음식관광을 이끌고 있다. 코펜하겐에는 유명 레스토랑이 많다고 알려져 있지만,

---

2 Newsweek(2015), Denmark's restaurants benefit form 'Noma effect'(Nov. 29).

레드제피(Redzepi)가 운영하는 '노마(Noma)'라는 식당은 매년 100만 명이 예약하는 세계 최고의 레스토랑이다.[3] 영국 잡지 '레스토랑'에서 선정하는 '세계 최고의 레스토랑 50'에서 4번이나 1위로 뽑혔다. 전 세계 비평가와 언론인 및 음식 전문가 800여 명을 대상으로 매년 실시하는 투표에서 2016년도 세계 최고 레스토랑 50에 코펜하겐의 레스토랑이 각각 5위, 28위, 40위를 차지했다. 미슐랭 3스타 레스토랑인 제라늄(Geranium)은 세계적으로 큰 인기를 얻고 있는 뉴 노르딕 요리 열풍을 이끌 정도여서 세계적인 식도락 국가임을 증명하고 있다.

출처: The New York Times & foodandwinegazette.com

셰프 르네 레드제피와 노마

노마는 '지역의 제철음식이 아닌 것은 메뉴에 올리지 않는다'는 것을 원칙으로 하면서 식재료 본연의 맛을 살리는 '노르딕 퀴진'의 모델이다. 순록이끼, 마호가니 조개, 애기팽이밥 등 북유럽의 식재료를 사용한 레드제피의 요리법은 노마의 요리가 지금 이곳이 어디이고 어느 계절인지 알려준다. 그의 요

---

3 Saltzstein(2018). 'It's almost three years since I had a proper vacation. The New York Times(Nov. 16).

리법은 코펜하겐의 많은 레스토랑으로 급속히 확산되어 '릴레(Relae)' '아마스(Amas)' '브로르(Bror)' 등 레스토랑들이 국제적 명성을 얻게 되었다. 코펜하겐 방문객 중 3분의 1은 여행 전에 레스토랑을 예약해 놓을 정도로 이 도시의 레스토랑들은 인기가 높다.

레스토랑 노마의 영향력은 코펜하겐 이외의 도시에서도 차츰 확장되었다.[4] 2015년 미슐랭 가이드 북유럽 도시 특집호에서 덴마크의 제2 도시인 오르후스가 3개 부문에서 별 1개를 획득했다. 미슐랭 별 획득을 계기로 오르후스는 미식관광객 유치에 박차를 가하면서 '2017 유럽 미식 여행지' 대회에서도 우승했다. 음식축제로 매년 3만 명의 관광객이 오르후스를 찾는다. 오르후스시에서 음식관광을 지원하는 이유는 완벽한 가치사슬을 갖췄다고 보기 때문이다. 농부와 같은 생산업자, 음식 혁신, 음식 연구 등 미식 관련 활동도 다양하게 진행되고 있어서 이곳 시민들은 '미식의 도시'라는 이미지를 얻고 싶어한다.

다른 도시들도 오르후스로부터 배우고 있다. 스웨덴 남쪽의 덴마크섬 보른홀름은 미식 여행지로 알려지기 위해 농장 상점, 지역 양조장, 현지 재료로 만든 아이스크림을 홍보하고, 덴마크 최고 요리사들의 대회 등을 개최한다. 덴마크 최고의 레스토랑 중 하나로 꼽히는 '카도(Kadeau)'가 보른홀름이 미식 여행지로 발전하는 데 큰 도움이 되고 있다. 덴마크 남서부의 소도시 헤네는 영국 출신 요리사 폴 커닝햄이 2012년 그곳의 작은 호텔에 있는 식당을 인수한 뒤 미식 여행지로 이름을 알리기 시작했다. 세계적인 여행잡지 『콘데나스트 트래블러』는 최근 커닝햄의 레스토랑 '헤네 커크비 크로(Henne Kirkeby Kro)'

---

4 Xie(2017). Copenhagen's Noma: 10 ways it Changed the World of food(http://CNN. com).

에 관한 기사를 실으면서 "노마를 넘어: 덴마크가 유럽 최고의 미식 국가인 이유"라는 제목을 붙였다.

출처: Newsweek(2015)

바덴해의 갯벌 굴 투어

덴마크인들도 스스로 미식여행을 시작했다. 코펜하겐과 오르후스에서 온 관광객이 덴마크 유틀란트 반도 북부 바닷가에서 세계 최고로 쳐주는 유럽산 굴을 맛보려고 3시간짜리 굴 투어에 참가한다. 채취한 굴을 화이트 와인과 함께 맛볼 수 있는 굴 투어는 일주일에 4~5일씩 소규모 그룹(한 달에 50~60명)을 대상으로 하는데 절반 이상이 굴을 먹어본 적이 없다고 한다.[5] 굴 투어는 대부분의 사람들에게는 생소한 음식관광 상품이다.

굴을 먹어본 적이 없다는 사실도 이런 투어가 그들에게는 영원히 잊지 못할 경험이 된다. 바로 이런 첫 경험담이 SNS를 타고 퍼져나가면서 굴 투어에 대한

---

5 Newsweek(2015). Denmark's restaurants benefit form 'Noma effect'(Nov. 29).

관심이 덴마크뿐만 아니라 다른 나라에서도 높아지고 있다. 여기에다 덴마크의 맛 투어에 대한 미식가들의 참여가 높아지면서 코펜하겐, 오르후스, 보른홀름 같은 도시는 물론 덴마크 국가 전체가 음식관광의 목적지로 확실히 자리 잡고 있다는 사실은 상당히 놀랄 만하다. 덴마크 전체가 음식으로 브랜딩된 것이다.

사족을 하나 붙인다면, 에어 프랑스의 비즈니스석에서는 프랑스 지방요리를 번갈아가면서 소개하는데, 그 요리를 창안한 요리사의 이름도 함께 밝힐 정도로 요리사에 대한 대우가 특별하다고 한다. 요리사를 예술가로 높이 평가해 주는 프랑스인들의 안목이 있었기에 프랑스 요리가 유명해질 수 있었던 게 아닌가 싶다. 우리나라에서도 요리사에 대한 사회적 인식이 상당히 높아진 현실에서 진정한 음식관광이 되려면 음식에 대한 국민들의 안목을 높이고, 덴마크의 요리사들처럼 요리사가 자기 이름을 당당히 내세울 수 있는 사회분위기가 요구된다.

포르투갈 Obidos: 해안의 창의 소도시

인구 10,800여 명의 오비도스(Obidos)는 포르투갈 수도인 Lisbon과 Leiria, Coimbra 등 도심과 1시간 내로 근접해 있으며, 와인산지로 유명한 Porto와는 2시간 거리이다. 특히 화훼, 과일과 와인 등 농업이 지역 고용의 34%를 차지하며, 근로자의 50%는 관광산업에 종사할 정도로 지역경제에서 관광이 가장 중요한 경제활동이다. 많은 해수욕장을 지닌 해안선, 바다와 연결된 개펄과 특이한 자연풍광으로 이루어져 있다. 산개한 마을과 농가들을 가진 특이한 지역이며, 오랜 세월에 걸친 그들만의 라이프 스타일을 통하여 전통적인 농사와 고기잡이를 실현하는 커뮤니티이다.

Obidos는 관광객 유입을 일으키는 동력으로서 지역 경제활동의 중요한 기반 역할을 해온 인증된 유산가치가 있는 역사센터를 가지고 있다. 성, 타운 진입로, 교회, 죄인을 처벌한 형틀, 수로, 고가도로, 산재된 종교 건축물 등이 마을과 주변을 특징 짓는다. 구 타운을 둘러싼 성벽은 14세기 말에 완성된 것으로 Obidos의 상징이기도 하다. Obidos는 다른 시대의 기억과 정체성, 전통, 그리고 지

역 정체성 형성에 기여한 오랜 역사를 가졌다. 이러한 역사를 배경으로 태어난 라이프 스타일이 이 도시를 독특하고 상징적인 무형유산으로 만들어냈다. 도시를 세계유산으로 인정받게 만드는 목표를 설정한 후 여러 대학과 손잡고 Obidos에 대한 지식을 확충하고 발전계획을 세웠다. 과학적인 방법들을 동원하여 도시 관리를 지원하는 프로젝트를 개발하고 있다.

Obidos는 창의인재와 비즈니스를 유치할 목적으로 창의경제에 초점을 둔 새롭고 복합적인 전략을 개발하였다. 카페, 레스토랑, 미식가 식당, 수공예 상점뿐만 아니라 박물관, 아트 갤러리와 프로그램 등 역동적인 문화공간으로 만들 수 있는 자원들이 즐비하다. 테크노파크, 벤처창업센터, 창의

Obidos 성벽

주택[6] 같은 새로운 인프라를 만들어 창의경제 발전을 돕고 있다. 주거와 작업 공간이 구별되지 않고 유연하게 사용될 수 있어 예술가, 디자이너, 연구자, 자국인과 외국인 등이 임시로 사용한다.

2006년 OECD가 제안한 새로운 시골 패러다임인 '현대적인 시골풍'을 촉진하자는 논의가 있었다. Obidos는 지역 내의 자원들과 문화, 창의, 혁신과 같은 새로운 경쟁요소를 연합하여 아티스트, 디자이너, 건축가 등 창의계층을 유치해서 거주하고, 일하며, 배우고, 상호작용하는 창의적인 커뮤니티로 발전시킬 전략을 가지고 있다. 이 전략의 가장 가시적인 성과는 오페라 페스티벌, 크리스마스 빌리지, 초콜릿 페스티벌, 6월의 아트 등과 같은 일련의 이벤트를 개최하여 수많은 방문객을 끌어들였다. 엔터테인먼트와 문화 이벤트 지원활동은 디자인, 조각, 페인팅 등의 분야에서 기술팀을 조직하여 활동하기 때문에 프로젝트 성공의 지렛대 역할을 하였다. 이렇듯 Obidos는 창의적인 문화

---

6 창의주택은 버려져서 못 쓰게 된 건물을 재생하여 만든 주택을 말한다.

상품을 개발하여 관광효과를 기대하고 있다.

지방정부의 개입 중에서 눈에 띄는 것은 특별지원 분야에서의 앵커 프로젝트 개발이다. 이 프로젝트는 인재를 유치하고 삶의 질을 향상시키고자 창의교육, 창업가 정신, 창의성이나 환경의 지속가능성을 위한 인프라와 지원시스템을 조성하는 것이다. 교육은 인재를 유치하는 것만이 아니라 창의성을 진작시킬 교육시스템도 개발한다. 창의적인 활동[7], 벤처 캐피털, 스폰서십 등에는 세금을 면제하였다. Obidos의 공공정책은 정보통신기술, 디자인, 예술, 건축, 지역요리 등과 같은 창의경제를 위한 우호적인 환경을 만들고 비즈니스와 창의적인 프로젝트를 실행하여 발전전략의 지속가능성을 성공적으로 확보하였다.

독일 Worishofen(뵈리스호펜): 산림치유 모델

힐링을 표방하여 브랜딩된 도시가 여럿 있다. 독일, 스위스에서는 전통적으로 온천을 중심으로 힐링이나 치유 목적으로 브랜딩된 도시가 있지만, 숲이 그 역할을 하는 도시도 있다. 질병 예방과 치유 공간으로서 숲을 활용하는 사례는 빈번하게 찾을 수 있고, 숲은 삶의 질을 높이는 공간으로 일상생활의 일부가 되었다. 숲은 피로를 씻어주고 건강증진에 효과가 있다는 확신이 사회적으로 받아들여지고 있다. 숲의 치유력을 활용하여 치유마을로 브랜딩된 사례가 독일의 동남부 국경지대에 위치한 작은 온천 도시인 바트 뵈리스호펜(Bad Worishofen)시이다.

과거에는 주민들이 목축업 등에 종사하며 생활하던 작은 시골마을이었으

---

7 창의적인 활동의 사례로 단순한 지역 요리법에 지역산물인 체리, 초콜릿, 유기농을 결합한 창의
  음식을 개발한 것을 들 수 있다.

나, 1889년에 세바스티안 크나이프(Kneipp) 신부가 물, 운동, 허브식물 등을 활용한 자연치료 방법인 크나이프 요법을 도입하면서 독일 최고의 치유도시로 발전하였다. 크나이프 요법은 물을 이용한 자연요법을 중심으로 산림산책을 하는 운동요법, 영양균형을 맞추는 음식요법, 허브나 약초를 이용한 요리법이나 입욕법 등으로 구성되어 있다.

바트 뵈리스호펜에는 23곳의 크나이프 요법 치료시설, 170여 개의 호텔과 펜션이 있으며 객실 수는 6천 개가 넘는다. 이들 호텔 대부분이 크나이프 치유시설과 자연요법 치유사를 확보해 아침식사 전 크나이프 치유프로그램을 투숙객들에게 제공하고 있다. 크나이프 학교에서는 약 300여 명의 학생들이 자연요법 치유사가 되고자 공부하고 있다. 독일 전역에 크나이프 요법을 활용한 요양지가 64개 있고, 100년 이상의 역사를 가진 국제 크나이프 의사연맹이라는 조직이 있을 정도로 유명하다.

출처: https://www.therme-badwoerishofen.de

바트 뵈리스호프 헬스리조트 전경

쿠어 파크에는 숲과 연못, 장미공원, 허브공원과 같은 치유정원이 있고, 피톤치드를 마시며 예술품을 감상할 수 있어 심신의 안정을 찾을 수 있다. 치유정원과 산림에는 크나이프 의사연맹과 산림 전문가가 공동 설계한 산책코스가 있는데, 질병의 종류나 대상에 맞게 거리나 경사에 따른 난이도와 내용을 선택하여 활용하도록 운영되고 있다. 도심 내에 위치한 8.4km의 크나이프 숲길은 도보, 휠체어, 자전거로 산책하도록 만들어서 관광객들이 이용하고 있다. 2008년에 설치된 천연소금 치유시설은 천연 염분의 물과 방향유를 혼합한 기체를 배출해 만성 천식, 구강염과 심혈관질환의 증상을 완화하는 효과를 보여주고 있다.

독일은 질병치유를 위해 숲을 활용하는 데 있어 세 가지 요소를 갖추고 있다. 우선 의학분야의 전문가들이 개발한 다양한 코스의 숲길을 이용하는 프로그램을 만들었다. 산림의 건강치유 효과에 대한 경험적 지식에서 더 나아가 의학적으로 규명하고 활용하였다는 점이다. 4년에 한 번씩 의사 처방에 의해 휴식이나 요양을 할 경우 건강보험 혜택을 받을 수 있다. 두 번째는 산림이 위치한 마을을 중심으로 치유프로그램을 운영하며 일정한 교육과정을 이수한 전문인력을 갖추고 있다. 마지막으로는 방문객들이 오랜 기간 머물 수 있게 주변의 산촌마을에 숙박과 음식점 등의 인프라를 갖췄다는 점이다.

이러한 인프라뿐만 아니라 다양한 문화프로그램도 방문객들의 장기체류를 가능하게 만든다. 쿠어 하우스에서는 여러 가지 문화예술 공연도 제공하는데 1일 평균 7회, 연간 2천500회의 공연이 펼쳐진다. 120년 역사의 쿠어 극장

출처: 산림청 공식블로그(http://blog.daum.net/kfs4079/17205551)

뵈리스호펜 마을 치유정원 내 물 치유시설

에서는 매일 오전과 오후 음악회가 개최되고, 연간 600회 정도의 오케스트라 공연이 펼쳐진다. 또한 도심 중심가인 크나이프 거리에는 각종 예술작품 전시회가 다양하게 마련돼 있다.

도시의 치유시설은 상당부분 정부 소유지만 주민들 또한 주식공모를 통해 주주로 참여하고 있어 치유산업에서 발생하는 이익이 곧 주민들의 수입과 직결된다. 치유시설과 숙박시설에 근무하는 주민은 4천여 명에 달하고, 연관산업에 종사하는 인원까지 포함하면 주민 수입의 전부가 치유산업에서 나온다고 할 수 있다. 주민들로부터 징수하는 휴양세는 연간 250만 유로(약 39억 원)에 달하는데 이 세금은 치유시설을 확충하거나 관리하는 데 사용한다.[8]

한 해 100만 명이 넘는 사람들이 치료와 요양을 목적으로 이곳을 방문하는데 주로 은퇴 이후의 연령대이다. 과거에는 독일인이 방문자의 80%가량을 차지했지만, 현재는 유럽 전역에서 치유 목적으로 이 도시를 방문한다. 숙박 방문객은 11만 명 이상으로 일인당 하루 평균 약 150유로(약 23만 원)를 지출한다. 숲을 매개로 하여 치유 목적으로 방문하는 대표적인 도시가 된 것이다. 특히 강조할 점은 치유산업에 종사하는 주민들이 도시 인구의 일부가 아니라 거의 전부라는 것이고, 주민 소득도 여기에서 나온다. 도시를 브랜딩하는 데 있어 필요충분조건인 지역 DNA(숲)와 주민의 소득창출을 갖춘 사례이다.

---

8 황정국(2011). '숲의 치유력' 활용한 뵈리스호펜시의 가능성. 교수신문(10월 4일).

벨기에 Mid-West Flanders: 음식과 자전거 트레일

미드웨스트플랜더스(Mid-West Flanders)는 벨기에의 북서쪽 Flemish 지역에 있으며, 관광지로 유명한 북해를 접하고 있다. 유럽 채소 가공산업의 40%를 차지하고, 농식품 산업의 규모가 65억 유로 정도여서 이 지역에서 많은 고용을 창출한다. 농식품 산업이 매우 발달되어 '유럽의 가든'으로 알려져 있다.[9] 이런 명성에 맞게 식품산업은 거대하고 음식에 대한 주민들의 사랑도 큰 편이다. 2007년부터 농식품에 기반한 정체성을 발굴하여 식품산업지역으로 브랜딩하고 있는데, 2012년에 농식품을 소개하는 플랜더 식품관을 세워서 브랜딩 계획을 구체화시켰다.

정통성 있고 차별성 있는 로컬 장소감을 경험하고 싶다는 고객들의 요구에 따라 이 식품관은 지역의 이해관계자들과 긴밀히 협조하여 로컬 음식과 식재료 등 주요 매력을 지닌 자전거 트레일을 개발하였다. 이 트레일은 지역의 이해관계자, 농부, 식품 생산업자, 기관, 사람들을 연결시키는 역할을 한다. 겉만 훑고 지나가는 것이 아니라 지역의 전통적인 관광경험을 가능하게 만들어 지역과 고객 사이에 강한 유대감을 구축하였다. 사이클링은 이 지역주민들이 가장 좋아하는 여가활동인데, 평평한 지대여서 타기도 쉽다. 자전거를 렌트할 수 있으며, 가이드를 고용할 수 있다. 자전거 여행에 음식을 더하여 사람들의 눈길도 사로잡는다.

총 길이 18km의 자전거 루트인 스뫼펠터(Smoefeltoer)에는 음식점, 만만치 않은 루트로, 지역정보 안내소 등이 있다. 자전거 여행은 Flanders에 있는 최

---

9 Smessaert & Verhooghe(2017). Smoefeltoer. A bike-and-dine tour for foodies. In destination branding. A compilation of success case(Real J. ed.). IBRAVE, EU.

첨단 요리강습소에서 끝나는데, 그곳에서 직접 요리를 할 수 있고 단품이나 3가지 코스 요리도 주문할 수 있다. 요리사의 라이브 쿠킹도 볼 수 있다. 이런 워크숍은 방문객들에게 식재료 원산지와 향토음식에 대한 인지도를 높이고, 로컬 음식을 맛볼 수 있게 해준다.

자전거 루트를 통하여 지역의 음식산업을 브랜딩하는 전략으로 여러 가지 효과를 기대하고 있다. 그중에서 로컬식품이 로컬의 정체성과 정통성을 보여주기 때문에 관광객들에게는 매력자원으로 인식된다. 자전거 여행객들은 제철 음식과 식재료에 대한 지식을 얻으며, 지역 농부와 신뢰관계를 가져오는 효과를 얻고 있다.

출처: Smessaert & Verhooghe

Mid-West Flanders의 자전거 여행 사례는 음식, 건강, 관광을 연계함으로써 책임관광이 어떻게 로컬 브랜딩을 떠받치고 지역 이미지를 고양시키는지를 보여준다. 이 사례는 건강한 라이프 스타일에 바탕을 둔 즐기는 관광이라는 친숙한 모드를 보여주고, 커뮤니티에 대하여 지역주민들의 느낌을 중심으로 한 브랜딩 전략을 개발하고 있음을 보여준다.

미국 및 캐나다 사례

미국 노스캐롤라이나 대학교의 농촌경제개발센터 보고서[10]는 소규모 타운의 혁신적이고 성공적인 경제발전 사례를 소개하고 있다. 사례 지역은 인구 175명의 작은 마을에서부터 15,000명에 이르는 도시를 포함시켰다. 실행된 경제개발 전략에는 산업개발, 관광, 다운타운 개발, 기업가정신 및 예술과 클러스터 기반 개발 등을 포함한다. 사례에는 경제개발에 필요한 지역역량 강화를 위한 혁신조직구조, 파트너십, 리더십개발, 재무 등 다양한 전략도 설명하고 있다. 더군다나 농촌지역의 소규모 도시나 타운 사례여서 국내 지방 중소도시나 마을차원에서 참고할 만하다.

네브래스카주 Ord: 오지마을의 전략

오드(Ord)는 네브래스카주의 중앙에 위치하고 있으며, 인구 2,000여 명 중에서 Ord는 흑인을 포함한 소수민족이 2%밖에 안 되는 전형적인 중서부의 농촌 타운이다. 주도인 링컨(Lincoln)과는 260km 떨어져 있고, 인터스테이트 고속도로와는 110km 거리로 접근성이 양호하지 못한 교통의 오지이다.

---

10 Lambe(2008). Small towns big ideas: Case studies in small town community economic development. School of Government, University of North Carolina at Chapel Hill.

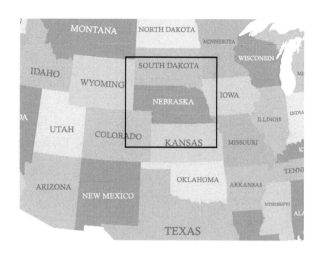

　이곳은 4개의 지역 은행, 2개의 식료품점, 병원, 요양원, 여러 명의 치과 의사와 한 명의 척추교정 전문가가 있다. 다운타운 광장은 20세기풍의 법원을 둘러싸고 있고, 상점과 레스토랑, 사무실, 극장 등이 있다. 9홀 골프장과 저수지 주위에 자전거 길을 만들었으며, 풍부한 공원과 녹지, 훌륭한 학교들이 있다. 1874년에 Missouri River 철도회사가 땅을 매입하여 Ord 타운을 세웠을 정도로 철로와 깊은 역사가 있다. Ord는 농산물 판매시장으로 번창하였고 상업의 중심지 역할을 하였다.

　1950~2000년 사이에 인구가 35% 감소하였는데 대부분이 15~25세였고, 2000년에는 Ord에서도 지난 10년에 걸쳐 인구가 10% 감소하였다는 사실을 인지하고 있었다. 감소한 인구 때문에 커뮤니티가 노화되고 활력을 잃는 것이 문제였고, 재정적으로도 심각한 상황이 생겨났다. 주 정부로부터 받는 학생 지원금이 대폭 줄어들어 학교시스템에도 문제가 발생하였다. 2000년에 Ord가 안고 있던 도전은 인구 수를 안정시키는 것이었다.

　이때 스토웰(Stowell) 등 지역 리더들은 이 상황을 역전시키기 위하여 무엇인가를 해야겠다는 결심을 하게 되었다. 2000~2006년 사이에 Ord는 청년지원, 창업가 정신, 리더십 개발, 그리고 자선활동 등 4개 분야에서 종합적인 재생 프로그램을 설정하여 각 분야는 서로 연결되어 조화를 이루게 하였다. 4개 중추분야는 산업 유치 및 확장 등 전통적인 경제개발 활동을 위한 토대가 되었다. Ord 상공회의소와 Valley County 경제개발위원회가 개발의 핵심동력이다. 다운타운 도로와 보도, 빌딩 전면을 재생하는 프로젝트도 수행하였다.

2001년 초에 Ord는 상황을 역전시키기 위하여 두 개의 방안을 마련하였다. 첫째는 Ord, Valley county, 그리고 상공회의소가 3년간 비용과 수익을 함께 나누기로 계약하고, 일 년에 15,000달러를 투입하기로 의견을 모았다. 두 번째 방안은 경제개발을 위하여 주민들이 1센트의 옵션 판매세[11]를 내기로 합의하여 사업자금 대출과 보조금 매칭 펀드로 사용하였다.

지역 리더들은 창업가 정신과 경제개발에 관한 교육과정과 프로그램을 만들었고, 9개월 과정의 리더십 개발 프로그램에 18세부터 72세까지 참여시켰다. 농부로부터 토지를 기증받아 커뮤니티 기금을 마련하고, 이자는 경제개발 프로젝트의 재정을 지원하는 데 사용하였다. 옵션 판매세에서 얻은 수입은 경제개발사무소를 개설하여 지역을 마케팅하고 중소규모 비즈니스와 기업가와 함께 산업을 유치하는 데 사용하였다.

앞에서 기술한 4개의 주요 분야 중 첫 번째가 청년 지원인데, 이것은 어느 커뮤니티든지 장기적으로 경제 활성화의 뿌리 역할을 한다. 고등학교에서는 개인 재정, 상법, 창업가 정신 과목을 가르치고, 창업가 정신 과목에서는 학생들이 직접 비즈니스 플랜을 짜고 시장분석도 하였다. 이처럼 창업가 정신과 기회분석 훈련은 지역의 차세대 리더들을 위한 든든한 기반이 되었다.

두 번째 리더십 탐구는 경제개발 전략의 리더십 개발 중 하나로 9개월 과

---

11 거래가 일어날 때마다 납부를 선택적으로 하는 것

정으로 개인 간 갈등관리 기술을 발전시키는 데 도움을 주었다. 정책 입안, 비즈니스, 그리고 공공 서비스를 주제로 참가자들은 10대부터 은퇴자까지 광범위하고, 특징적인 개성과 업무의 차이점을 찾아내는 데 주안점을 두었다.

세 번째 경제개발 전략분야는 기부에 대한 것인데, 가능한 많은 주민을 참여시키기 위하여 커뮤니티 기금과 기부자 클럽을 만들었다. 애초에 주민으로부터 기부받은 120만 달러가 기금조성의 계기가 되었고, 여기에서 발생된 이자는 커뮤니티나 경제개발 프로젝트에 사용되고 있다. 기금 수익으로는 젊은 전문가들을 Ord로 끌어들이는 인센티브로 그들의 이주를 돕는 비용으로 사용하였다. 기부자 클럽은 최소 1,000달러 기부가 원칙이었지만, 목표 인원을 훨씬 초과할 정도로 호응이 좋았다.

네 번째로 상공회의소에서는 건물 임대인, 회계사, 변호사들로 구성된 커뮤니티 대책팀을 꾸려서 이들이 소상공인과 창업가들에게 한 시간의 무료서비스를 하도록 하였다. 청년지도자 프로그램은 타운의 고등학교를 졸업하고 대학에 재학 중인 학생들을 대상으로 일자리, 창업 기회, 그리고 다양한 커뮤니티 발전에 대한 정보를 꾸준히 제공하였다. Ord는 마케팅, 소상공 비즈니스 지원, 비즈니스 유치에서 매우 적극적이어서 타운의 통합 에너지와 풍부한 물 공급은 에탄올 공장 부지를 물색하던 회사를 끌어오는 데 성공하였다. 상공회의소, 시 & 카운티의 경제개발팀 멤버들은 비즈니스를 유치하기 위하여 지역 판매세로 창출된 자금으로 인센티브 패키지를 제공하였다.

이런 경제개발 전략으로 인하여 2000년부터 2004년까지 Valley County에서 판매가 20% 증가했고, 개인소득도 21% 증가했다. 또한 Ord 커뮤니티 재단은 지역주민들로부터 700만 달러 상당의 기부를 받았고, 공공서비스에 주민들의 자원봉사도 늘어나는 효과를 거두었다.

전략의 성공방법과 이유

네브래스카주의 시골마을에서 어떻게 굉장한 성공을 거둘 수 있었을까? 그 이유는 지역 리더들이 전반적인 경제발전 전략에 대하여 주민뿐만 아니라 상공회의소 같은 단체와 컨센서스를 이끌어내었고, 지속가능한 재무구조를 만들어 지역 옵션 판매세에서 얻은 이익의 일부를 경제전략을 운영하는 전문가에게 지원하였다. Ord는 타운 개발의 힘든 일을 함께할 파트너십을 구축하고 유지하기 위해 일관되게 노력하였다.

경제개발 전략에서 주민들의 의견을 수렴하기 위하여 전문가와 자원봉사자들이 커뮤니티 구성원을 만나서 반대의견을 청취하고, 논의의 장으로 끌어오는 중요성을 과소평가할 수 없다. 옵션 판매세를 논의할 때는 의도적으로 다양한 조언을 듣고, 외부기관을 논의 테이블로 초청하였다. 이런 개방성과 포괄성은 조직적인 반대를 예방하는 효과를 낳았고, 일대일 대화를 통한 컨센서스를 구축하는 과정은 개발전략의 초석이 되었다.

정부 지원금은 지속적인 것이 아니라서 개발에 필요한 장기적인 자금마련이 필요하여 맨 처음 한 것이 커뮤니티의 자금을 마련한 것이었다. 기금의 이자수익과 주민들의 기부금을 신탁하는 제도를 만들어 이자는 커뮤니티와 경제개발에 사용하였다. 경제개발을 지원하기 위해 마련된 1%의 옵션 판매세는 세금을 많이 걷는다는 불만도 있지만, 이런 공공재정 방식이 유일한 대안이라고 반대파를 설득하였다.

경제개발을 위해서는 전문가가 필요하다는 인식 아래 밸리 카운티 경제개발위원회와 상공회의소는 비용을 분담하여 프로젝트를 리드해 갈 전문가를 채용하였다. 전문가의 채용은 지역 기업인들과 공무원들을 경제개발 노력에 꾸준히 참여시키는 데 결정적이었다.

Ord, 밸리 카운티, 상공회의소, 밸리 카운티경제개발위원회의 공동노력의지는 Ord 성공의 핵심요소였다. 또 하나 중요한 것은 각 기관의 책임과 지불금을 분명하게 할 공식적인 상호협정을 체결하는 것이었다. 즉, 파트너의 행정조직이나 행정구역에 투자하는 것이 각각의 기관에 혜택을 줄 것이라 믿고 있다. Ord의 옵션 판매세로 얻은 이익금을 밸리 카운티의 어디 곳이든 사용할 수 있게 하였고, Ord 행정구역 안에서 거둔 세금을 그 외 지역에서도 사용되도록 하였다. 경제개발을 위한 협동적인 접근방식은 Ord 성공의 주요 요인이었다.

Ord는 지역민들에게 정보를 상당히 많이 제공했는데, 경제개발 직원들은 뉴스레터나 지역신문 기고에 많은 시간을 쓰고, 가능한 한 많은 지역민들에게 이메일을 보내고 지역 라디오 방송에도 정기적으로 출연하였다. 주민뿐만 아니라 출향인사에게도 적극적으로 홍보하여 경제개발 조직에 대한 루머와 비난을 상쇄시켰다. 비록 시간과 노력이 더 들더라도 가능한 한 많은 지역민을 설득하여 개발 노력에 기꺼이 동참하도록 설득한 것도 성공요인이라 할 수 있다.

2005년에는 네브래스카의 모범지역 대표로서 인정받았고, 뉴욕타임스와 켈로그 재단의 보고서에도 성공사례로 소개되었다. 특히 지역 리더십, 적극적인 비즈니스업계, 그리고 개발목표를 달성하기 위한 가용자원의 활용능력 등이 인상적이었다고 전해진다.

Ord 사례는 경제개발을 위한 일관성 있는 비전과 전략이 어떻게 일자리를 창출했는지를 보여준다. 이러한 커뮤니티의 단합된 노력이 시골의 작은 도시를 전국적으로 유명하게 만든 것이다.

North Carolina 동부 내륙에 위치한 스코틀랜드 넥(Scotland Neck)은 인구 2,400명(2000년) 정도로 흑인이 70%를 점하며, 빈곤율이 32%, 일인당 소득 13,000달러, 중위가구 소득 21,000달러로 시대에 뒤처진 가난한 커뮤니티이다. 수십 년간의 경제적 어려움 끝에 Scotland Neck은 장기적인 경제개발을 위하여 자신의 자원, 기술, 인재를 찾기로 하였다. 자신이 가지고 있는 것으로 무엇을 만들어내자는 취지로 자연자원을 이용하여 관광객을 유치하고 소상인을 지원하며, 지역 기술과 상응하는 노동력을 구하는 고용주를 물색하는 것이다.

이곳은 신호등조차 없는 동네이고, 메인 스트리트 중앙에서 주차할 수 있는 노스캐롤라이나주의 유일한 곳이기도 하다. 1867년에 타운이 형성되었고 초기에는 농업과 양말과 내의를 생산하는 게 대표적인 경제활동이었다. 현재 Scotland Neck은 유서 깊은 메인 스트리트의 본산인데, 2개의 식료품점, 10여 개의 레스토랑, 호텔, 도서관, 노인병원이 있다. 1980년대 초에 경제사정이 안 좋아서 병원은 문을 닫았지만, 주민들이 기금을 마련하여 새로운 병원을 짓는 데 기부하였다. 이 자금은 다른 자선단체와 공공기관에서 대응자금을 끌어오는 지렛대 역할을 하면서 오늘날 이 시설은 농촌헬스케어의 모델이 되었다.

로버트 파틴(Robert Partin)이라는 전직 교사이면서 풋볼 코치가 1998년 시장에 취임하면서, 흑백으로 갈라진 사회를 통합하고 지역사회에 희망을 심어줄 수 있는 프로젝트를 원하였다. 누구도 이에 반대할 사람이 없을 거라는 생각에서 그는 1974년에 세워진 낡은 도서관을 수리하는 프로젝트를 시작하였다. 지역 건축가가 설계하고 그 계획을 주민들과 공유하여 사업에 대한 주민들의 열망을 증대시켜 4년간 60만 달러의 기부금을 모았고, 2002년에 최신식 시설을 갖춘 도서관으로 변모시켰다. 1990년대 말 시장이 바뀌는 시점에는 지역의 고무공장이 문을 닫아 갑자기 250개의 일자리가 사라지자 경제적 몰락이 시작된다는 느낌을 주민들이 갖게 되었다.

지역기반의 경제개발 전략은 DOOR(Developing Our Own Resources)라고 불렸다. 여기에는 관광객 유치, 소상공인 지원, 산업 유치 등 3개의 주요 접근방식이 있다. 2002년에 시작된 DOOR의 일차적 목표는 지속가능한 경제개발과 타운이 지닌 자산과 자원에 일치하는 다양한 활동을 촉진시키는 것이었다. DOOR은 지역에서 뽑힌 공무원과 타운 직원, 그리고 타운의 번영을 바라는 핵심 자원봉사자들에 의하여 고안되어 주도되었다. 해고와 경제적 불황에 맞서면서 Scotland Neck은 그들의 풍부한 자연자원을 평가하고, 낚시, 사냥 등의 아웃도어 레크리에이션 산업을 지원하여 경제를 일으키려는 결정을 하였다.

첫 번째 조치는 낚시와 사냥 가이드 서비스의 성장과 확대를 방해하는 장애물을 제거하는 일이었다. 농장으로 둘러싸인 타운은 Roanoke강이 북쪽으로 흐르는데 이곳으로 사냥, 낚시, 관조(bird-watch) 등의 아웃도어 레크리에이션을 즐기려는 사람들이 몰려온다. 아웃도어 매력자원이 많은 것 외에도 Sylvan 고원지대는 멸종위기 물새의 서식지이며, 세계에서 가장 큰 물새들의 전시장이기도 하다.

Roanoke강의 접근성을 좋게 하기 위하여 노스캐롤라이나 야생자원위원회와 협력하여 보트 계류장을 개선하기로 하였다. 지역 사냥 가이드의 요청을 받아들여 타운을 '아웃도어 파라다이스'로 브랜딩하여 가이드 서비스 마케팅을 지원하였다. 지속적으로 브로슈어를 배포하고 웹사이트에서 가이드와 사냥 방문객을 연결시켜 가까운 사냥터에서 사냥을 즐기도록 하였다. 타운은 지역의 잡지와 TV에서 광고를 내보냈고, 디어 헌팅(deer hunting) 콘테스트를 개최하고, 매년 1월에는 헌터를 위한 감사 디너와 연회를 베풀었다. 이러한 활동들은 방문객을 더 많이 유치하기 위한 가이드 서비스 능력을 향상시키는 데 목적이 있다.

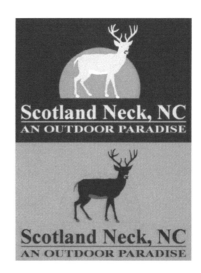

두 번째 조치는 타운을 둘러싼 평평한 시골길의 숨은 가치를 인식하여 자전거 관광을 촉진시키고자 시골길 바이크 투어를 시작하였다. 매년 Crepe Myrtle Festival, Classic Car Show, 크리스마스 대회도 개최한다. 커뮤니티의 응집력을 구축하는 효과 외에도 이런 이벤트는 수백 명의 방문객이 음식, 쇼핑, 숙박, 엔터테인먼트 등에 돈을 쓰게 만들었다. Scotland Neck의 관광전략은 Sylvan Heights 물새 공원과 물새 희귀종을 번식시키고 보존하는 에코센터의 홍보에 주력하였다. 이곳에 마케팅 지원과 보조금 신청 작성을 도와주기도 하고, 전기를 무상으로 공급한다. 노스캐롤라이나 동물원협회와 교육센터를 짓기 위한 파트너십을 맺었다. 이 교육센터에는 수천 명의 방문객이 찾아와 돈을 쓰면서 지역경제에 활력을 불어넣고 있다.

다운타운 상인들을 돕기 위하여 주민들이 전기세를 반올림하여 달러로 지불하게 하는 옵션을 두었다(만약 전기세가 $30.45이면 $31를 지불). 이런 노력으로 얻은 수익으로 기부금을 조성하여 다운타운 상인들이 건물 전면을 수리하는 데 지원하였다. 이런 소수점 올리기(Round Up program) 방식으로 주민 누구나가 기부할 기회를 만들어주었다. "다운타운을 예쁘게 꾸미는 것을 원한다면 여기에 기회가 있습니다."라고 설명한다.

세 번째 전략의 축은 산업 고용주를 커뮤니티로 유치하는 것으로 특히 타운 노동력의 기술과 능력에 상응하는 고용기회를 제공하는 기업에 맞춰져 있다. 이 노력은 관광과 소상공인 지원과는 다르게 주로 공무원, 타운 스태프, 시장이 주도하였다. 특히 동부 해안지역의 전략적 위치와 그곳 주민들의 삶의 질 요인을 고려하여 기업을 유치하는 것이다. 시장과 공무원들은 비즈니스 유치를 위하여 노스캐롤라이나주의 자원을 알아보기 위해서 열심히 일했지만, 공식적인 인센티브 프로그램을 제시하지는 않았다.

고무제조 공장이 문을 닫으면서 건물을 타운에 기부하였는데, 대여섯 개의 회사가 입주를 희망하였으나 Scotland Neck에 맞지 않는 산업은 거절하였다. AirBoss라는 고무 제조기업이 입주를 희망하였고, 전에 있던 고무공장 노동력의 기술과 같으므로 가능성은 더 커졌다. AirBoss CEO에게 도서관 투어를 해주었는데, 그 CEO는 이 타운처럼 자체적으로 투자하는 타운을 바로 자신이 찾는 곳이라고 했다. 그 회사는 2005년 초에 입주하였고, 타운은 고무공장 인근 토지를 매입해서 고무합성 비즈니스에서 영향력 있는 공급자들을 유치하고자 하였다.

이 같은 노력의 결과로 2005년대 여섯 개의 스몰 비즈니스가 시내 중심가에 오픈하였고, 식당과 낚시가게는 아웃도어를 즐기는 사람들로 큰 수혜를 보았다. 2004년부터 2005년 사이에 지역 사냥 가이드 수입이 50% 증가되었고, 베스트 웨스턴 호텔은 120만 달러를 투자하여 6개의 일자리를 만들었다.

전략의 실행과 성공요인

장소에 기반한 경제개발 방식으로 성공한 이유를 몇 가지 열거하면 다음과 같다. 첫째, 강력한 시장 리더십이 있었다는 것이다. 노스캐롤라이나 도시협회 회장을 지낸 Partin 시장은 노스캐롤라이나주 정치인들과 커넥션이 있어서 커뮤니티를 잘 이끌어 나갈 수 있었다. 그는 백인과 흑인 사회에서 두루 존경받고 있어서 그의 리더십은 커뮤니티를 위해 좋은 일을 할 때 주민들이 참여하여 도움을 주도록 동기를 부여했다.

둘째는 스몰 타운에서 삶의 질을 향상시키는 요인을 자극하고 외부 자원을 얻으려고 적극적으로 노력했다는 것이다. 2005년에는 마케팅 디렉터를 고용하여 타운의 브랜딩 노력을 관리하도록 하였다. 끊임없는 홍보가 중요하여 95번 인터스테이트 고속도로에 아웃도어 활동을 알리는 빌보드 광고를 설치하였다. 이벤트와 축하행사는 Scotland Neck에 살거나 방문할 때 누리는 혜택을 홍보하는 채널이 되었고, 이 같은 노력으로 사냥 가이드 수입이 증가하였다.

그리고 이 타운의 적극적인 노력으로 재단, 비영리 기관, 기업 기부, 공공 기관의 관심을 끌어서 지원을 이끌어냈다. 예를 들어, Sylvan Heights의 관광객 유치 잠재력을 인식하고서 이곳 센터의 확장에 필요한 자금을 조달하기 위하여 의원들에게 편지를 쓰거나, 기업 CEO의 시설 탐방을 주선하고, Sylvan Heights와 잠재 파트너 간의 미팅을 주선하였다. 관광객을 유치하는 것 외에도 다양한 펀딩 기관으로부터 거액을 유치하기 위한 노력을 하였다.

마지막으로 이 타운이 1990년대에 어려움에 처했을 때 지역 자부심과 낙관주의가 절망의 분위기를 극복했다는 점이다. FulFlex 고무회사가 타운을 떠나서 250명이 실직했을 때 새로운 리더들이 나타나 지역자산을 재평가하고 경제적 이득을 얻기 위하여 이를 활용할 혁신적인 방법을 찾아냄으로써 고비를 넘길 수 있었다. 오히려 이런 어려움이 타운으로 하여금 오래된 문제에 대하여 새로운 아이디어와 시각을 내부에서 찾게 만드는 기회를 제공한 것이다.

테네시 Etowah: 시골도시의 철도여행

인구 3,500명의 테네시주 에토와(Etowah)의 일인당 소득 15,300달러, 중위 가구소득 30,250달러, 빈곤율은 16%, 흑인을 비롯한 소수인종이 7%이다. 1908년에 Etowah는 L&N철도회사의 애틀랜타 지역 본부가 되었고, 고임금의 철도직업을 찾아 수백 명의 사람들이 몰려들었다. 철도회사가 흥하면 타운도 흥하고, 망하면 함께 망한다는 역사가 있다. 1970년대 말에 애틀랜타와 녹스빌을 잇는 75번 인터스테이트 고속도로 타운의 동쪽에 건설되었을 때 철도산업은 종말을 고하였고, 타운을 관통하는 교통도 줄었으며 제조업 고용도 축소되었다.

1980년대 Etowah는 바닥은 아니지만 심각한 경제난을 겪었다. 여기저기 공장 폐쇄를 받아들이고 불가피하게 상점 철수도 받아들여야 하는 상황이었다. 타운의 현재 자원을 살펴보고 새롭고 장기적인 지속가능한 개발전략을 세워야 했다. 리더들은 무슨 결정이라도 해야 했는데 후자를 선택하였고 오늘날, Etowah는 3개 분야(문화유산관광, 다운타운 개발, 산업 유치 및 확장)를 중심으로 경제 번영을 누리고 있다.

시가 소유한 철도 창고는 1981년에 다시 문을 열었고, 오늘날에는 테네시 유산협회(TOHA: Tennessee Overhill Heritage Association), 상공회의소, 박물관 공간으로 사용되고 있다. 이들이 Etowah 개발에서 차지하는 중요성을 인정하여 렌트와 전기 수도 등 공공요금을 무료로 제공하고 있다. 매년 여름 수천 명의 열차여행이 이 역에서 시작된다. 이 시골도시는 애팔래치아 고원지대의 기슭에 자리 잡고 있으며, 수백 개의 하이킹 트레일과 4개의 큰 강이 타운을 에워싸고 있다.

아웃도어 레크리에이션 애호가, 쇼핑, 외식의 목적지이기도 하지만, Etowah는 상당한 산업 기반의 본산지이기도 하다. 그러나 10년 전만 해도 섬유산업의 마지막 자취도 문을 닫았고, 실업률이 20%에 달했으며, 메인 스트리트 상점은 텅텅 비었다. 그러나 1970년대에 커뮤니티는 뭉쳤고, 이런 상태가 지속되는 것을 거부했다.

Etowah의 경제개발 전략은 현존하는 자산에 기반하였다. 관광객을 유치하기 위한 문화유산 자산을 활용하며, 지역주민뿐만 아니라 방문객을 위해서 다운타운 거리에 상점과 서비스 어메니티를 만들었다. 타운의 삶의 질 요인과 현재의 산업을 지렛대로 하여 타운의 산업베이스를 확충하는 것이다. 버려졌던 철로가 국립공원까지 연결되어 있어 관광자원으로 활용할 수 있는 자산이었다. 2001년에 기업 소유의 철로를 사들이기 위하여 커뮤니티는 160만 달러를 모았고, Etowah시는 Tennessee Valley Authority(TVA)와 협력하여 철로를 복구하였다. 이 철로가 Etowah의 관광 자산이 된 것이다. TOHA는 시와 손잡고 철도여행을 시작하고자 국가역사보존기금으로부터 보조금을 얻었다.

Etowah 경제개발의 두 번째 축은 관광객과 주민들을 다운타운으로 오게 만들기 위해서 각종 서비스와 편의시설을 건설하는 것이다. 1990년 말의 경제 쇼크로 인한 고립상태 속에서 골동품과 잡화 등 중고품 시장이 다운타운 상점을 채웠고 2시간 거리에서도 쇼핑객이 찾아왔다. 그러나 주요 과제는 마케팅과 광고 역량의 부족이었다. 이런 문제에 대응하고자 상공회의소는 다운타운 상인들과 함께 철도여행객을 활용하는 노력을 하였다.

미국에서 가장 풍경이 좋은 철도여행 중의 하나라는 이 투어는 타운에서 출발하여 체로키(Cherokee)국립공원까지 연결되었다. 철도여행은 Etowah 관광산업의 앵커 역할을 했다. 레스토랑과 상점들은 예상되는 관광객 유입량에 따라 영업시간과 직원 수를 조정하였고, 상공회의소는 쇼핑과 레스토랑 안내

책자를 발행하여 관광열차 모든 좌석에 자원봉사자들이 이 안내서를 비치하였다. 시와 헤리티지 그룹이 운영한 기차여행은 시에 수익을 안겨주는 엔진 역할을 했으며, 타운으로 사람들을 끌어오고 다운타운 비즈니스도 활기를 찾았다.

마지막 경제개발 전략 축은 산업개발이다. 타운 매니저가 상공회의소 임원과 McMinn 카운티 경제개발위원회와 긴밀하게 협력하여 산업 유치와 확장 활동을 조율하였다. 타운 리더들은 철로 인프라가 관광뿐만 아니라 산업 확충을 위해서도 가치 있는 자산이라는 것을 깨달았다. 주민들을 위한 지속가능한 최저생활 임금을 주는 일자리를 만들고자 산업단지를 구입하고 개발하는 계획을 수립하였다. 산업단지의 사이트 개발과 철도 인프라는 세금 감면 프로그램과 함께 기업들이 투자하기에 충분한 조건이었다. 스몰 타운은 사실이 아닌 것을 가지고 있는 척할 수 없기 때문에 대외관계와 정직이 성공의 결정적인 요인이었다.

발전전략의 실행 결과, 섬유회사, 주물공장 등이 들어서고 생산라인을 추가하고 사업을 확충하여 일자리도 창출되었다. 초기에 들어온 회사가 공급사슬에 있는 파트너 회사를 유치하기도 하였다. 1997년 이후 1개의 모텔에서 시작하여 9개의 B&B, 방갈로, 여름 별장, 휴게소, 65개 객실의 호텔이 생겼다.

지역 와이너리 비즈니스가 30% 증가하고, 레스토랑은 기차 관광객으로 만원이었다. 무엇보다도 자원봉사 정신과 커뮤니티 자긍심이 증가한 것이 큰 소득이었다. 오늘날 Etowah는 주요 기업들의 거점이 되었다.

전략의 실행과 성공요인

중소도시의 경제개발에서 지역자산에 기반한 접근방식을 가지고 성공했다는 데에는 의문이 따른다. 어떻게 그리고 왜 이 작은 시골마을이 지리적인 고립을 극복할 수 있었는가?

첫 번째는 Etowah의 경제가 순환되는 역사를 가지고 있는 조건에서 어떻게 재창조하고 시대에 맞게 변화할 것인지를 배웠다. 1906년에 아무도 없는 땅에 계획적으로 세워진 커뮤니티라는 특징 때문에 지역주민들은 모든 것을 당연시하는 사고방식에서 벗어났다. 철도산업이 비틀거릴 때는 섬유제조업에서 일자리를 만들었고, 섬유업이 뒷걸음칠 때는 역사와 자연자원을 가지고 발전의 새로운 모델을 찾았다.

두 번째, 이곳 주민들은 시민적, 사회적, 그리고 경제적 기준에서 높은 기대를 가지는 경향이 있다. 주민들은 경제가 어려웠던 1970년대에 예술협회를 결성하여 타운의 역사적인 뿌리에 대한 연구를 대규모로 시작하였다. 경제적 소용돌이 앞에서도 사회적인 시민의 역할을 저버리지 않았다. 다른 타운들은 규모가 작다는 점을 인정하지만, Etowah는 자기보다 훨씬 큰 카운티와 50:50으로 항상 동등하게 싸워왔다는 자부심이 있다.

다운타운 상인들은 쇼핑객 유치를 위하여 상품을 다양화했고, 산업개발은 선제적이고 잘 조율된 방식으로 실행되었다. 상점들은 월마트가 취급하지 않는 상품을 판매하는 틈새시장을 공략하였다. 상공회의소는 생존 가능한 상품 종목을 발굴하기 위해 상인들과 함께 협력해 왔다. 애틀랜타와 시카고 중간에 위치해 있고, 철도 인프라를 갖추어서 산업개발에 적지였기 때문에, Etowah 는 하나의 산업만을 허용하지 않고 다양한 산업개발에 노력하였다. 토지를 매입하고 인프라를 건설하여 다른 산업들이 입주하도록 선제적인 자세로 접근했는데, 이것이 산업단지의 성공에서 핵심적인 요소라 할 수 있다.

마지막으로 젊은 리더들이 Etowah가 자산을 파악하고 장기발전의 비전을 만드는 데 협력하였다. 어떤 젊은 청년은 타운에 헌신하고자 가족이 운영하는 통조림 회사를 떠나 상공회의소의 중역으로 일하였다. 타운의 미래를 믿는 젊은 리더들은 Etowah가 가진 자산을 파악하고 그것을 레버리지로 활용할 수 있도록 도움을 주었다.

이번 사례는 다음과 같은 교훈을 남긴다. 첫째, 개발 전략은 스몰 타운의 자산을 정의하는 데 광범위하게 접근해야 한다는 것이다. 기차역, 다운타운의 역사적 건축물, 철도 인프라는 개발 자산이다. 현저하게 눈에 띄지는 않지만 인프라 못지않게 중요한 자산으로는 지역주민들의 적응능력과 근성, 타운 역사, 비영리기관, 근린공원, 혈기왕성한 리더와 같은 무형자산도 있다. 중소도시의 자산을 확인하는 과정에는 타운이 무엇을 제공할 것인지에 대해서 넓은 견해를 가져야 하고, 경제·사회·환경·시민적 이득을 위하여 이런 자산을 레버리지하기 위해서는 창조적인 방법을 취해야 한다는 점이다.

둘째, 선제적인 산업개발이 투자를 촉진시킬 수 있다는 점이다. Etowah에서와 같이 선제적인 산업개발은 광범위한 자산을 이용하여 추진되는 경제개발 전략의 부분이 될 수 있다. 깨끗한 산업환경을 제공하는 테크놀로지 기반의 산업들은 두뇌 유출을 피하고, 고임금을 지불하여 자식들이 고향을 떠나지 않고 남아 있을 이유가 되며 오히려 인재들을 타운으로 와서 살게 만든다.

셋째, 기업가처럼 생각하고 커뮤니티를 위해 위험을 무릅쓰는 지도자가 필요하다. 중소도시나 스몰 타운이 성공하려면 이를 악물고 견뎌내는 인물이 있어야 한다. 타운 매니저인 솔스비(Solsbee)는 전에 농부였고 공직에 나갈 생각을 해본 적이 없었지만, 고향이 죽어가는 것을 볼 수 없어 타운 매니저가 되었다. 그는 산업단지 조성은 올바른 조치였다고 확신하고, 만약 성과가 없으면 자신을 파면해 달라고 요청할 정도로 적극성을 보인 리더였다.

캐나다의 온타리오 Prince Edward County: 농촌과 문화예술의 조화

인구 24,740명 정도의 프린스 에드워드 카운티(Prince Edward County)는 토론토와 오타와 사이에 있는 온타리오 호수에 접해 있는 농촌지역이다. 겨울기후가 온화하고, 길게 늘어진 호안에서는 카누, 보트, 요트, 조류 관찰, 캠핑, 하이킹, 낚시 등 아웃도어 여가를 즐길 수 있다. 호변을 끼고 있는 샌드뱅크공원은 지역의 가장 큰 매력 중 하나이며, 많은 농장이 있는 풍경도 자랑할 만하다. 농업 관련 활동이 지역경제를 대표하지만, 농업섹터를 구조조정하자 실업률이 증가하고 젊은층의 일자리 기회가 적어져서 대도시로 이주하는 결과를 초래하였다.[12]

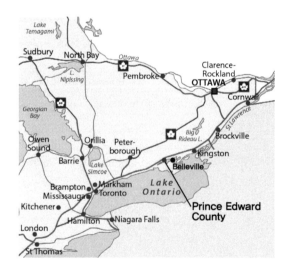

---

12 The Guardian(2016). Cool in Canada: Prince Edward County-Ontario's great escape(http://theguardian.com/travel/2016).

1800년대의 픽턴 타운홀, 크리스털 궁전, 감리교회 등 오래된 빌딩과 콜로니얼 스타일의 가옥들로 가득 찬 역사와 유산은 중요한 관광자원이다. Picton Gazette은 캐나다에서 가장 오래된 지역신문(1830)이고, 레전트 극장은 픽턴의 중심가에 있으며, 가장 크고 오래된 문화적인 상징 인프라이다. 5개의 박물관과 여러 개의 공립 및 사립학교가 있지만, 대학교육을 받을 기회가 없어 젊은이들이 지역을 떠나고 있다.

상대적으로 고립된 지리적 여건으로 특이한 농촌문화가 탄생했으며, 토지에 대한 귀속과 애착심이 강한 정서가 있다. 픽턴 타운에서 재즈페스티벌, 스튜디오 투어, 카운티 어드벤처, 호박페스티벌 등을 개최하고, 와인 및 조리와 관련된 워크숍을 열고 있다. 이러한 다양한 문화행사는 활기가 넘치는 예술 커뮤니티라는 이미지를 구축하는 데 기여했으며, 이런 이미지는 새로운 비즈니스 기회 창출에도 도움을 주고 있다.

1990년대 지역경제에 활력을 불어넣기 위하여 창의적인 농촌경제를 구현할 목적으로 개발전략을 수립하였다. 지역의 우수성 같은 강점을 적극 활용하는 방안을 찾는 중에 지역의회는 창의적인 농촌경제를 개발하기로 하고, 카운티 경제개발국은 지역경제를 떠받치는 4개 기둥(농업, 관광, 상업 및 산업, 예술·문화·역사)을 확인하였다. 농업과 관광이 새로운 경제동력으로 대표되면서 와인문화와 지역요리가 성장 가능성이 큰 것으로 인식되었다.

레전트(Regent) 극장의 활성화, 다수의 갤러리, 문화활동을 바탕으로 문화를 통한 지역경제의 다각화를 추진하였다. 전통적인 농업경제의 다각화를 촉진하는 데 있어서 핵심요소의 하나는 생활비가 저렴하면서 좀 더 나은 편안한 라이프 스타일을 찾는 도시민들과 예술가, 관광객을 유치하는 것이다. Fifth Town Artisan Cheese, Buddha Dog, Scout Design 등 같은 혁신기업들이 지역 명성을 높이고 외부 방문객을 유치하는 데 기여했다.

2005년에는 문화발전 전략의 하나로 카운티, 커뮤니티, 비즈니스 파트너 간에 협력의 틀을 만들어 문화계획을 수립하기 위하여 카운티 경제개발국 이사와 문화기반 경제개발 전문가 등 두 명의 전문가를 채용하였다. Cultural Round Table이라는 태스크포스를 만들어 카운티 안의 문화계를 대표하게 하였다. 문화의 가시성과 문화적인 기회를 증대시키고자 예술, 유산, 문화행사 등에 대한 정보를 제공하였다.

2008년에는 카운티의 창의적인 농촌경제 발전전략이 인간자본, 혁신, 관광에 대한 내용들을 포함하고, 생태적 수준과 커뮤니티 수준에서 지속가능성에 기반을 둔 발전을 제안하였다. 프린스 에드워드 카운티는 환경보존의 시각을 지니면서 인프라 투자뿐만 아니라 건축 유산을 보호하고 재생하는 일을 진작시켰다. 이와 같이 자연적인 어메니티를 문화예술과 조합하는 전략을 구사함으로써 인구와 비즈니스가 늘어나서 상당한 경제성장을 이루었다.

일본 사례

2014년 일본 생산성본부 산하에 설치된 일본창생회의가 저출산과 인구감소 추세로 일본에서는 2040년이면 전국 지방자치단체의 절반이 소멸할 것이라는 충격적인 보고를 하였다. 인구감소는 일본 지방을 무기력하게 만들어왔기 때문에 중앙정부나 지방정부가 대도시 지역이 아닌 도시나 타운, 마을을 활성화시킬 목적으로 다양한 방안을 실행하고 있다.

일본창생회의 좌장인 마스다 히로야(增田寬也) 전 일본 총무상은 지방 살리기의 열쇠는 '외지인, 젊은이, 괴짜'가 쥐고 있다고 하였다. 젊은이는 지역의 미래를 그려내는 에너지원이 되고, 외지인은 지역민과 다른 접근방식을 가지고 있으며, 무모한 자는 용감하게 실천한다는 의미에서이다. 이후 일본 정부는 지방창생성을 설치하고 지방 살리기를 위한 각종 사업을 지원하고 있다.

도쿠시마현 가미카쓰町(초) 나뭇잎 사업

도쿠시마현 가미카쓰町(초)의 사례[13]는 국내의 여러 지자체가 마을경제를 일으킨 사례로 벤치마킹한 곳이다. 가미카쓰초는 195가구에 2,021명이 사는 마을로 젊은이는 떠나고 인구 중 절반이 65세 이상의 노인들만 남은 산촌 오지이다. 가미카쓰 마을은 면적의 86%가 산림이어서 전통적으로 목재산업과 감귤 등의 과수농업이 발달한 곳이지만 1980년대 초 일본이 목재 수입시장을 개방하면서부터 이곳 경제가 급격히 몰락하기 시작하였다. 희망이 없었던 주민들은 술로 세월을 보냈고 아이들은 마을을 떠났다.

이런 상황에서 구세주로 나타난 사람이 전직 농협직원이었던 요코이시 도모지였다. 마을을 개혁하기 위해서는 타 지역 사람이 필요하다는 마을 이장의 강력한 요청으로 이 지역에 급파되었다. 나뭇잎 비즈니스 아이디어는 우연한 계기에 착안한 것이라고 한다. 농협시절 지역 농산물의 판로를

---

13 2008년 월간조선에 보도된 내용을 중점적으로 사용하였고, 추가로 내용을 보강하였음을 밝혀 둔다.

개척하기 위해 오사카나 교토 등을 찾았는데, 어느 날 오사카의 고급식당에서 젊은 여자가 초밥 위에 장식된 단풍잎을 손수건에 고이 싸서 핸드백에 넣는 것을 보고 '그래, 바로 저거야' 하며 무릎을 쳤다. 1947~1949년 사이 베이비 붐으로 태어난 단카이 세대에게 먹힐 것이라는 확신이 섰다. 왜냐하면 그들은 도시에 살지만 대부분 농촌 출신이어서 나뭇잎이 향수를 불러일으킬 수 있다고 보았기 때문이다.

그는 1998년 '이로도리'라는 영농조합 주식회사를 설립하여 주민들을 대신해 기획, 홍보, 마케팅을 담당하고 나뭇잎의 수요를 파악하고 공급량을 조절하여 수익을 극대화한다. 이로도리는 색의 조합이란 뜻이다. 이로도리가 주는 정보에 따라 주민들이 상품을 생산하면 농협이 전국 유통망을 통해 소비자에게 배송하는 방식이다. 농협은 소비자들을 통해 얻는 정보를 다시 이로도리에 전달한다. 나뭇잎 사업의 상징 프로젝트로서 온천 인근 산에 여러 가지 나무를 심어서 계절마다 아름다운 경관을 만들어내어 관광객도 유치하고, 고용도 늘리는 효과를 거두고 있다.

고급 음식점이나 요정에서 요리 장식용으로 쓰이는 단풍잎, 감나무잎, 댓잎, 연잎 등 320여 가지의 나뭇잎을 채취한다. 농민들이 소유한 토지에서 시장성 높은 나뭇잎이 달리는 나무를 심어서 그 잎을 수확하는 것이다. 나뭇잎은 오사카, 도쿄 등 대도시 지역으로 팔리며, 장식용 나뭇잎 시장에서 점유율 70%에 이른다. 예전에는 전통적인 쌀, 채소, 버섯 등의 작물을 재배했었지만 지금은 나뭇잎 사업을 하는 농가가 200개에 달하고, 그중 90%는 그 지역 출신이 참여하고 있다.

나뭇잎으로 마을 전체가 연간 2억 6,000만 엔의 수익을 올린다는 사실은 매우 흥미로운 이야기라서 일본 언론의 주목을 받았다. 90세가 넘은 할머니가 사다리 타고 낙엽을 따는 장면이 TV에 소개되고, 할머니가 컴퓨터로 주문받

㈜이로도리 요코이시 대표와 나뭇잎

고 판매상황을 점검하는 모습이 신문과 잡지에 등장하였다. 노인들은 이 일을 시작하면서 아픈 데가 없어져서 일이 보약이 되었다고 하고, 예전에는 자식들한테 용돈을 받았지만, 이제는 오히려 손주들에게 용돈을 주게 되어 아주 즐거운 일이라고 했다. 노인들도 동기가 부여되면 젊은이 못지않은 능력을 발휘한다는 사실은 지방 활력의 가능성을 보여준다.

이렇게 되자 성공 노하우를 배우려는 젊은이들이 일본 전역은 물론 세계 각지에서 이 마을을 찾았고, 가미카쓰정(초)에서 비즈니스를 하기 위해 이주하는 젊은이들이 늘어나고 있다. 이로도리에도 도쿄나 오사카에서 대학을 졸업하고 자원해서 온 젊은이들이 근무한다. 산골마을의 나뭇잎 비즈니스가 성공하니 젊은이들이 들어와서 마을의 쇠퇴를 막고 지속가능한 마을로 발전한다는 것을 보여준다.

나뭇잎 사업은 평소 중요하게 생각지 않았던 자원에 새로운 가치를 부여한

케이스인데, 발상의 전환이 가치를 창출한 경우이다. 최근 들어 일본의 새로운 경향으로 자리 잡아가고 있다. 각 마을이 자기 환경에 적합한 성장 방향을 찾아내서 경제를 활성화시키면 젊은 세대가 찾아온다는 것을 증명한 사례이다. 이런 독창적인 발전전략이 있어야 지방을 지속적으로 풍요로운 삶의 터전으로 만들어 소멸을 막을 수 있다.

어촌마을 이키섬: 육지 처녀의 해녀 변신

고대 일본의 풍경이 많이 남아 있어 일본문화청이 2015년 '일본유산 제1호'로 지정한 나가사키현 이키(壹岐)섬은 인구 2만 7,000명으로 후쿠오카 하카타(博多)항에서 고속선으로 1시간이 걸린다. 지금은 인구감소와 고령화로 섬의 생존이 위협받고 있다. 60년 전 5만 명이 넘었던 인구는 절반으로 줄었고, 이 중 35.5%가 65세 이상이다. 일본창생회의는 이키를 비롯한 외딴 섬들의 인구가 2040년까지 소멸될 가능성이 60%가 넘는 것으로 추정했다.[14]

참치, 성게, 전복, 소라 등의 해산물과 쇠고기로 유명한 이키규(牛)가 있는 미식의 섬이기도 하다. 이키섬 연안에는 해산물이 풍부하지만 고령의 해녀들을 이을 후계자가 없어서 이키시는 2014년부터 전

---

14 동아일보(2017). 서영아 특파원의 기사를 편집하여 사용

국적으로 해녀 모집에 나섰고 두 명의 여성이 해녀가 되겠다고 찾아왔다. 해녀 지망생이 온 것만으로도 이키섬은 활기를 얻었다. 요코하마에서 시스템 엔지니어로 일하다가 이키로 이주한 30대 여성은 TV에서 본 해녀의 모습에 반했고, 바다에 뛰어드는 조용한 생활이 즐겁다고 이주 동기를 설명한다. 도시 생활과 가장 큰 차이는 주민들이 따뜻한 눈으로 자기를 지켜봐준다는 점을 들었다. 그 후 30대 초반 여성이 들어와서 현지 어부와 결혼했고, 게스트하우스를 오픈하고 직접 잡은 해산물도 식탁에 내놓고 있다. 이들의 주요 수입은 어부 지망생에게 3년 기한으로 정부가 지급하는 월 13만 엔(130만 원)의 보조금이다.

외딴섬이라는 불리한 입지를 기회로 바꿀 방법을 고민하다가 텔레워크 센터가 문을 열었다. 비어 있던 대형 창고를 기업과 개인의 일터와 교류장소로 만들어 텔레워크를 통해 도시 업무를 지방에서도 할 수 있게 되었다. 텔레워크 센터에는 후지제록스 나가사키, 후지제록스 지역창생영업부 등의 직원 5명이 이곳을 위성사무소로 삼아 일하고, 추가로 도쿄, 후쿠오카로부터 4개사가 들어왔다. 민간기업인 후지제록스는 차세대 비즈니스 모델 개발을 위한 공간으로 이곳을 활용하고 있다고 한다. 관련 직원에 의하면 도심보다 일에 몰두하기 좋고, 출퇴근에 시달리지 않고 사람에게 치이지 않아서 창의성을 발휘하기 훨씬 낫다고 말한다. 이미 주부들을 대상으로 클라우드 펀딩 교육을 실시해 10여 명에게 고정 수입이 있는 일자리를 마련해 줬다. 시설 이용자를 위한 단기 체류형 주택도 지었다.

이키 산업지원센터의 모리 슌스케 센터장은 도쿄에서 카페가 있는 도서실이나 격투기 피트니스 짐 개업에 성공한 벤처창업가였다. 이키시는 외지인의 눈으로 섬 안의 중소기업이나 개인사업자에게 신사업 아이디어를 제안하고 매출 증대를 도울 센터를 만들기로 하였다. 이키 시장의 월급 80만 엔보다 많은 '월 100만 엔(약 1,016만 원)'이라는 파격 조건이었다. 국내외에서 경영학석사

(MBA) 학위 보유자, 상징기업 임원, 경영자, 공인회계사 등 391명이 응모했지만 이 중 최연소인 모리 씨가 선발됐다.

모리는 섬 주민들이 만든 물건은 품질은 좋은데 포장이 구식이거나 홍보가 전혀 안 돼 있다는 진단을 내렸다. 가령 지역 업자의 동백기름 품질은 깜짝 놀랄 정도로 좋지만 포장이나 가격은 수십 년간 그대로였고, 판로도 섬 일대와 규슈 일부 지역에 한정되어 있었다. 그는 먼저 패키지 디자인을 개선하고, 홈페이지를 만들어서 홍보하기로 하였다. 섬은 폐쇄적이며 발전을 위한 자극도 없고, 자신들의 장점도 깨닫지 못하는 단점을 가지고 있지만, 외지인은 숨은 매력을 발견할 수 있다. 일본창생회의 좌장인 마스다 히로야가 지방 살리기의 열쇠는 '외지인, 젊은이, 괴짜(무모한 자)'가 쥐고 있다고 한 말이 이키섬에 그대로 들어맞았다.

대부분 가내공업 수준인 기업들은 후계자 구하기에 어려움이 있지만, 각 기업마다 사업 아이디어로 매출 증대를 이뤄내서 섬 전체가 활성화된다면 그것이야말로 섬 살리기가 된다는 신념을 이키 시장은 갖고 있었다. 이런 점에서 외딴섬이 일본의 희망이 될 수도 있다고 한다. 이키시가 이처럼 과감하게 섬 살리기 사업에 나서는 데는 중앙정부의 지원도 큰 힘이 됐다. 일본 정부는 2017년 4월 '유인국경외딴섬법' 시행에 들어갔다. 인구감소가 진행되는 국경 외딴섬 지역의 무인화를 막기 위해 10년간 한시적으로 지원을 약속하는 법이다. 여기에 이키시가 적극적으로 부응해서 정부지원금을 받았다.

일본에서 출산율 상위권은 거의 섬들이 차지한다. 이키의 지난해 합계출산율(여성 1명이 평생 낳을 것으로 예상되는 자녀 수)도 2.1명으로 전국에서 랭킹 안에 든다. 섬 생활은 생활비가 적게 들고 가족은 물론 이웃까지 육아를 도와주는 문화가 있다. 도시보다 어린이를 소중히 여긴다는 점도 이유로 꼽힌다. 『후쿠이 모델』의 저자인 저널리스트 후지요시 마사하루는 "미래는 지방에서 시작된다"고 주장했다.

문제는 젊은이들이 진학과 취업을 위해 섬을 떠나는 걸 막을 수가 없다는 점이다. 하지만 이런 가운데 U턴하는 젊은이들도 늘고 있고, 배우자와 함께 섬으로 돌아오는 경우도 적지 않다. 이키 사람들은 이들을 소중한 인재로 대접하고 일할 공간을 마련해 주기 위해 애쓴다. 텔레워크 센터에서 이뤄진 클라우드 소싱 교육도 도시에서 사무직 등으로 일하던 외지 출신 아내들의 일거리 창출을 배려하고 있다. 이키에서는 관과 민간이 연대해 출향자들의 U턴과 도시에서 살다가 연고가 없는 농촌으로 이주하는 I턴을 유도하고, 지방 살리기나 외딴섬이 불리하지 않은 일하는 방식을 실현하려는 움직임이 활발했다. 고향의 소멸을 막아내기 위한 몸부림이다.

우리나라의 섬 지역도 일본과 비슷한 상황에 놓여 있지만, 이키섬같이 젊은이들이 유턴해서 돌아오는 경우는 흔치 않다. 경제적인 상황 때문에 농어촌으로 돌아오는 사람들이 증가했다는 농촌진흥청의 조사결과는 어촌이나 섬 지역의 활성화를 시도해 볼 수 있는 인적자원이 늘어난다는 의미이다. 해산물을 기반으로 하는 비즈니스를 텔레워크 같은 방식으로 접근할 수 있을 것이다.

오이타현 유후인: 농촌다움의 보존

오이타현의 유후인은 인구가 4만 명으로 연간 400만 명이 찾는 일본의 대표적인 온천휴양지이다. 경관을 보존한 농촌다움으로 방문객들에게 즐거움과 휴식을 주는 지역개발 전략으로 많은 지방 도시들의 벤치마킹 대상이 되었고, 우리나라 사람들에게는 온천휴양 도시로 잘 알려져 있다. 오이타현의 지사였던 히라마쓰 모리히코가 주창한 마을마다 하나의 명품을 만들자는 '1촌1품

운동'의 모델이며, '마치즈쿠리(마을 만들기)' 정책의 대표적인 성공 사례로 꼽힌다.[15]

옛날의 유후인은 벳푸보다 작고 별다른 점이 없는 가난한 온천 관광지여서 주민들도 좌절하고 있었다. 온천과 유후산이 유후인의 소중한 자연경관 자원이지만 당시 그게 특별히 보물이라고 생각했던 사람은 드물었다. 20대부터 산촌요리 전문점과 전통료칸을 운영하며 마을운동을 주도한 쿤페이는 후손들이 유후인 출신이라는 걸 자랑스럽게 말할 수 있게 하자는 목표를 세우고 지역개발을 추진했다. 처음에는 다양한 분야에서 따로 계획을 세웠지만 의견이 모이지 않자 전부 합심해서 생각을 모아야겠다고 결론을 내렸다. 주민뿐 아니라 외부의 전문가 이야기도 들었다. 누구나 자신의 의견을 말할 수 있는 자유로운 토론문화도 만들었다.

젊은 활동가로 구성된 '유후인의 내일을 생각하는 모임'은 주민 주도의 지역발전을 이끄는 핵심 역할을 했다. 특히 경험이 풍부한 연장자들의 도움을 받아 실천 회원을 조직하고 기획·섭외·조정이라는 3자 역할 분담체제로 지역발전을 이끌었다. 특히 마을주민들의 다양한 의견을 한데 모으는 데 힘을 쏟았다.

마치즈쿠리에는 농업, 공업, 상업에 종사하는 사람들이 참여하다 보니 이

---

15 중앙일보(2017). 일본에서 배우는 '지방 소멸' 극복기: 젊은이·관광객 발길 모은 도시와 농촌의 유쾌한 동행(3월 5일).

해가 상충해서 의견 취합이 어려웠다. 오랜 토론과정에서 유후인만의 독특함이 무엇일까를 고민하다가 아름다운 자연환경과 농촌경관을 지켜서 '농촌다움'을 살리는 것이 결국 유후인을 지키는 것이라는 결론을 얻었다. 그래서 서로 생각을 조정하면서 객관적으로 토론하는 게 가능해졌고 논의된 내용을 실명으로 '화수목(花樹木)'이라는 소식지에 실었다. 그렇게 해서 자기 발언에 책임을 지게 하고 신중한 발언을 하게 되었다.

벳푸는 남자와 단체관광객 위주로, 유후인은 여성, 개인, 소그룹을 타깃으로 삼았다. 단체관광에 지친 사람들은 더 안심할 수 있는 곳, 청결한 곳, 좋은 먹거리가 있는 곳을 찾는다. 유후인을 찾는 여성에 대한 정확한 정보와 이를 기반으로 한 이미지 전략을 실행하자 방문했던 여성 중심으로 입소문이 나기 시작했고 그렇게 유후인은 유명해졌다.

마을에서는 리더를 길러내는 것이 무엇보다 중요하다고 판단하여 인재양성기관인 '풍숙'을 만들자 고향을 떠났던 청년들이 돌아왔다. 내부에 인적자원이 부족할 때 출향한 젊은이들을 귀향하게 하여 리더로 교육시켰고, 자부심을 갖고 마을을 이끌 젊은 리더를 키워냈다. 쿤페이는 고향 마을에 대한 애향심, 열정, 자부심을 가지고 노력하면 누구나 성공할 수 있다고 말한다.

젊은 리더의 양성은 유후인이 지역개발의 성공 브랜드가 되는 데 동력이 되었다. 그러나 젊은이들의 귀향을 단지 애향심이나 열정만으로 기대할 수는 없고, 마을의 비전을 제시하여 실제로 소득이 있는 일자리가 있을 때 가능한 것이다.

도쿄의 스기나미구 코엔지 지역에 위치한 BnA(Bed and Art) 호텔 코엔지는 70~80년대 펑크문화를 주도했던 곳이지만, 지금은 빈티지 거리를 중심으로 젊은 예술가들과 크리에이터들이 활발히 활동하는 지역이다. 젊은 예술가 4명으로 구성된 BnA 프로젝트 팀은 "묵을 수 있는 예술품"이라는 콘셉트가 커뮤니티 호텔을 기획했다. BnA 프로젝트 팀은 건물 전체를 예술품처럼 기획하고 호텔 주변에 공공예술을 전시하여, 코엔지의 예술가들과 관광객을 일상 속에서 자연스럽게 마주치게 계획했다.

출처: 한국문화관광연구원(2018)

코엔지 마을 전체를 하나의 '면'적인 호텔로 상정하고 거점 공간 프런트 데스크를 허브로 관광객이 마을 곳곳에 포진한 예술가들과 크리에이터와의 교류를 만들어 마을의 매력을 느낄 수 있게 유도했다. 커뮤니티 호텔 매니저가 지역 곳곳의 예술가, 크리에이터들의 공간을 위트 있는 문구로 소개해서 관광객들이 쉽게 접근하도록 유도한다. 또한 커뮤니티 호텔 1층 바는 관광객과 지역주민, 지역 예술가, 크리에이터들이 자연스럽게 마주치고 대화를 나눌 수 있는 장소로 활용했다. 지하 갤러리에서는 정기적인 전시와 공연을 실시하고, 건물 곳곳에 설치된 예술품을 경매로 판매하기도 한다. [16]

BnA호텔 코엔지에서 제공하는 지역 가이드는 지역의 특색 있는 바, 식당, 빈티지숍 등을 재미있게 소개해 주어 관광객과의 연결을 유도하였다. 해당 장소에 갔을 때 BnA호텔과 매니저들의 이야기를 통해 쉽게 대화할 수 있게 해 준다. 지역 예술가들은 전 세계에서 온 다양한 사람들을 만나며 예술의 영감을 얻고 지역에 다양성과 활력을 부여한다. 숙박, 바 운영, 예술품 판매 등의 수익에서 25%를 사업에 참여한 예술가들에게 분배하는데 호텔에 묵는 것만으로도 후원자가 될 수 있는 시스템을 만들었다.

도시재생 방법의 하나로 BnA호텔같이 커뮤니티 호텔을 활용하여 지역의

다양성과 활력을 증가시킬 수 있음을 알 수 있다. 중소도시에서 지역의 매력과 잠재력을 최대로 증폭시키고, 이를 통해 지속가능한 비즈니스 모델을 구축하는 커뮤니티 호텔형 도시재생 사업의 가능성을 밀레니얼의 여행 트렌드에서 찾을 수 있다. 이처럼 하나의 호텔이 중심이 되어 일정한 구역을 예술활동 공간의 어메니티로 만들어 작은 구역을 브랜딩한 것이다.

---

16 https://readyfor.jp/projects/

관광 활성화를 위한
중소도시 브랜딩 전략

제 5 장

국내 지방 중소도시의
브랜딩 사례

국내 지방 중소도시의 브랜딩 사례

특별한 성장산업이 없으면 대부분의 중소도시는 인구가 감소할 것이다. 지방의 중소도시들은 지역 환경에 맞는 발전 전략을 모색해야 작지만 행복한 도시로서 생존이 가능하다. 여기에서 소개하는 국내 사례들은 지역이나 도시가 지닌 DNA를 발굴하거나 전혀 다른 자원을 도입하여 브랜딩하고 있는 도시와 마을이다. 따라서 일반인들에게 다소 낯선 지역도 있을 것이다. 또한 젊은이들이 농촌에 뛰어들어 자신들의 아이디어와 노력으로 새로운 도시 분위기를 만드는 사례도 있다. 외국 사례에서와 같이 열정적인 젊은이들이 마을이나 도시를 지속가능하게 만드는 원천이 되고 있다.

청년이 마을의 활력소: 충남 홍성군

　국내의 중소도시에서 관광을 진작시키는 노력을 하고 있지만, 막상 그 지역의 특성을 살린 관광상품을 개발하는 데는 한계가 있다. 다른 지자체나 외국의 성공사례를 벤치마킹한다면서 지역의 독특한 정체성이나 특성을 충분히 감안하지 않고 그대로 적용하는 경우도 자주 있다. 그러나 민간 전문가나 열정을 가진 지역민들이 관광상품 개발에 참여하게 되면 무언가 새로운 상품이 등장한다. 관광 전문가들이 중소도시의 독특한 지방색깔을 살린 관광을 홍보하고자 혁신적이고 효과적인 방법을 개발하고 있는 점에 착안하여 문화체육관광부와 한국문화관광연구원이 '관광두레[1]' 사업을 운영 중이다.

　이런 점에서 충남 홍성군의 '행복한 여행나눔'은 관광두레 사업의 모델이다. 김영준 대표와 파트너들의 이야기는 한국문화관광체육부와 한국문화관광연구원이 공동으로 발간(2017)한 『관광두레 성공사례』에서 일부 인용하였음을 밝혀둔다. 관광두레 사업은 고령인구가 증가하고 젊은층이 도시로 유출되는 농산어촌지역에서 활발히 진행되고 있다. 특히 청년들이 이런 지역에서 무언가 변화를 준다는 점에서 주목을 끌고 있는데, 그들의 가치관과 꿈, 의지가 지역에서 변혁의 주도자 역할을 단단히 하고 있는 것이다.

　홍성군 소재 청운대학교 관광경영학과 졸업생인 네 명의 20대 청춘들은 뜻만 있으면 농촌에서 할 수 있는 일이 많다는 것을 알게 된 후 평소 꿈꿔 왔던 게스트하우스와 여행사를 창업했다. 특히 젊은 여행객들을 위한 휴식과 행복의 공간을 열기로 하였다. 이들은 '내 뿌리가 된 홍성의 매력을 제대로 알리

---

1 관광두레는 주민들이 스스로 협력하여 자기 지역에 있는 문화유적지, 탐방로, 숙박시설, 음식 등을 엮어서 관광사업을 창출하는 공동체를 말한다.

고 싶다'는 순수한 마음으로 시작하였다. '내일로 티켓'으로 기차 여행하는 젊은이들이 많아졌는데, 그런 욕구를 잘 알기에 젊음에 특화된 게스트하우스나 여행상품을 만들 자신이 있었다. 오직 나를 위한 즐거운 여행을 하고자 하는 요즘 여행객들의 니즈에 맞춰서 혼자여도 불편하지 않은 다양한 혜택을 받을 수 있는 여행상품을 만들고자 하였다. 또 그들은 이 일을 도시가 아닌 젊은이를 필요로 하는 지역에서 하고 싶었다.

처음 사업을 시작할 때는 그룹여행이 아니라 젊은이들의 개별여행을 타깃으로 하여 여행루트를 개발했지만, 예상과 달리 판매는 저조하여 수익을 내기가 점점 힘들어졌다. 홍성군의 관광자원을 20~30대가 잘 알지 못해서 그들의 타깃에 맞지 않다는 결론을 내리게 되었다. 사업의 방향을 전환하여 시골생활을 주제로 사업을 펼쳐나가던 중 마침 '리틀 포레스트 영화'와 '효리네 민박' TV프로그램 등의 영향으로 청년들이 호응하기 시작하였다. 맛조이 코리아가 운영하는 시골하루 플랫폼을 활용하고 있고, 게스트하우스 타깃은 40~50대로 하였다.

지역의 이정표가 되어보자는 목적으로 시작하여 홍성군에 2, 3호점 게스트하우스를 준비하고 있고, 궁극적으로는 전국에 숙박 프랜차이즈를 만드는

김영준 대표와 암행어사게스트하우스

계획도 갖고 있다. 홍성군은 관광목적지가 아닌 곳이지만 다양한 목적으로 방문하는 사람들이 많아서 세미나 회의 등의 목적으로 숙박시설이 부족한 것에 착안한 것이다.

홍보마케팅 담당자는 시골에서도 놀고 즐기며 일할 기회가 많다는 걸 보여주고과 농촌창업이란 단어에 매력을 느껴서 여기까지 왔다고 한다. 충남 당진이 고향이라 졸업하고 지역에서 일하고 싶다는 생각을 늘 했다. 블로그에 암행어사게스트하우스와 여행상품 소식을 올리는데, 하루에 500명 넘게 방문하여 그들의 생각이 고객의 생각과 일치한다는 확신을 가졌다. 여행사도 2017년부터 운영에 들어가서 맞춤형 10개 코스를 개발했고, 팸투어를 위탁운영하며 실전 투어 경험도 쌓았다. 암행어사 마패를 들고 여행하는 게 유행이 되는 그날을 꿈꾼다. 이들의 행보가 바빠질수록 홍성 관광에 젊음이 더해지고 있다.

옛날 외할머니 집 같은 포근함을 주면서 깔끔하고 편리한 게스트하우스를 만들었는데, 젊은 여행객뿐만 아니라 아이들이 있는 가족들도 많이 방문한다. 암행어사게스트하우스에 대한 애정과 자신감이 남다르다. 고구마말랭이를 만들어 판 돈으로 게스트하우스를 창업할 종잣돈을 만들고 홍주성 근처를 8개월간 돌다 암행어사 집터를 찾았다. 100년 넘은 한옥이자 7년 넘게 비어 있던 집이라 손볼 곳도 많았다. 하지만 의욕 넘치는 청년들의 열정으로 2달 동안 꼬박 청소와 페인트칠, 조명교체 등에 매달려 지금의 모습을 만들었다.

게스트하우스 '암행어사' 집터는 고을 원님이 은퇴하고 기거했던 곳으로 오랜 시간 마을의 대소사를 의논하는 중심 역할을 했던 집이다. 그래서 아직까지 원님터로 불리는데 마침 '홍주성 천년여행길' 코스 안에 있어 관광객들이 많이 들르는 곳이어서 게스트하우스로는 안성맞춤인 집이었다. 바비큐파티가 열리는 넓은 앞마당과 아늑한 하우스 콘서트를 열기에 분위기 좋은 뒷마당도 있다. 뒷마당 테라스 공연, 암행어사 파티, 영화 이벤트 존 등 젊은 사람이 운영하는 게스트하우스만의 장점을 살려 암행어사 때문에라도 젊은 여행객들이 홍성을 찾게 만들고 싶어 한다.

개인이나 가족 단위의 관광이 여행 트렌드이지만, 농촌체험마을은 개별관광객이 찾아가기 힘들어 '마패'라는 상징적인 상품으로 묶어 농촌체험마을들을 연결하는 플랫폼을 만드는 게 궁극적인 목표다. 농촌체험마을 홍보나 여행 상품 위탁운영을 여러 차례 진행하다 보니 어느덧 전문가가 되었다고 한다. 그래서 직접 창업하게 되었고, 농촌에서 창업하려는 청년들에게 관광두레에서 지원을 하였다.

여행객들의 재방문율이 낮아서 이를 높일 방안을 찾던 중 현재는 힐링을 테마로 하는 사업에 눈을 돌렸다. 죽도에 있는 민박 2채와 계약하여 바다 낚시, 둘레길을 포함한 1박 2일의 제대로 된 여행상품을 만들었다. 홍성군과 충남도청의 행사와 농업교육여행을 대행하면서 농장을 수배하여 농촌 팸투어, 귀농귀촌사업 2박 3일 캠프 등을 실행하였다.

연고가 없는 지역에서 처음 지역 여행사와 숙박을 기반으로 출발하였으나 교육여행, 귀농캠프, 농촌팸투어 등으로 새로운 사업영역을 넓혀나가고 있어 홍성군을 방문할 이유를 더해주고 있다. 김영준 대표는 현재 30대 초반인데, 처음에 같이 시작했던 청년들은 퇴사하고, 새로이 20대 직원 6명을 충원하여 사업영역을 확대해 나가고 있다.

수제맥주가 대세: 강원 홍천군

수제맥주의 인기가 날로 높아가고 있다. 주로 라거 타입의 대기업 맥주에 익숙한 국내에서는 향이 진한 에일 타입의 수제맥주가 소비자의 구미를 당기고 있다. 물론 수제맥주에도 라거가 있지만 기존 시장에 도전하려면 아무래도 맛을 달리해야 승산이 있어 전국적으로 개성 있는 수제맥주 전성시대가 열린 것이다. 2018년 4월부터 마트와 편의점 등에서도 수제맥주의 유통이 가능해졌으므로 전국적으로 수제맥주 생산량이 증가되고 지역의 특성을 살린 수제맥주가 등장하고 있다. 브랜드, 도수, 맛 등이 다양한 국내외의 수제맥주가 판매되고 있고, 개인이 직접 만들어 먹기도 한다.

규제가 사라지자 수제맥주 창업 열풍이 불었다. 2014년 54개였던 수제맥주 업체는 2018년 10월 현재 108개로 늘었다.[2] 한국수제맥주협회의 조사에 의하면, 2017년 양조장 1곳당 평균 16.7명, 수제맥주 전문점 1곳당 평균 24.5명을 고용하는 것으로 집계됐다. 현재 양조장과 수제맥주 매장에서 5,300명이 고용된 것으로 추정된다. 수제맥주가 전국적으로 생산되고 있어 일자리도 만들어지는데 특히 청년 고용비율이 77.5%로 고용효과가 커서 청년층의 새로운 일자리 대안이 되고 있다. 최근 젊은이들의 문화 트렌드인 소확행(작지만 확실한 행복), 워라밸(일과 휴식의 균형) 트렌드에도 맞아 전망이 매우 밝다.

---

2 중앙일보(2018b). 규제 없애자 훨훨 나는 수제 맥주… 청년 일자리도 확대(10월 21일).

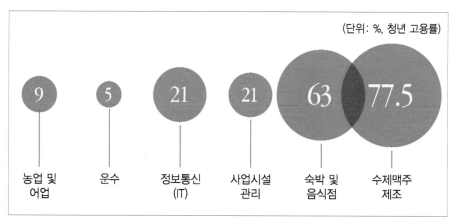

(단위: %, 청년 고용률)

농업 및 어업	운수	정보통신 (IT)	사업시설 관리	숙박 및 음식점	수제맥주 제조
9	5	21	21	63	77.5

주: 청년 고용률은 전체 고용률 중 만 36세 미만 고용이 차지하는 비율
출처: 한국고용정보원 · 한국수제맥주협회

청년 고용률 높은 수제맥주 산업

　수제맥주는 중 · 소규모 양조장에서 직접 만든 맥주인데, 국내 약 4조 원 맥주시장에서 수제맥주가 차지하는 비율은 2%도 안 된다. 하지만 시장규모가 2016년 295억 원, 2017년 398억 원, 2018년 500~600억 원대로 매년 성장하고 있다. 시장이 커지면서 중견기업과 대기업도 수제맥주 시장에 진출하고 있다.

　따라서 수제맥주와 직간접적으로 관련된 산업의 성장도 기대해 볼 수 있다. 맥주 생산에는 공통적으로 보리, 물, 효모, 그리고 홉(hop)이 기본적으로 들어가는데 보리로 만든 맥아가 맥주의 달달하고 깊은 맛을 내고, 홉은 맥주 특유의 쌉쌀한 맛과 향, 크림이 풍부한 거품 등을 만들어준다. 또 홉은 맥주의 부패를 방지해 보존성을 높여준다. 그러나 농림축산식품부의 통계에 따르면, 2017년 맥주보리 국내 생산량은 2만 3,000톤이고, 수입량은 21만 6,000톤으로 자급률은 9.8%에 이른다. 홉 생산량은 아예 통계 자체가 잡히지 않을 정도로 국내 생산이 미미하다. 수제맥주의 생산이 증가하면 반드시 맥주보리와 홉에 대한 공급이 늘어날 것이다.

앞에서 설명한 바와 같이 수제맥주 산업에 청년 고용률이 상당히 높은 편이다. 이들은 수제맥주 창업과 판매에도 관심이 높지만, 원료가 되는 보리와 홉의 생산에도 젊은이들이 관심을 가질 수 있다. 특히 청년농부들의 숫자가 해마다 증가하면서 수익성이 높은 특작물의 재배에 관심을 갖는 경향으로 보아 수제맥주의 인기에 발맞추어 맥주보리와 홉의 생산에서 젊은이들의 일자리를 찾을 수 있겠다.

프리미엄 수제맥주 브랜드 BASS와 용오름맥주마을협동조합

그러나 이 땅에서 사라졌던 홉을 2014년에 강원도 홍천군 서석면 용오름마을에서 젊은 사업가와 농부들이 재배하기 시작하였다. 206가구가 사는 산촌마을로 들어온 30대 중반의 정운희 씨는 캠핑과 민박 사업을 하면서 레게음악을 들으며 쉴 수 있는 곳을 마련하고 싶었다. 나름대로 그의 자유분방한 도시형 생활은 주민들의 시기와 민원을 낳게 되었고, 이를 견디지 못한 정 대표는 어느 날 주민들과 담판을 짓기로 하고 주민이 원하는 것이 뭔가를 들어보기로 했다. 주민들은 그가 농업을 통해 경제사정이 좋아지는 방향으로 일해

보라고 하여 그 자리에서 결정을 내렸다고 한다.

자신이 아니라 마을사람들이 농사로 대박 날 수 있는 작물을 찾은 끝에 생각해 낸 것이 바로 홉이었고 그것을 경작하기로 하였다. 더군다나 홉은 이 마을에서 재배됐던 작물이었다. 아직은 시험재배인 탓에 재배면적도 적고 상용화하기도 이르지만, 몇 년 안에 홉과 보리 등 마을주민들이 직접 재배한 농산물로 100% 국산 맥주를 만든다는 계획이다. 개정된 「주세법」으로 수제맥주 시장은 더욱 활성화될 것이므로 홉은 사업성이 있다고 판단했다.

홍천군은 국산 유일의 종자를 보유하고 있고, 외국 중요 종자와 혼합한 종자를 개발하는 중이다. 수제맥주를 생산하는 국가들은 자기 나라만의 홉을 재배하고 있다고 한다. 홉은 해발 400m 이상의 지대에서 재배하는데 홍천은 재배조건을 갖추고 있고, 기계농으로 하기 때문에 외국과 비교해도 경쟁력을 갖추고 있다고 한다. 정 대표는 앞으로 홉을 활용하여 홉차나 홉막걸리를 생산하는 계획도 하고 있다. 홉은 불면증 치료성분이 상추의 30배에 달한다는 연구결과도 있어 바이오 제약의 재료로도 활용 가능하다.

2014년부터 지역관광의 문제를 주민 스스로 해결한다는 목표로 출발한 문화체육관광부의 관광두레 사업에 선정됐고, 2019년부터는 홍천군에서 홉 시험재배를 위한 예산도 책정했다. 정운희 대표는 "매해 조금씩 성과가 생기다 보니 긍정적으로 보는 분들이 많아졌다. 한두 분씩 홉 농사를 짓고 싶다는 분들이 찾아오고 있다"며 마을 대다수가 농가인 상황에서 홉 계약재배를 통해 여기서 생산한 홉으로 수제맥주를 생산하면 마을에 큰 도움이 될 수 있을 것이라고 자신 있게 말했다.

용오름마을이 지역에서 재배한 홉으로 제대로 된 수제맥주를 만들어 진짜 맥주마을이 될 수 있을지 아직은 미지수다. 대규모 홉 재배 등 해명해야 할 과제들이 남아 있어서다. 문제는 과연 국내에서 생산된 홉이 수입산에 비하여 가격 경쟁력이 있느냐는 것인데, 만약 국내 홉이 외국산과 비교하여 가격이 높다고 해도 품질이 좋다면 국산 수제맥주는 시장성을 내다볼 수 있다. 좀 더 현실적인 상상을 해본다면, 부족한 홉을 북한의 홉으로 대체하면 농업분야에서 남북경협의 모델이 될 것이고, 'Made in Korea' 수제맥주 생산량을 높여서 수출도 가능할 정도가 될 수 있지 않을까?

현재 마을사람들과 협력하여 홍천군과 농식품부로부터 100억 원을 지원받아 종자를 개발하여 개량 홉을 홍천군 전역에서 재배하기로 하였다. 그는 현재 홍천군 지원사업단장 역할을 하고 있는데, 홍천을 프리미엄 수제맥주의 본산지로서 브랜딩하려는 홍천군과 정 대표의 야심을 확인할 수 있었다.

홉을 살펴보는 정운희 대표(右)와 저자

정운희 대표는 이력이 좀 독특하다. 20대에 이미 40여 개 나라를 여행하였고, 태국에서 가수 연습생 생활을 하면서 여행사와 엔터테인먼트 사업을 한 경력이 있다. 중소 규모의 한국기획사와 협업하여 태국에서 제2의 니쿤을 꿈꾸는 태국의 가수 지망생을 한국에 소개하는 사업으로 큰 돈을 만져봤다. 그는 원래 바닷가에서 친구들과 낚시하고 맥주 마시며 살고 싶었던 소박한 소망을 갖고 있어서 여러 장소를 물색하다가 우연히 강원도 산골에서도 그런 생활을 할 수 있음을 알게 되었다. 정 대표가 바로 창의적인 발상과 실천력을 갖춘 'good eccentric'(좋은 괴짜)의 전형적인 인물로 보인다.

언론에 수없이 등장해서 그런지 이제는 일부러 거리를 두고 있다고 할 정도로 유명인사가 되었다. 그러다 보니 청년들로부터 문의전화를 많이 받게 되는데 홉과 맥주보리에 청년들의 관심이 많아지고 있다고 한다. 청년들이 귀농에 관심이 많지만, 농사짓는 방법을 모른다고 말할 때 정 대표는 시골에서 농사 안 지어도 먹고살 게 많다고 조언한다고 한다. 농촌체험마을을 운영하거나 체험마을 인턴제를 활용하는 것도 한 방법이라고 말한다.

정책적으로는 청년들에게 마을의 부이장직을 주어서 젊은이의 아이디어를 사용하거나 실행한다면 농촌이 활성화될 수 있을 거라는 아이디어도 제시했다. 청년들에게 구직활동을 위한 수당을 제공하는 현 정책에 문제가 많이 발견되는데, 취지에서 이탈한 목적으로 사용하는 경우가 상당하고, 또 과연 그런 정책이 소기의 성과를 거두고 있겠는가 하는 의문이 든다. 농촌이나 어촌에서 이장을 보좌하는 부이장 역할을 하게 한다면 청년들의 꿈을 실현하는 계기가 될 것이고, 그들을 중소도시로 이주시키는 효과를 볼 수 있을 것이다.

청년들은 농촌 하면 무조건 농사만 생각하는 경우가 많은데 농사 외에도 수많은 직종에 종사할 수 있다. 우선 스마트 농법이 있고, 농기계 운용 및 수리, 농산물 유통, 드론 활용, 농산물 홍보 및 판매, 음식점, 펜션 임대 등도 중소 지방도시에서 찾을 수 있는 직종이어서 청년들의 주목을 끌 수 있다. 갈수록 어려워져만 가는 농촌 현실에서 정 대표 같은 청년 귀촌자가 고군분투하며 변화의 바람을 만들어낸 건 시사하는 바가 크다. 마을에서 뿌리를 내리겠다고 다짐했다는 정 대표의 일성이 용오름마을의 앞날을 더욱 기대하게 한다.

필자가 수제맥주에 관심을 갖게 된 것은 대구치맥축제의 발전방안에 대해 사석에서 이야기를 나눈 것이 인연이 되었다. 대구치맥축제는 인지도가 높아졌지만, 진정한 치킨과 맥주의 축제가 되려면 맥주를 강화해야 한다는 주장을 해온 터이다. 그 이유는 국내의 여러 유명한 치킨 프랜차이즈들이 대구에서 처음 문을 열었고 치맥축제에도 참가하고 있으나, 막상 맥주는 국내 대기업이 차지하고 있고 수제맥주가 진입할 틈이 상당히 제한적이어서 치맥축제가 지역경제에 그다지 효과를 가져다주지 못할 거라는 생각을 하였기 때문이다.

그러나 'Brewed in Daegu' 수제맥주가 해마다 지분을 높여 간다면 대구치맥축제의 한 축을 로컬 수제맥주가 담당할 수 있다. 로컬 수제맥주는 치맥축제에 참가하여 인지도가 높아지면 대구가 수제맥주의 본산지로 알려질 기회가 생긴다. 축제기간이 아니더라도 관광객들이 일부러 찾아오게끔 만드는 새로운 매력자원이 될 수 있겠다는 생각이다. 더군다나 전국의 수제맥주회사가 대구치맥축제에 참가하면 수제맥주에 대한 인식도 달라지고 기업 홍보효과도 기대할 수 있다.

수제맥주 산업의 활성화로 청년 일자리를 만들고, 용오름마을처럼 여러 지역의 청년농부들이 맥주보리와 홉을 생산하여 기술을 가미한다면 그 고장 특유의 수제맥주가 탄생하게 된다. 독일, 체코, 중국 등에서는 지방마다 맛이 다른 맥주를 생산하고 있다. 국내시장 규모를 감안할 때 지방 수제맥주를 활성화시켜서 중소도시의 경제를 일으키고 일자리를 창출하는 전략도 고려해 볼 만하다. 이렇게 하면 수제맥주로 도시나 마을을 브랜딩하는 사례가 나타날 것이다. 아직 국내의 어느 도시도 수제맥주로 사람들의 머릿속에 뚜렷이 새겨진 곳이 없다.

젊은이들의 라이프 스타일을 겨냥하여 해양자원의 특성을 활용한 지방 중소도시의 브랜딩 사례를 서핑에서 찾을 수 있다. 우리나라의 대표적인 서핑 지역으로는 강원도 양양 서피비치와 죽도해수욕장, 충남 태안 만리포해수욕장, 제주 중문해수욕장, 부산 송정해수욕장이 있다. 양양의 서피비치는 국내 최초로 서핑 전용 해변을 운영하는 곳이기도 하다.

양양 죽도해변은 젊은이들의 새로운 라이프 스타일이 기존과 전혀 다른 마을의 정체성을 만들어가는 곳이다. 지역이나 도시의 브랜드가 대부분 문화자원에 기반을 두는 데 비하여 이곳은 새로운 트렌드가 어촌마을을 리브랜딩하는 사례이다. 양양군에서도 서핑이라는 새로운 트렌드를 발견하고서는 강력한 육성정책을 추진하고 있다.

횟집이 서핑 숍으로 변신 중이고, 몇 년 전까지만 해도 한가한 어촌마을이었는데 서핑 활성화로 외국 해변처럼 변했다. 죽도해수욕장은 서핑 전용 비

치로 지정을 받았다. 죽도해변에는 16개 정도의 서핑 숍이 있으나 겨울에는 3~4개만 문을 연다고 한다. 양양군 전체로 2012년까지만 해도 3곳에 불과했던 서핑 숍이 40곳이나 된다.

서울에서 2시간 거리에 있는 양양은 겨울철에도 서퍼들이 즐기는 레저타운으로 변신하는 중이다. 죽도, 하조대, 인구, 남애를 비롯하여 양양군의 어촌마을이 서핑으로 뜨고 있다. 여름에는 하루 1,000여 명의 서퍼가 몰리기도 한다고 한다. 이처럼 양양해변으로 서퍼들이 몰리는 이유는 수심이 얕고 파도가 높기 때문인데, 초급자들이 타기 좋은 50㎝부터 선수들이 타기 좋은 높은 파도가 치기 때문에 다양한 서퍼들이 찾는다. 서핑에 홀린 사람들은 서핑의 매력을 아드레날린이 분출하는 느낌을 받는 것이라고 한다.

서핑은 언뜻 부유한 젊은이만 즐긴다고 생각할지 모르지만 그렇지 않은 사람들도 꽤 있다. 이곳 서핑 젊은이들은 공통적으로 독특한 라이프 스타일을 가진 듯하다. 여름 한철 돈 벌어서 겨울에는 발리나 하와이, 호주 등 외국으로 서핑여행을 떠난다고 한다. 물론 겨울에도 양양에 살면서 서핑하는 사람도 있지만 소수에 지나지 않는다.

인도네시아 발리 등 서핑 천국에 비해 한국에는 큰 파도가 없다는 선입견이 있지만, 양양 외에도 국도 7호선을 따라 고성, 삼척 등에는 겨울에 날씨가

죽도해변 서핑

춥고 바람이 매섭다는 소문이 돌면 서핑 동호인들이 몰린다고 한다. 기상예보 애플리케이션으로 미리 파도 정보를 확인하고 바닷가에서 눈으로 직접 파도의 질을 관찰하여 최적의 서핑 포인트를 찾는다. 겨울에도 3만 명 정도가 1년에 최소 5차례 이상 서핑을 즐기는 것으로 추산되고 있다.[3] 여름철의 대표적인 해상레저가 겨울까지 연장되는 현상이 일어나고 있는 것이다.

파도를 타는 느낌을 잊을 수 없어 한겨울에도 주말마다 양양을 찾는다고 한다. 방송프로그램인 '효리네 민박 시즌2'에선 20~30대 서퍼 3명이 눈 내리는 제주도 해변에서 서핑을 즐기는 장면이 방영되어 서핑에 대한 대중의 관심을 불러일으켰다. 잊을 수 없는 서핑의 희열이 서퍼들을 추운 겨울에도 이곳을 찾게 만든다. 겨울에도 서핑을 즐길 수 있다는 사실과 더불어 서퍼들에게 눈 내리는 바다란 눈 내리는 놀이터라는 인식이 있어서 서핑이 사시사철 가능한 레저임을 보여준다.

서핑 동호인들이 제작비를 모아 만든 단편영화 '윈터서프 2'가 울주세계산악영화제 본선에 오른 이후 해외에서도 입소문이 나며 한국의 겨울바다를 찾는 외국인이 늘었다고 한다. 동해안 서핑에 대한 소식이 언론에 수차례 보도되면서 SNS에서도 입소문이 빠르게 전해지고 있어 '서핑은 곧 양양'이라는 인식이 널리 퍼지고 있다. 서퍼들이 직접 서핑 보드 제작, 서핑 강습, 야간공연, 카페, 음식점, 게스트하우스 등도 운영하고 있다. 이처럼 지방정부의 인센티브 없이도 젊은층이 자발적으로 찾아와서 그들만의 독특한 라이프 스타일을 즐기면서 아예 거주하는 모습은 지역 입장에서 볼 때 상당히 고무적인 사례이다. 20, 30대 일부는 싱글로 이곳에 와서 결혼하여 정착하는 사례도 있어 양양 해변마을은 인구가 점점 증가하는 추세에 있다.

---

3 동아일보(2019b). "매서운 파도에 올라타라" 한겨울 동해는 '서핑 천국'(2월 2일).

죽도해변의 서핑 숍과 숙박시설

대중적인 인기 속에 서핑은 2020년 도쿄올림픽 종목으로 채택되었고, 2022년 중국 항저우 아시아경기에서도 종목 채택 여부를 검토 중이다. 국내 서핑업계도 선수 후원을 하고 엘리트 선수들에게 체계적인 훈련기회를 제공한다. 최근 서핑 관련 내용이 언론을 통해 노출되는 빈도가 높아지면서 많은 젊은이들이 관심을 갖게 되면서 서퍼들을 위한 서비스 시장도 커지는 추세이다.

양양군은 서핑뿐만 아니라 드라마 제작, 페스티벌 등 다양한 관련 산업을 육성하는 등 서핑 해양레저 특화지구로 육성한다는 계획을 수립해 놓고 있다.[4] 서핑과 관련된 '그랑블루 페스티벌'은 7월 죽도 해변에서 펼쳐지는데, 백사장에 설치된 스크린으로 영화를 감상하고 서핑 캠프, 서퍼 패션쇼 등도 이어진다. 8월에는 '해안선 레저스포츠 페스티벌'이 동호해변에서 열리며, 서핑은 물론 카약, 카타마란, 스노클링, 생존 수영 등을 체험할 수 있다. 10월에는 양양 서핑 페스티벌도 개최한다. 양양군은 서핑산업화를 위해서 공무원들에게도 서핑교육을 받도록 할 정도로 양양을 '서핑의 성지'로 확실히 굳히는 노력을 하고 있다.

이렇듯 국내에서 아웃도어 레저자원을 이용하여 겨울철 서핑의 대표지역으로 등장한 사례는 특이하다. 더군다나 다른 해안지역에서 카피하기 어렵고, 겨울에도 서핑을 즐기기 좋은 조건을 갖췄다는 점을 고려할 때 다른 서핑지역과의 차별성이 뚜렷하다. 연중 서핑 동호인들이 찾아온다는 점에서도 양양은 서핑으로 브랜딩되고 있어 양양을 비롯하여 동해안을 방문하는 서핑 인구와 이주하는 젊은이들도 늘어날 것이다.

유기농업은 여기가 원조: 홍성군 홍동마을

비가 꽤나 쏟아지는 여름날 충남 홍성군의 작은 농촌마을인 홍동마을을 찾았다. 농촌의 지속가능한 공동체를 상징하는 홍성군 홍동마을은 우리나라에서 가장 먼저 유기농업, 협동조합, 마을 화폐, 귀농·귀촌 운동을 주도할 정도로 독특한 면을 지닌 곳이다. 마을에는 학교, 농장, 학교 도서관, 협동조합, 카

---

4 중앙일보(2019). 양양군 공무원들 2m 서프보드 들고 해변으로 간 까닭은?(7월 20일).

페, 빵집, 목공소, 출판사, 공방, 연구소 등과 같이 삶을 살아가는 데 필요한 모든 것을 갖추고 있다. 학생, 어른, 홈 스쿨링하는 어린이들이 여러 강좌를 듣고 토론과 창조적 문화활동을 하는 도서관과 어린이집, 전공부, 교육농장, 논배미 사무실이 있다. 주민들은 마을에서 농산물을 생산하고 소비할 뿐만 아니라, 마을에서 가르치고 마을에서 배우며, 마을 안에서 자급자족하는 마을 공동체를 실현하기 위해 노력하고 있다.

홍동마을에서는 농업의 기본을 세워야 한다는 생각으로 풀무농업학교를 설립하였다. 1958년부터 시작하여 농촌과 농업을 지키는 의식을 교육하고 자치와 생태의 공동체를 지향하는 것이 풀무학교의 설립정신으로 홍동마을의 철학이다. 이 마을에서 하는 일들은 대부분 풀무학교 교사와 학생, 졸업생들을 중심으로 진행된다. 풀무고는 홍성 출신을 50% 이상 입학시킨다. 사람들이 들어오고 우체국, 공부방, 어린이집 등 생활편의시설이 생겨나고 농장이 생기고, 가공회사와 미생물연구소가 설립되었다.

마을에서는 지역화폐를 사용하는데, 지역화폐는 일정한 지역 안에서 유통되는 돈으로 우리나라에서는 1990년대 말에 『녹색평론』에서 소개한 이후 여러 지역에서 다양한 형태로 그 시도가 이루어지고 있다. 지역화폐는 이자 없이 스스로 돈을 발행할 수 있고, 지역의 부가 외부로 빠져나가는 것을 막아주는 장점이 있다. 지역의 내부거래가 늘어나면서 자연스럽게 지역주민들 간의 관계성 회복에도 긍정적인 영향을 줄 수 있다.

유기농 쌀은 전적으로 작은 농가 단위에서 농가의 유기부산물로 생산되는 것인데, 수입 유기질 비료를 투입해 대량 생산된 쌀은 말만 유기농 쌀이지 실제로는 저농약이나 무농약 재배 쌀이다. 하지만 일반 소비자들은 이를 잘 모르고 '친환경 쌀'이라고 하면 유기농 쌀로 여긴다. 유기농업은 단순한 농사방식이 아니라 지속가능한 사회로 나아가기 위한 삶의 방식으로서의 농업이다. 더불어 사는 농업은 유기농법으로 농사를 지으며, 가공과 유통에 진출해 소비자와 함께 지역생활권을 만든다. 자본을 쫓기보다는 인간과 자연에 대한 애정과 존경이 바탕이 되고 목적이 되는 안정된 사회를 농촌에서 추구하고 있다.

풀무원 농업학교에서 우렁, 오리를 활용한 유기농법으로 고급 쌀을 생산하여 강남에 유통시켰다. 도시로 나간 자녀들이 부모님 생활이 자신보다 나은

풀무원농업고등기술학교

것을 발견하고 고향으로 돌아오기 시작하면서 귀농, 귀촌이 늘어나기 시작했다. 외지에서 젊은이들이 들어오자 농지와 집 구하기가 어려운 상황이라고

한다.[5] 심각한 노령화와 인구감소로 쇠락하는 다른 농촌지역과는 달리 홍동마을은 활력이 있는 마을이다. 앞으로 지향해야 할 농촌의 대안모델로 주목받고 있고 지속가능한 농촌마을로 브랜딩된 사례라 할 수 있다.

지역사회와 함께 커가는 상하농원: 전북 고창군

전북 고창군 상하면 상하농원은 박재범 대표가 2009년 일본 6차 산업의 모델로 평가받는 모쿠모쿠팜을 방문하여 감명받아 그곳을 벤치마킹하여 세운 농장이다. 좋은 먹거리를 짓고, 세상 사람들과 함께 즐기는 가치를 전한다는 의미인 '짓다 · 놀다 · 먹다'를 콘셉트로 한국형 6차 산업 시작을 선언한 상하농원은 자연과 사람이 공생할 수 있는 건강한 농촌을 꿈꾸며 약 3만 평 대지에 조성된 농어촌 테마공원으로,[6] 농림축산식품부와 고창군, 매일유업의 공동 투자로 조성되었다. 매일유업은 고창군 및 지역 농가와 협업하여 유기농 우유인 '상하목장' 브랜드를 공동 개발했고, 매일유업이 출자한 카페에서 우유와 아이스크림을 판매하고 있다.

상하농원은 고창 농부들과의 상생모델을 보여준다. 지역의 농산물과 공방에서 생산한 상품을 매일유업 유통망을 통해서 전국적으로 판매한다. 고창군의 약 50곳의 농가와 계약을 맺고, 농부들이 직접 재배한 건강한 먹거리를 판매하여 소비자에게는 안심 먹거리를, 농부에게는 지속 가능한 성장기회를 제공하는 것이다. 상하농원 덕분에 20대 청년농부는 블랙망고 수박을 온&오프

---

5 충남발전연구원+홍동마을사람들(2014). 마을공화국의 꿈, 홍동마을 이야기.
6 뉴시스(2014). '일본 모쿠모쿠 농원'은 6차 산업의 대표 모델(3월 31일).

라인에서 좋은 가격에 판매하고, 상하농원 내 카페에서는 수박주스 메뉴를 만들었다.

상하농원은 주변 농가 수확물을 우선적으로 사용하는데, 파머스 마켓에서는 농민들이 생산한 농산품을 판매하면서 품질을 보증하는 의미로 농부들의 사진을 크게 걸어놓는다. 고창의 전통 김을 상하농원 브랜드로 개발하는 작업도 하고, 이곳 특산물인 풍천장어를 상품화하는 방안도 연구한다. 지역에서 수확한 농산물을 가공하는 빵 공방, 햄 공방, 된장과 고추장 등과 같은 각종

장류와 조리용 소금, 오일을 만드는 발효공방이 있어 체험도 할 수 있다. 특산품인 복분자를 계약재배하여 즙이나 잼으로 만들어 상하농원 브랜드로 온·오프라인 매장에서 판매하고 있다.

출처: https://sanghafarm.tistory.com/10

방문객들이 먹거리 체험 프로그램에 참여할 수 있고, 공방제품과 지역 특산물을 판매하는 농원상회와 파머스 마켓, 레스토랑과 카페, 동물농장도 있다. 방문객을 위한 다양한 체험거리도 제공하는데, 친환경 먹거리를 주제로 한 유기농 목장 체험, 친환경 벼농사 체험, 지역특산물 요리 체험, 향토요리 등 다양한 프로그램도 진행한다. 상하농원 개원으로 고창 지역에 관광객 유입효과와 400개 이상의 신규 일자리 창출, 지역 농축수산물의 고부가가치화 등 지역경제 활성화에 기여하고 있다. 한 달에 1만 5,000명 이상이 방문하며 2016년 개관 후 1년 동안 10만 명이 방문했다.

고창은 선운산, 람사르 습지, 변산반도, 고인돌, 풍천장어 등이 있어 연간 관광객이 300만 명 정도지만, 상하농원으로 더 많은 관광객을 유치할 목적으로 파머스 빌리지 등 숙박시설을 갖추었다. 건축가, 작가 등을 참여시켜 자연과 잘 어우러진 건축물들을 만들고 이국적인 분위기의 독특한 빌리지를 조성했다.

전체 직원의 40%가 고창 출신이고, 그중 20~30대가 60% 이상을 차지함으로써 고창 지역의 청년 일자리 창출에도 기여하고 있다. 자신이 나고 자란 곳에서 6차 산업을 직접 배워갈 수 있어 만족도가 매우 높다. 지역 청년들에게 기회를 주기 위해 직원들을 제과제빵 학원, 바리스타 학원 등에 보내 자격증을 따게 지원했다. 지역의 일자리를 만들고 재교육도 시켰다. 매년 6천500여 명의 청년들이 일자리를 찾아서 타 시·도로 떠나는 현실을 감안하면 고창군 내에서 상하농원이 지역경제와 사회에 기여하는 바는 크다.

상하농원 사례는 농촌에서도 젊은이들이 괜찮은 직업을 가지고 농촌에 거주하면서 지역을 이끌어갈 수 있다는 희망을 보여준다. 젊은이를 위한 일자리 마련은 지방 중소도시에게는 피할 수 없는 선택이다.

청년농부를 육성하여 지방 중소도시에 활력을 불어넣는 움직임의 하나로 경상북도는 노인 인구비율이 38.4%로 도내 최고 수준인 의성군에 '이웃사촌 시범마을'을 만들었다. 이 사업의 핵심은 청년인구를 농촌으로 정착시키는 것이다. 청년 50명 정도를 선정해서 스마트팜에서 월급을 받고 스마트 농업기술을 익혀서 창농으로 이어지도록 하는 플랜이다.

일본이나 미국에서도 청년들이 농업에 참여하는 숫자가 증가하고 있다. 로컬푸드나 지속가능한 식품에 대한 소비자의 수요가 증가하는 추세에 맞추어 고등교육을 받은 청년들이 농업을 찾고 있다. 일본은 연간 1,700여 명에서 4년 동안 3,660명으로 두 배나 증가했고, 신규 농업참여자는 현재 농업참여자에 비하여 젊고 40세 이하가 과반수를 차지한다고 한다.[7] 미국도 35세 이하 농부들의 숫자가 증가하고 있다. 2007년과 2012년 사이에 25~34세의 농부 숫자는 2.2% 증가했지만 캘리포니아, 네브래스카, 사우스다코타 같은 주에서는 20% 이상 증가했다.[8] 젊은 농부의 69%가 대학 졸업자인데, 이는 일반 인구의 대학 졸업자 비율보다 훨씬 높다. 비록 그들이 은퇴하는 농부를 대체할 정도의 숫자는 아니지만, 중간크기의 농장을 유지하는 데 도움이 된다고 한다.

우리나라도 비슷한 양상을 보인다. 한국농촌경제연구원은 '농업전망 2019'에서 농림어업분야의 고용률이 2028년까지 상승세를 유지할 것으로 전망하고 있다. 그 이유는 은퇴한 베이비붐 세대와 청년층이 농업이나 농촌에 관심이 높아져 귀농 귀촌이 늘어나고 있기 때문이다.

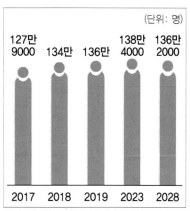

농림어업 취업자 동향과 전망

강원도 인제군 용대리 백담마을은 600여 명이 거주하는 내설악 입구 백담사 아래 위치한 산간마을이다. 마을주민 대부분은 농사일을 생업으로 삼고 있으며, 황태, 치커리 등의 특산물을 비롯해 감자, 옥수수 등의 농산물과 송이

---

7 후지나미(2018). 젊은이가 돌아오는 마을(김범수 옮김). 황소자리.

8 Dewey(2017). A growing number of young Americans are leaving desk jobs to farm. The Washington Post. November 23.

등의 버섯류도 생산하고 있다. 이런 작은 마을이 연간 수십억 원의 이익을 창출하는 향토기업으로 성장하여 인구감소와 고령화로 어려움을 겪는 농산어촌의 한계를 마을과 지역이 가진 콘텐츠를 적극 활용하여 극복한 사례로 꼽히고 있다. [9]

백담마을은 마을에서 백담사까지 버스를 운행하는 합자회사 용대향토기업과 황태가공ㆍ판매를 주업으로 하는 영농조합법인인 백담마을기업을 운영하고 있다. 마을기업은 주민들이 출자해 만든 것으로, 지역의 인적ㆍ물적 자원을 활용해 운영한다. 수익도 추구하지만 주민들에게 일자리를 제공하고 지역 공동체 활성화 등 사회적 가치도 실현한다.

설악산 등산객이나 관광객들은 백담마을에서 백담사까지 약 7.2km 버스를 타고 간다. 처음에는 이 버스를 백담사에서 운행하였지만 마을주민들이 백담사에 요구하여 운행하게 되었다. 자체 버스운영을 계기로 주민들이 출자하여 용대향토기업을 설립하고 1996년에 운행하게 되었다. 처음 2대로 시작하였으나 2017년 현재 10대를 운행하고 있다. 운전기사, 매표직원, 사무실 직원 등 18명의 마을주민을 위한 일자리를 창출하여 월급을 주며, 버스운행을 하지 못하는 겨울철 3개월 동안에도 기본급을 주고 있다. 매표 수입의 잉여금은 설악산 산골 찬바람을 이용한 황태 가공공장에 투자하여 성공적인 마을기업으로 주목받고 있다.

---

9 조석주(2013). 새마을 운동 재조명을 통한 마을공동체 활성화 방안. 한국지방행정연구원.

출처: 블루나래 & 인제몰

　용대향토기업은 이익금의 상당액을 마을발전기금으로 내놓고 연말에 이익배당금도 주민들에게 지급한다. 마을발전기금에서 이장과 정보화마을 사무장, 체험 사무장, 도서관 사서, 미술교사의 급여를 지급한다. 이 마을의 정보회관에는 초등학교와 중학교에 다니는 80여 명이 이용하는 마을도서관과 방과후 학교시설이 있으며, 노인회관에도 겨울 난방비를 지원하고 있어 마을기업이 마을 복지를 책임지는 역할까지 담당하게 되었다.

　2012년 1월 마을가공 판매장을 신축하면서 출범한 용대2리 영농조합법인인 백담마을기업은 특산물 판매장에서 황태포·통황태·황태채 등 황태 가공품과 마가목 열매·효소 등도 판매한다. 원래 용대리는 황태로 유명했지만 용대2리는 마가목이 자라기에 좋은 기후를 가지고 있어 매년 가을엔 마가목 축제도 연다. 마가목 나무에서 마가목주, 효소, 비누, 향초 등의 특산물과 가공품을 마을에서 직접 만들기 때문에 수익성이 높다. 마가목은 열매, 잎, 나무 껍질 등이 약용되는데, 최근 마가목이 기관지와 천식에 좋다는 게 알려지면서 홍보가 많이 돼 황태 못지않게 많이 팔린다고 한다.

이 마을에는 만해 한용운 선생님이 『님의 침묵』을 집필한 백담사가 인근에 위치하고, 십이선녀탕, 용대자연휴양림 등의 빼어난 경치와 절경을 자랑하는 관광지도 있다. 1999년 이후 황태축제와 만해 한용운의 뜻을 기리는 만해축전 등의 축제가 개최되고 있어 매년 80만 명의 관광객이 방문한다. 백담은 원래 '못 담'자를 쓰지만 '이야기 담'으로 바꿔 백 가지 이야기가 있는 백담마을로 만들어 방문객들에게 호기심과 재미를 주는 것이다. 관광객을 위한 마을체험관(펜션 및 스토리체험), 식당 49개, 펜션 민박 30개를 주민이 운영하고 용대2리 주민이 직접 생산한 농산물을 마을식당과 직거래 장터에서 판매하여 수익을 올리고 있다.

향토기업에서 전 가구에 이익금을 공유하고, 백담마을기업에서 취약계층에 일자리를 제공함에 따라 마을회의, 마을축제 등의 공동체행사에 주민 참여도 크게 증가하고 있다. 이는 곧 지역 활성화와 지속가능한 농촌의 가능성을 입증하였다고 볼 수 있다. 갈등 없는 마을이 없지만, 주민들이 화합하고 뭉쳐서 함께 일한다면 목적을 이룰 수 있다는 것을 증명해 주는 마을이다. 용대리 인근의 진동1리에서는 산나물을 재배하고 있지만 판로가 문제였는데, 관광객들이 많이 찾아오는 기간에 용대리마을 기업 판매장을 이용하도록 하여 두 마을이 상생하는 효과를 보고 있다.

용대향토기업, 백담마을기업이 마을주민들에게 안정적인 일자리를 제공하기 시작하자 젊은 출향인들이 귀촌하기 시작했고, 덩달아 청소년 인구도 증가되어 마을이 활력을 찾고 있다. 초중생이 60여 명에 달한다. 농촌에서 애들 소리 듣기 어려운 실정이었으니 아주 바람직한 이야기가 아닐 수 없다. 귀향한 사람들은 외지에서 일할 때보다 급여가 많지 않지만, 태어난 곳에서 일하고 가족과 함께 보내는 시간이 늘어서 좋다고 말한다.

바로 이런 공동체의 지속가능한 현상이 다른 농어촌 마을과 확연히 비교된다. 농촌주민들은 자기 마을에 자원이 없다고 말하는 경우가 있는데, 자원이 없다고 포기하기보다는 창의적인 생각을 가지고 자원을 바라본다면 획기적인 작품이 나올 수 있음을 보여주는 사례이다.

편백숲 힐링도시: 전남 장성군

숲이 힐링을 가져다준다는 믿음을 갖게 하여 휴양이나 관광 목적의 방문을 이끌어낸다는 연구결과가 있다. 영국의 에섹스대에서는 자연경관 감상이 인체에 어떤 영향을 주는가를 분석하기 위하여 시골이나 도시의 유쾌하거나 불쾌한 사진 100여 개를 보면서 트레드밀에서 운동하는 실험을 하였다. 그 결과 피실험자는 쾌적한 녹색의 자연경관 사진을 볼 때는 기분이 향상되고 자존감이 오른다는 결과가 나왔고, 즐거운 농촌사진을 보면 혈압이 떨어졌다.[10]

국내에서 편백나무 조림지를 이용하여 지역경제를 활성화하는 전남 장성군은 편백숲을 이용하여 힐링의 고장으로 브랜딩하고 있다. 노령산맥에서 뻗어나온 장성군의 축령산은 공기가 맑고 편백숲으로 널리 알려져 있다. 자연치유 산으로 알려진 축령산에는 북일면 문암리, 서삼면 모암리 · 대덕리 · 추암리, 북하면 월성리 일대에 40~50년생 편백과 삼나무 등 상록수림대(1,148㏊)가 있다. 일제시대 때 인촌 김성수 선생이 조성한 장성군 덕진리의 울창한 삼

---

10 황정국(2011). '숲의 치유력' 활용한 뵈리스호펜시의 가능성. 교수신문(10월 4일).

나무 편백숲을 보고, 임종국 선생이 1956년부터 1976년까지 21년간 조림하고 가꾸어 전국 최대의 조림지로 손꼽히고 있다. 장성 편백숲은 2000년 제1회 아름다운 숲 전국대회에서 "22세기를 위해 보전해야 할 아름다운 숲"으로 선정되기도 하였다.

출처: 장성군 홈페이지, 한국관광공사

장성 축령산 편백숲

국토연구원에서 국토 특성단위(셀) 사례로 소개하기도 한 곳이다.[11] 국토 셀 특성화 모델은 농산어촌과 도시, 강·산·바다 등 국민이 일상생활을 영위하는 국토를 기반으로 자연과 지역주민이 상호 조화를 이루면서 지속적인 발전을 도모하는 국토발전 모형이다. 치유의 숲 조성 이후 치유 방문객을 위한 펜션, 민박, 식당, 관광농원 시설이 들어서면서 인구가 증가하는 효과를 낳고 있다. 숲으로 인하여 지역경제가 활성화되기 시작하자 마을이 살아나고 있는 도시이다.

편백나무는 측백나무과에 속하는 상록 침엽수로서 피톤치드를 많이 뿜어내기 때문에 편백숲이 갈수록 산림욕장으로 각광받고 있다. 그러나 편백숲은

---

11 양진홍, 백경진(2011). 국토 품격 제고를 위한 "국토 셀" 특성화 모델: 장성편백숲 사례. 국토정책 Brief(제316호). 국토연구원.

이름이 알려진 지 얼마 안 되었지만, 장성 축령산, 장흥 편백숲 우드랜드, 고흥 외나로도, 울산 북구, 안성, 부산 성지곡수원지, 창원 평지산, 전남 광주, 하동, 거제, 고흥, 진안, 남해, 여수, 기장, 여수 등 주로 전남·경남 남해안에서 만날 수 있다. 이 중에서 언론보도를 통하여 제일 알려진 곳이 전남 장성 축령산 편백숲이다. 쉰 살 넘는 편백나무와 삼나무가 빽빽하게 자라고 있어 상쾌한 피톤치드를 들이마시며 6개의 산책로를 걸을 수 있다. 편백나무를 일본 말로 '히노키(檜)'라 부르는데 바로 사우나 시설 중 히노키탕이 편백으로 만들어진 것이다.

편백나무가 스트레스 해소에 효과가 좋다는 사실이 입증되면서 주변 금곡마을, 대덕마을, 모암마을, 추암마을 등 4개 마을에 요양목적으로 암환자의 방문이 늘고 관광객들도 휴양차 방문함으로써 방문객은 연간 3만여 명에 달한다. 산림휴양, 청소년 자연체험 장소로 주말에는 1,500여 명이 이곳을 찾는다. 주민들이 음식점과 숙박시설을 운영하면서 귀농도 늘어나고 있어서 시골마을에 활기가 돌고 있다. 장성군 출신 임권택 감독에 의해 영화 '태백산맥'(1995)이 편백숲에서 촬영되면서 금곡마을은 영화촬영 장소로도 자리 잡았다. 힐링 관광목적지로 인기를 끌면서 영화, 드라마 등의 촬영 덕택에 PR효과까지 얻어서 많은 사람들이 숲을 찾고 있다.

편백숲을 힐링지로 자리매김하여 관광객을 유치하고자 장성군은 2016년에 중소기업청으로부터 축령산 편백림을 '축령산 편백 힐링특구'로 지정받았고, 산림청의 '노령산맥권 휴양치유벨트 사업'에도 선정되었다. 산림청은 축령산 국유지 내에 편백 유아숲, 편백마을센터, 테마 숲길, 숲 체험장, 각종 편의시설(화장실, 주차장) 등을 조성하고 장성군은 이와 연계하여 산약초 치유정원, 하늘숲길, 하천숲길 등 힐링에 초점을 맞춘 축령산 종합개발기본계획을 세워

놓았다.[12]

현재 장성군은 노란색을 브랜드 컬러로 홍보하고 있다. 옐로 시티(Yellow City)는 장성을 수호하는 노란색의 용이 황룡강(黃龍江)에 살았다는 전설을 배경으로 한다. 황룡강변 꽃양귀비, 안개꽃, 팬지 등 노란 꽃이 만발하고 사계절 내내 노란색 꽃으로 장식된다. 장성군 하면 이미 사람들의 머릿속에는 편백숲이 떠오르지만, 옐로 시티라는 이미지는 아직 인식의 저변에 자리 잡지못한 상태이다. 다양한 자원을 토대로 지역의 매력을 홍보하는 것은 중요하지만, 제한된 재정자원으로는 경쟁력을 가진 자원에 집중하는 것이 지역을 브랜딩하는 데 훨씬 효과가 있다. 더군다나 편백숲은 다른 여러 중소도시에서도핵심관광자원으로 육성하고 있다는 점을 고려하면 편백숲을 더욱 지속적으로홍보하여 브랜딩할 필요가 있다.

독일과 장성군의 사례에서 보는 것처럼 숲은 농촌개발사업의 새로운 패러다임으로 등장하고 있다. 전통적인 식량생산의 역할에서 벗어나 농산촌은 치유력을 보유한 숲을 활용하여 브랜딩될 수 있음을 보여준다.

여름에도 산타를 만나는 분천마을: 경북 봉화군

분천마을은 경상북도 봉화군 소천면에 위치한 마을로 산타를 주제로 하여겨울철 대표 여행지로서 명성을 얻고 있는 곳이다. 분천은 마을 앞을 흐르는강인데 여우천과 낙동강 상류가 만나는 곳이지만 다른 지천들도 이 강으로 흘러들어오는 특성 때문에 분천(分川)이라는 지명을 얻었다. 봉화군은 춘양목이

---

12 http://jangseong.go.kr

유명한데, 한때는 분천을 이용하여 뗏목을 실어 나를 정도로 깊고 현재보다 훨씬 넓었고, 분천역은 태백에서 생산한 석탄을 운반했던 화물열차가 지나던 곳이다. 그러나 목재와 석탄 산업이 쇠퇴하자 조용한 산골마을이 되었다.

마을주민은 78가구에 120명 정도로 예전엔 마을주민 대부분이 약초를 팔거나 밭농사를 지었다. 경상북도, 봉화군, 한국철도공사, 산림청, 마을주민 등의 협업을 통해 조성한 산타마을로 유명해졌다. 그러나 불과 몇 년 전만 해도 10여 명이 산촌 간이역인 분천역을 찾을 정도였지만, 이제는 평일 1,500명 정도, 주말에는 3,000여 명이 기차역을 이용한다고 한다.[13] 지금은 80% 이상이 식당이나 카페, 기념품 판매소를 운영하고 있고, 산타마을 개장 이후 100여 개의 일자리가 생겨났다.

산타마을은 핀란드 '로바니에미'라는 지역에 있는 산타마을에서 아이디어를 얻었는데, 로바니에미 산타마을은 산타클로스의 실제 고향이라는 이야기가 퍼지면서 세계적인 관광지가 된 곳이다. 산타마을은 2014년 겨울 처음 문을 연 뒤로 매년 여름(8월)·겨울(12~2월)에 운영한다. 2016년 문화체육관광부에서 한국관광의 별로 뽑혔고, 평창동계올림픽 성화 봉송지로도 선정되었다. 특히 산타마을은 누구나 와 보고 싶어 하는 겨울철 대표관광 명소로 유명세를 타고 있다.

분천 산타마을의 인기는 협곡열차인 v트레인을 타고 백두대간과 낙동강 절경을 구경하면서 크리스마스와 접목되어 관광지로 개발한 것이 주효하였다. 2014년 코레일의 협곡열차 사업을 계기로 봉화군에서는 분천2리 마을을 산타마을로 이름 짓고 크리스마스를 주제로 분천역사를 리모델링하였다. 역사 주변 공간을 산타클로스, 루돌프 조형물, 크리스마스 트리 등으로 꾸몄다.

---

13 봉화군청 홈페이지

겨울 동안의 산타마을은 완전히 크리스마스 분위기이다. 코레일은 분천역에서 태백시 철암역까지 27.7km를 왕복하는 백두대간 탐방열차를 '산타마을로 떠나는 백두대간 눈꽃열차'로 변신시켰다. 열차를 루돌프와 산타클로스 장식으로 꾸미고, 승무원들은 크리스마스 복장을 하고, 캐롤송 가사 맞추기, 빨간 양말 사연소개 등 열차 내에서 다양한 이벤트도 개최한다.

출처: 봉화군청

분천마을이 겨울철에만 사람들이 북적거린다고 생각하면 큰 오산이다. 요즘에는 강 따라 12km의 트레킹을 즐기러 오는 사람들이 더 많다고 한다. 3시간 걸어서 가고 열차 타고 다시 마을로 돌아오는 코스이다. 4.5km의 자전거 길도 만들어져 바이크족들도 많이 찾는 아웃도어 레크리에이션 장소이기도 하다. 산타이야기꾼인 마을 원로 이완수 씨는 마을 앞에 있는 중미산에서 트레킹을 할 수 있도록 길을 만들어주고, 마을 바로 옆에 물 좋은 온천을 개발하면 더 많은 사람들이 방문할 것이라며 아쉬움을 토로한다.

방문객 숫자는 앞으로 더 늘어나겠지만 정작 주민들에게 돌아오는 혜택은 매우 적다. 방문객들이 몰리면서 주민들이 주로 운영하는 숙박이나 식당, 카페만 성황을 이루기 때문이다. 민박을 하는 곳은 1~2군데 정도다. 당장 마을의 숙박시설을 확충하기 어려운데 분천마을 인근의 민박이 에어비앤비를 통하여 예약을 받을 수 있다면 숙박문제는 일정부분 해결될 수 있다. 봉화군의 농산물(산채나물, 견과류, 가공식품 등)도 마을에서 출자한 카페에서 판매하지만,

크리스마스와 관련된 기념품을 판매하면 마을 소득에도 크게 기여할 것이다.

일자리와 소득은 인구가 감소하는 농산촌마을의 존재 기반이며 마을 브랜딩을 유지하는 요소이다. 소득이 있는 곳에 사람이 모이게 마련이다. 현재 마을사람들은 관광객이 버리는 쓰레기를 치워야 하고, 관광객이 동네 한가운데까지 주차하기 때문에 불편하다고 한다. 마을이 관광객의 놀이터로만 여겨지고 주민들에게 뒤처리 부담을 남기면, 주민들의 태도가 부정적으로 변할지도 모른다. 자발적인 주민 참여가 브랜딩 성공의 필수요건이지만 주민소득과 직결되어야 가능한 이야기이다.

마을호텔로의 변신: 강원 정선군

정선군 고한읍 고한18리는 폐광지역 구도심으로 117세대, 인구 210명이 거주하는 작은 마을이다. 한때는 인구가 7만 명까지 갔다가 1989년 석탄산업 합리화사업 이후 탄광이 문을 닫으면서 인구가 급감하고 노령화가 빠르게 진행되는 곳이다. 2017년까지만 해도 고한18리 골목길(고한2길)은 거주민 외에는 사람의 발길이 거의 닿지 않았던 곳이었다. 이용규 정선군 도시재생지원센터장에 의하면 하루 종일 사람 2명과 개 5마리가 지나갔다고 주민들이 자조 섞인 말을 할 정도로 한적한 골목길이었다고 한다.

고한18리는 과거 광산이 활발했던 시절 여인숙과 식당이 즐비한 시장골목이었다. 급격한 쇠퇴로 인해 여인숙은 강원랜드 카지노 고객의 이른바 '달방'으로 전락했고, 식당들은 거의 폐업한 상태였다. 그 밖에 다방, 이발소, 세탁소, 국제로타리와 같은 사회단체 시설들은 근근이 그 명맥만을 유지한 상태였다. 젊은 사람들은 도시로 떠나고 카지노리조트에만 사람이 몰려 마을이 더

초라해져 갔다.

빈집이 하나, 둘 늘어가기 시작할 때 새롭게 마을에 여성 이장이 뽑혔다. 우선 마을을 깨끗하게 꾸며보겠다는 생각에서 그녀는 새벽에 나와 골목의 담배꽁초를 줍고 쓰레기를 치웠다. 마을사람을 모아서 무언가를 만들어보려 했지만 마을의 분위기는 싸늘했다. 그러나 이장과 사무국장 등 몇 명은 사비를 털어서 자원봉사자와 함께 마을에서 가장 낡은 집에 내부 수리를 깨끗이 하고 동네 화가는 예쁜 그림도 그렸다. 그러자 주민들의 생각이 달라졌고, 마을에 변화를 줄 수 있다는 용기가 생기면서 서울 연남동, 성수동, 경리단길 등도 답사하였다.

고한리 도심재생 사업의 성공에는 동네를 바꾸고자 하는 헌신적인 사람들과 행정, 민간단체, 전문가, 도시재생지원센터의 체계적인 지원이 있었다. 처음에 한 사람이 이사를 오면서 기획사(하늘기획)를 오픈하고 슬레이트 지붕과 회색빛의 음침했던 건물 외벽을 바꾸었다. 18번가 마을에서 '들꽃 사진관'을 운영하고 있는 20대의 이혜진 씨는 탄광시설과 버려진 갱도 등을 찾아다니면서 탄광의 옛 모습을 기록하여 마을에서 사진전시회를 열었다. 마을주민들에게 옛 추억을 떠올리게 하고 힘을 주기 위한 전시회였는데, 정선과 태백 등 인근 주민들까지 몰려와 관람을 하고 응원해 줄 정도로 성공하였다.

강원도 창조경제혁신센터에서 지원하는 폐광지역 공가재생 프로젝트에 선정되어 골목에 '이음플랫폼'이라는 스타트업 공간이 들어서게 되었다. 처음 두 집에서 시작한 변화가 골목을 바꾸기 시작했고, 골목을 지나다니는 사람이 늘면서 골목에 활기를 불어넣기 시작하였다. 어두웠던 골목이 밤늦게까지 불이 켜지고 대화와 토론이 이어지는 곳으로 바뀌게 된 것이다.

2007년부터 지역아카데미 사업으로 골목에서 주민들이 맥주와 음료, 다과를 준비하여 강의를 듣고, 오페라 가수와 지역출신 가수를 초청하여 공연까지

할 정도로 주민들의 관심과 참여가 대단하였다. 주민들이 마을의 변화를 주도하다 보니 회의결과는 수시로 바뀌었고, 골목길 환경도 색채 등이 제각각이어서 어수선하다는 비판도 있었지만, 지역아카데미를 통한 주민역량의 성장이 큰 역할을 했다. 또한 이러한 교육이 사업들과 밀접하게 연관된 점도 주민 참여를 높였다.

정선군 도시재생지원센터는 '예산지원은 하되 간섭하지 않는다'라는 원칙 하에 주민모임을 권장하였고, 센터는 코디네이터도 파견하여 주민들의 의사를 존중하는 가운데 전문가의 의견도 제시하였다.[14] 여기에서 나온 것이 바로 '마을호텔' 아이디어였다. 마을호텔 개념은 골목길에 있는 다양한 건물들을 현대화된 호텔시설로 탈바꿈시켜 고층호텔이 아닌 누워 있는 호텔로 만들자는 의미였다. 이러한 개념을 사업계획서로 만들어 주민들에게 동의를 구하였고, 2018년 국토부의 소규모 도시재생사업 공모사업에 선정되었다.

출처: 18번가마을발전위원회

마을주민 회의

---

14 이용규(2019). 정선군 도시재생지원센터의 성과와 과제- 고한18리 도시재생지원사업을 중심으로. 정선군 도시재생지원센터.

주민이 살고 싶은 마을, 관광객이 다시 찾고 싶은 마을로 만드는 것을 목표로 '고한18리 마을만들기 위원회'를 결성하였다. 골목길에 있던 다양한 시설들을 현대화된 호텔시설로 탈바꿈시키는 '마을호텔 18번가' 사업을 주민 주도하에 추진하고 있다. 맞춤형 일자리 사업의 인력 투입으로 낡고 더러운 건물의 외벽을 단장하고, 각종 식당들은 호텔의 중식, 일식, 한식당으로, 여인숙은 호텔 룸으로, 세탁소와 이발소 등은 호텔이 제공하는 서비스 시설로, 이음플랫폼은 호텔인터넷 서비스룸으로, 로터리 건물은 호텔 프런트 데스크로, 골목길은 호텔 로비로, 마을주민들은 호텔리어로 바꾸는 것이다.

　가장 큰 성과는 고한, 사북 지역주민들의 자발적이고 주도적인 참여라고 할 수 있다. 초창기 계획을 세웠을 때는 반신반의하였으나 재생활동가 기본과정, 도시재생 해봄학교, 주민공모사업으로 이어지는 일련의 과정을 통하여 당초에 예상했던 인원보다 훨씬 많은 주민들이 참여했다. 주민들과 목표를 함께 공유하고 주민 주도로 사업을 진행했다. 다양한 사회단체들과 센터의 적시적소 지원은 사업의 동력을 떨어뜨리지 않도록 하는 데 중요한 역할을 하였다. 성공을 지속하려면 주민 주도의 마을관리회사와 수익원이 있어야 한다.

　고한리 18번가는 작은 시골마을을 배경으로 한 평범한 사람들이 만든 위대한 이야기다. 마을의 역사와 특성을 살려서 고한18리 골목길에 민박, 식당, 커피숍, 비즈니스센터 등이 들어서는 독창적인 개발을 하고 있다. 고한18리 마을 전체가 호텔로 변신 중이어서 마을자원을 '호텔18번가'라는 브랜드로 묶어 숙박을 제공하는 비즈니스 모델이다. '고한 호텔18번가 마을호텔 1호점' 사업은 주민 주도의 도심재생을 통하여 정선군을 고원관광도시로 브랜딩하는 계기로 삼고 있다.

　　전남 신안군에 위치한 증도는 목포에서 북서쪽으로 51km 해상에 위치하며, 834가구, 1,619명(2013년 기준)이 사는 섬이다. 신안군에는 홍도와 흑산도를 비롯해 증도 등 유인도 72개, 무인도 953개 등 모두 1,025개의 섬이 있다. 1,000여 개의 섬은 저마다의 색깔을 갖고 있어 '천도천색(千島千色)'이라는 브랜드명으로도 사용하고 있다. 한국관광공사가 선정한 한국인이 꼭 가봐야 할 관광 100선에서 2012년과 2015년 두 차례 선정될 정도로 연간 100만 명의 관광객이 찾고 있는 대표적인 관광지이기도 하다. 또한 유네스코 생물권 보전지역, 갯벌도립공원, 국가습지보호지역, 람사르 습지, 깜깜한 하늘(dark sky), 금연의 섬 등 다양한 타이틀을 지니고 있다.

　　총길이 42.7km의 모실길이 펼쳐지는데 해안선을 따라 산책을 즐기거나 자전거 여행을 즐길 수 있는 코스가 시작된다. 증도는 여유롭게 걷기 좋은 섬이어서 힐링 여행지로 인기를 끌고 있다. 2007년 국제슬로시티연맹으로부터 치타슬로(chittaslow, 슬로시티의 공식명칭) 인증을 받았다.[15] 이곳은 생태체험지이기도 하지만 송·원대 해저유물 발굴지, 우전해수욕장, 갯벌생태전시관, 태평염생식물원, 태평염전, 700년 전의 약속호, 엘로라도 리조트 등 떠오르는 보물섬이 되었다. 신안 갯벌은 전 지역이 유네스코 생물권 보전지역인데 증도 갯벌은 철새 서식지로서 중요성이 인정되어 람사르 습지로도 지정되었다.

---

15 슬로시티는 1999년 이탈리아 소도시에서 슬로푸드 먹기와 느리게 살기 운동으로 시작되어 자연환경과 전통을 지키면서 지역민이 주체가 되는 지역 살리기를 표방한다.

출처: 신안군청

증도의 관광발전에는 젊은 외지인의 역할이 컸다. 목포대에서 문화인류학을 전공한 30대 중반의 김지수 주무관은 한국 DMB방송 조연출을 하다 낙후된 지역의 활력을 찾는 데 보탬이 되고자 2010년 신안에 내려왔다. 섬에 들어간다고 했을 때 주위에서 다들 말렸다고 한다. 그러나 증도 홍보의 길이 쉽지는 않았지만, 그는 관광객들에게 바다와 갯벌, 아름다운 해변의 그저 보여주는 데 그치지 않고 갯벌 생물들의 먹이사슬, 섬사람들의 이야기를 자연스럽게 풀어줘 감동을 주었다. 김 주무관은 주민여행사 길벗 대표를 지내다가 신안군 관광 PD라는 신분으로 신안 관광의 변화를 조금씩 실천해 나가고 있다.[16]

---

16 조선일보(2019b), 슬로시티 증도에 숨겨진 보물을 찾아라!(5월 13일).

그는 자전거여행 상품을 개발하고 철인3종 경기인 '신안 트라이애슬론대회' 실무를 맡아 손색없는 대회를 치러냈다. 또 군에서 보유한 세일요트를 전국 지자체 최초로 '마리나 선박 대여업'으로 등록하고, 직접 운영해 '마리나 항만시설'이 없는 신안군을 주목받게 만든 장본인이기도 하다. 신안여행의 필수 앱인 '신안 스마트투어'를 개발해 관광객들이 손쉽게 신안의 관광정보와 선박 운항을 확인할 수 있게 했다. 그의 활동은 관광두레사업의 대표적인 모델로 소개되기도 했는데, 현재는 슬로시티위원회 사무국장, 한국 국제다크스카이협회 이사로 활동하고 있다.

증도의 특이한 점으로는 전국 최초로 '주민여행사 길벗'을 설립한 것이다. 주민들이 지역생태관광 안내사업을 시행하여 모범적인 사회적 기업으로 성장하고 있어 타 지방자치단체의 벤치마킹이 이어지고 있다. 증도의 생태자원과 문화자원의 활용방안을 제시하고, 갯벌생태관광의 모델을 제시하는 여행프로그램을 개발했다. 주민들이 나서서 방문객들에게 해설사로서의 역할을 하고, 수산물을 이용한 주민 소포장 사업 등을 통해 관광객의 여행 만족도를 높이고, 주민들의 소득도 향상시키는 역할을 한다. 주민이 주도하는 관광 안내와 보전활동을 통하여 주민이 행복한 섬을 만들고자 주민을 대상으로 증도의 자연환경에 대한 교육을 실시하고 갯벌 모니터링에도 주민들이 참여했다.

2017년부터 지방자치단체로는 처음으로 세일요트 관광상품을 출시했

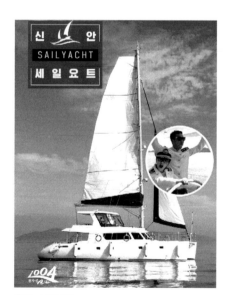

출처: 신안군청

는데, 아웃도어관광 트렌드에도 맞아떨어져서 여름 휴가철에는 연일 매진될 정도로 인기가 있다. 아름다운 다도해를 요트를 타고 섬 사이를 누비는 낭만을 한번쯤 경험하고 싶은 욕망은 누구에게나 있을 법하다. 이런 경험이 관광객들에게 다른 곳에서는 맛볼 수 없는 차별성 있는 가치를 주므로 일단 경험한 사람들은 잊지 못할 요트 체험을 SNS에서 마음껏 자랑한다. 이런 상품은 평소에 다른 곳에서 경험하기 어렵기 때문에 신안군 관광의 경쟁력을 높여주는 역할을 한다. 부산에도 요트 체험상품이 있지만 섬 사이를 크루징하는 것은 또 다른 차원의 매력이다. 요트 상품은 '섬들의 고향'이라는 기존 신안군의 이미지를 강화하는 요소가 된다.

증도를 찾는 이유는 그곳에서 느림의 라이프 스타일을 즐길 수 있고, 자연 생태의 속을 경험할 수 있기 때문이다. 지역에 활력을 불어넣고자 자진해서 섬 속으로 들어간 젊은이의 용기도 대단하지만, 그의 창의적인 아이디어가 신안군 섬 주민들에게 증도를 떠나지 않고 지속적인 삶을 유지시키는 데 기여한 점을 높이 평가하고 싶다.

증도는 앞으로도 지속적으로 현 상태를 보전하는 것이 중요하다. 생태보전을 위하여 적정 수용량을 감안한 관광객 수용정책을 지속적으로 펴나간다면 증도가 느림과 행복을 맛볼 수 있는 힐링의 섬으로 확실히 브랜딩될 것이다.

치유 중심의 관광도시: 충북 제천시

충북 제천은 전국 중소도시들과 마찬가지로 인구감소와 초고령 문제에 직면하고 있다. 예전에는 철도교통의 중심지라는 역할도 했지만, 지역의 주요 산업이었던 시멘트와 석탄 산업이 쇠퇴하면서 일자리도 없어졌고, 젊은층은 대도시로 떠나버려 다른 지방 중소도시와 유사한 환경에 처했다. 그러나 제천시는 전국 어디에도 없는 독특한 도시를 만들고자 치유와 생태, 관광분야에 주력하였다. 특히 한방자원을 활용하여 자연치유라는 정체성을 표방하면서 건강도시로 자리매김하고 있다.

2012년부터 '자연치유도시 제천(Healing City Jecheon)'이라는 브랜드를 내걸고 자연치유를 실천하는 사업을 하고 있다. 이 브랜드는 친환경 속에 머물면서 몸과 마음을 치유하여 삶의 활력을 되찾게 한다는 의미를 담고 있다. 제천은 세계보건기구가 지정한 건강도시이자 국제슬로시티연맹이 2012년에 지정한 국내 11번째 국제슬로시티이기도 하다.

대구, 전주와 함께 조선시대 3대 약령시장이 있었던 제천은 풍부한 일조량(1일 7.2시간)과 해발 300m의 흑운모 · 석회암층으로 이뤄진 자연적 여건 덕분에 전국 최고의 약재 생산지로 자리매김했다. 약재시장 점유율은 서울 경동시장(40%)에 이어 2위(20%)다.[17] 약초시장에선 각종 약재의 종류와 효능을 확인하고 다양한 체험도 할 수 있다. 2005년엔 약초웰빙특구로 지정되어 한방산업의 기반을 다지기 시작했는데, 2010년부터 국제한방바이오엑스포를 개최하여 한방과 바이오의 융합을 통한 자연치유도시로서의 브랜드 가치를 알리

---

17 조선일보(2017). [히든 시티] 옥빛 청풍호, 약초특구⋯ 건강도시 제천(3월 20일).

고 있다. 2013년부터 2018년까지 6년 연속 브랜드 대상을 수상하였다.

　브랜딩을 뒷받침하는 액션으로 3개의 한방명의촌을 운영하고 있다. 제1한방명의촌은 만성 성인병과 아토피 등을 치료하고, 제2한방명의촌은 암환자 등을 위한 장기 요양과 휴식을 제공하며, 제3한방명의촌은 숲 치유를 한다. 금수산 일대에는 힐링센터, 요양과 체험 공간으로 구성된 20만㎡ 규모의 힐링 테마공원도 있다. 한방자연치유센터의 주요 프로그램은 만성통증 클리닉, 한방 힐링카페, 한방 힐링스테이, 한방 힐링워크숍, 한방진료를 하는 인의예지 한의원, 약선음식 식당, 힐링워크숍 세미나, 자연치유 운동실, 국궁 테라피 등을 운영하여 한방의료관광객을 유치하고 있다.

　제천시를 경유하는 도시가 아니라 체류형 도시로 만들기 위해 관광매력자원들을 계속 만들고 있다. 시내 중심가 도로 가장자리에 수로를 설치하고, 암석과 나무, 폭포를 조화시켜 도심 속 계곡을 꾸몄다. 제2의림지 솔밭공원에도 수로를 만들면서 상가들도 활기를 찾았다. 2002년 청풍호변을 중심으로 레저 스포츠 단지인 청풍랜드를 조성했는데 이곳에서는 국내에서 가장 높은 62m 높이의 번지점프대가 있고, 비행기 조종사의 비상탈출의자(ejection seat), 인공 암벽장, 유람선, 카누와 카약 등 수상 레포츠도 즐길 수 있다. 그리고 전국 단위의 스포츠 행사를 지속적으로 유치해서 유동인구를 끌어들여 지역경제를 활성화하는 데 도움을 주고 있다.

　제천시는 한약재, 한방명의촌 등을 비롯한 한방의료자원을 바탕으로 한방산업을 강화하여 자연치유도시로서의 자리매김을 분명히 하고 있다. 그리고 청풍호를 중심으로 월악산과 금수산, 치악산이 병풍처럼 드리운 천혜의 관광자원을 활용하여 제천시는 치유 중심의 관광도시로 브랜딩되고 있다.

　제천시는 미식관광도시로도 도약하기 위하여 미식마케팅팀을 신설하여 약초비빔밥인 약채락(藥菜樂)의 브랜드를 강화하는 사업도 한다. 약채락은 '약이 되는 채소의 즐거움'이라는 뜻이다. '미식도시 제천' 선포식을 개최하여 맛집 홍보를 강화하고 갈비골목을 특화하여 음식관광에도 힘쓰고 있다. 그러나 미식관광도시로 브랜드 노력을 하게 되면 대부분의 사람들이 제천에 대해서 가지고 있는 이미지와 부조화 현상이 생겨서 오히려 혼란을 일으킬 수 있다. 제천은 이미 자연치유, 건강도시로 브랜딩되고 있기 때문에 지속적으로 밀고 나가야 한다. 약채락이라는 약선음식이 자연치유의 수단으로 자연스럽게 인식되도록 하는 것이 제천의 브랜드를 지키는 것이다.

낚시도 관광상품

필자는 미국 조지아주 남쪽에 있는 주립대학교의 조교수 생활을 마치고 귀국한 1995년부터 '낚시도 관광상품'이라고 강조해 왔으나 많은 사람들의 공감을 얻지 못했다. 박사과정 시절에 미국 미시간 주정부와 교수 시절에 조지아 주정부의 낚시연구에 참여한 경험을 바탕으로 여가낚시가 곧 관광이라는 뚜렷한 믿음을 가지고 있었다. 대표적인 아웃도어 레크리에이션 활동인 캠핑과 더불어 여가낚시도 지역의 관광자원으로 중요하다고 판단했기 때문이다.

한국갤럽에서 2004년 3회에 걸쳐 전국 20세 이상 성인을 대상(4,559명)으로 설문조사한 결과에 따르면, 바다 낚시 193만 명(34%), 민물낚시 380만 명(66%)으로 낚시 인구는 약 570만 명으로 추정되었다.[18] 2010년도 낚시어선업 신고는 전국에서 4,060척이다. 주5일 근무제가 시행되면서 도시를 벗어나 바다와 호수 등에서 낚시를 즐기는 '도시어부'들이 늘고 있다. 2018년 현재 생활낚시

---

18 김경택 & 이인배(2012). 태안군 '손맛축제(바다 낚시축제) 발굴 및 개최효과에 대한 연구. 충남 발전연구원.

인구가 800만 명에 이를 정도로 빠르게 증가하고 있어 낚시가 레저 스포츠로서 인정받아야 한다는 목소리가 그 어느 때보다 크게 들린다.

20, 30대 젊은 세대와 여성, 어린이를 동반한 가족단위 낚시꾼이 눈에 띄게 늘었다. 낚시는 아주 훌륭한 패밀리 여가활동이다. 과거에는 낚시꾼 하면 대부분 중년 남성 일색이었지만 요즘은 바다, 민물낚시 모두 여성 비율이 10% 이상이라고 했다.[19] 초등학생 사이에서도 낚시가 화제이다. 연예인들이 낚시하는 모습을 보여주는 TV 프로그램과 소셜네트워크서비스(SNS)의 영향으로 낚시 인구가 확대되었고, 낚시게임과 실내 낚시카페도 인기를 끌고 있다. 남성 전용 여가활동으로 여겨졌던 낚시가 이제는 남녀노소 누구나 낚시를 즐기는 '국민낚시' 시대로 바뀌고 있다.

낚시용품 제조업, 낚시용품 도·소매업, 낚시 어선업 등의 규모까지 종합하면 낚시산업의 산업규모는 최소 1조 350억 원에서 최대 1조 4,200억 원에 달할 것으로 추정된다. 그런데 이러한 추정결과에서는 낚시장비 구입비, 낚시터(어선) 이용요금을 제외한 일반 소비성 지출이 누락되어 있다. 즉 낚시행위에 필요한 교통비, 유류비, 식비, 숙박비, 기타 제 경비가 빠져 있지만, 이러한 부분까지 포함시킬 경우 낚시산업의 규모는 현재의 추정결과를 훨씬 넘어서는 규모가 될 것이다.

안동, 서산, 울진 등 지자체에서 주관하는 낚시대회가 여러 곳에서 장르를 가리지 않고 열리고 있지만, 관광효과가 크게 부각되지 못한 것이 아쉽다. 최근의 현상이지만 바다 낚시 대회를 개최하는 지자체가 늘고 있고, 안동 국제 배스대회처럼 내륙에서도 낚시대회가 열리고 있다. 태안, 통영, 거제도, 사천, 울진, 완도 등에는 해양낚시공원이 들어설 정도로 어촌마을의 개발방안으로

19 동아일보(2018). "나도 도시어부다" 800만명이 바다로 호수로… 지금은 '낚시여가'(11월 10일).

낚시대회의 성공 가능성이 높아지고 있다. 낚시대회는 지역경제에 미치는 파급효과도 커서 지방자치단체가 치열한 유치경쟁을 벌이고 있다. 여러 지자체에서도 낚시대회가 지역의 중요 관광자원임을 인식하고 있는 것이다.

태안군의 태안군수(12월), 국토해양부(5월)배 바다 낚시대회를 4천만 원~1억 원의 비용을 들여 개최하여 600~700여 명이 참여하였다. 태안군에 따르면 완벽하게 부활한 태안의 청정해역에서 낚시를 즐기려는 강태공들이 해마다 늘고 있어 바다 낚싯배가 어민들의 새로운 소득원으로 자리 잡고 있다. 태안군은 본격적인 바다 낚시철을 맞은 주말이면 하루 평균 300여 척의 배가 4천여 명의 낚시꾼들을 태우고 출항한다. 바다 낚시꾼이 늘면서 어민들은 배한 척당 60~80만 원의 소득을 올리고 있는데다 낚시꾼들이 군내 숙박 및 음식점 등을 이용하는 데서 오는 파급효과도 지역경제에 큰 도움이 되고 있다.

전남 장흥군 회진면 앞바다는 40~50cm 크기를 자랑하는 국내 최대 감성돔 서식지로 알려져 있는데, 가을철이면 감성돔의 손맛을 즐기기 위해 전국의 낚시꾼들이 몰려든다. 매년 회진 앞바다에서 장흥군수배 정남진 전국바다 낚시대회를 개최한다. 장흥군과 장흥군체육회가 주최하는 2018년에는 전국에서 200여 명, 특히 1억 2,000만 명의 중국 낚시인들이 즐겨 보는 쓰하이(四海) TV에서 대회를 촬영 후 방송하여 지자체의 인지도를 높였다. 낚시대회를 통

한 국내 방문객의 증가를 예상하게 하고 향후에는 국제낚시대회로의 발전 가능성을 열어두고 있다.

장흥군은 2008년 10월 전국 최초의 대규모 해양낚시시설인 '정남진해양낚시공원'이 문을 열었다. 장흥군은 매년 전국 규모의 낚시대회를 개최하면 회진 바다 낚시의 옛 명성을 되찾고 지역경제에도 보탬이 될 것으로 보고 있다. 안동 배스낚시대회는 외래어종 퇴치방안으로 주말과 공휴일에 한해 동력보트를 이용한 배스낚시를 승인한 후 1996년 전국 최초로 시작됐다. 전국에서 낚시 동호인들이 몰리기 시작하면서 ㈜한국스포츠피싱협회(K·S·A) 주관으로 시작하여 지금은 국제대회도 개최하고 있다. 이 대회는 2018년에는 3월부터 시작하여 총 20회 이상의 대회를 개최하였고, 약 120여 척의 레저보트가 참가하였다.

낚시대회의 파급효과는 낚싯대, 바늘, 보트, 부품 같은 장비 구매로 인한 관련 산업의 활성화를 기대할 수 있다. 대회 개최지역에서 숙박, 음식, 교통, 농수산품 등에도 관광객의 지출이 늘어나는 효과를 볼 수 있어서 축제 관광객을 유치하는 효과와 같은 결과를 얻을 수 있는 것이다. 따라서 다른 일반축제와 같이 낚시대회가 지역소득증대에 한몫을 하고 있음을 인정하는 지자체들이 낚시대회를 개최할 것으로 예상된다.

어족의 다양성 부족은 계절과 지역에 따라 낚시대회를 개최하면 어느 정도 해소될 문제이다. 특정 어종 낚시대회를 하면 다른 어종의 무분별한 남획을 막을 수 있어 오히려 어종보호가 가능하다. 대회 규정에 어획량을 명시하면 무한대로 수산물을 잡는 것을 예방할 수 있다. 우리나라 바다 낚시대회의 문제점으로는 갯바위 낚시대회에 적합한 사이트가 부족하여 선상낚시만 가능한 곳이 있고, 어족 종류가 다양하지 못하고 당일 행사로 끝나며, 기타 흥미를 끌만한 이벤트가 부족하다는 것이다. 그리고 낚시대회에 주민, 대회참가자 가

족, 일반 관람객의 참여가 저조한 대신에 동호회 친목을 위한 참여자가 많은 것으로 나타났다.[20]

낚시대회가 단순한 고기잡이에 머물지 않고 외국처럼 화려한 엔터테인먼트를 겸한 흥미로운 대회로 만든다면 새로운 지역축제로 자리매김할 수 있겠다. 바다 낚시는 계절별로 어종이 달라서 다른 입맛을 즐길 수 있으므로 일 년에 여러 번 대회를 개최할 수 있기 때문에 지역을 브랜딩하기에 매력적인 자원이다.

이런 문제는 외국의 사례에서 답을 찾아볼 수 있다. 프로 배스낚시의 세계 챔피언대회인 Forrest Wood Cup은 Fishing League Worldwide(FLW)가 매년 8월에 열리는데 한곳에서 매년 여는 것이 아니라 미국 전역을 순회하면서 개최한다. 특히 주 정부의 공원 및 관광부와 조인트해서 개최하는 것이 특이하다. 이것은 낚시대회가 곧 관광객 유치에도 중요하다는 점을 보여준다. 많은 주들이 이 대회를 유치하려 노력하는데, 포레스트 우드대회는 세계 최고의 낚시꾼들이 참가해 1년 동안 예선경기를 거쳐 100명만이 참가할 수 있는 대회이다. 3일간에 걸친 대회에는 하루 3만 명의 낚시 팬들의 방문이 이어지고 유럽, 일본 등 세계 각국 언론사들이 취재차 방문하며 라이브 중계방송도 한다.

---

20 김경택 & 이인배(2012). 태안군 '손맛축제(바다 낚시축제) 발굴 및 개최효과에 대한 연구. 충남발전연구원.

FLW는 가족친화적인 이벤트를 잘 하고 있고, 낚시나 시설, 지역매력을 부각시키는 역할도 한다. 따라서 Forrest Wood Cup 낚시대회는 경제적 효과뿐만 아니라 관광홍보 측면에서도 지역에 도움을 주고 있다. 시상식에서는 음악과 음식이 제공되어 축제 분위기를 만들어 주민과 방문객들에게도 즐거운 볼거리를 제공한다. 한쪽에서는 낚시용품 업체들이 낚싯대와 미끼를 전시하고, 보트 제조업체와 선크림 업체들이 홍보활동을 하고 프로 낚시꾼을 잡기 위한 스폰서들의 움직임도 분주해진다.

미국 뉴저지주의 Cape May County 낚시대회는 미국에서 가장 오래된 대회 중 하나이다. 1935년부터 시작하여 2019년은 85회째 대회를 개최했는데 매년 이 지역으로 휴가를 오는 사람들을 끌어오는 마케팅 도구 중의 하나이다. 한 개인이 낚시대회의 공식적인 디렉터로서 대회를 관장하지만 일정에 대한 일은 카운티 관광과에서 관리한다. 주민들과 방문객들이 어울려서 낚시를 즐기고, 14개 어종으로 구분하여 1, 2, 3등 상을 준다. 또한 16세 이하 유소년을 위한 대회를 별도로 진행하고 있다.

케이프 메이 카운티 내의 리조트 커뮤니티는 처음에는 작은 낚시마을로 시작하여 인기를 얻어가면서 점점 더 많은 사람들이 방문하게 되었다. Sea Isle City는 한 구역을 Fish Valley로 지정하였고, 이곳이 나중에는 상업낚시, 해산물 식당, 시장, 그리고 레저보트 비즈니스(마리나 등) 구역으로 알려지게 되었다. Cape May County 수역은 대서양, 델라웨어만, 내륙 수로, 카운티만 등을 포함하는데 민물과 바다 낚시를 가리지 않고 대회를 연다. 낚시대회는 뉴저지주의 법규와 규정을 준수하며, 되도록 catch and release(고기를 잡은 후 방류)를 권장한다.[21]

---

21 www.thejerseycape.com

낚시대회와는 별개로 어촌지역을 브랜딩할 만한 소재가 또 있다. 낚시어선이라 불리는 차터 피싱(charter fishing)이다. 말 그대로 배를 빌려서 하는 낚시를 말한다. 배를 빌려서 하는 차터 피싱을 필자는 용선낚시라고 부른다. 우리나라에서도 제주도, 통영, 여수, 서산 등 해안지역에서 오래전부터 해오고 있으나, 그 규모나 보트의 품질에서 서구권의 차터 피싱과는 현격한 차이가 있다. 차터 피싱은 미국 동부와 남부의 항구에서 활발하게 이루어진다.

출처: Southwest Florida Travel

플로리다 항구의 차터 피싱 보트

우리나라 낚시선은 크기도 작고 품질도 낙후된 편이다. 따라서 어려움에 처한 중소 조선소를 활용하여 쾌적한 낚시보트를 건조하는 방안도 고려해 볼 수 있다. 아직 우리나라는 낚싯배의 품질이 외국에 비하여 낮지만, 조선기술을 바탕으로 낚싯배의 품질을 높인다면 소형보트 산업을 육성할 수 있는 계기도 될 수 있다. 선진국과 같은 수준으로 보트를 현대화하면 용선낚시에 대한 수요도 증가하고, 낚시 관광객의 만족도도 높아져서 해양 레저에 대한 차원을 한층 더 끌어올릴 수 있을 것이다.

관광 활성화를 위한
중소도시 브랜딩 전략

중소도시의
비전과 과제

중소도시의 비전과 과제

중소도시의 쇠퇴 이유를 경제성장 동력이 꺼져 인구가 감소한다는 데서 찾을 수 있다. 경제침체로 실업률이 높아지고, 일자리 감소는 인구 유출을 촉발하고, 고령 인구의 증가로 도시의 활력이 저하되고 있다. 따라서 중소도시 활력의 초점은 경제동력을 부활시키고, 젊은층이 거주할 수 있는 환경을 만드는 방안을 모색하는 게 중요한 과제가 되었다. 지방도시를 부활시키는 프로그램들은 대부분 에너지 자원, 지역 특산품, 그리고 관광을 포함하고 있다. 바로 이런 분야에서 중소도시만의 정체성을 찾아 도시를 브랜딩하는 것이 쇠퇴속도를 줄이거나 활력을 되찾는 방안이 될 것이다.

브랜딩에 성공한 지역은 관광객이 많이 찾는다. 그렇다면 이런 지역의 특징은 무엇일까? 그것은 지역의 고유한 특성을 살렸거나 잘 알려지지 않은 자원을 새로운 시각으로 발굴하여 지역경제가 활성화되었다는 점이다. 인도네시아 우붓처럼 전통문화를 계승하고 있는 도시, 일본 유후인처럼 자연친화적인 개발로 관광객을 끌어들이는 곳, 양양처럼 젊은층의 라이프 스타일인 서핑

도시, 네브래스카 오드 같은 시골도시의 경제발전, 중세기풍의 마을을 호텔로 변신시킨 스위스 산골마을, 덴마크 코펜하겐의 노르딕 퀴진 등은 지역 활성화로 브랜딩에 성공한 사례이다. 그렇다면 본서에서 소개한 사례들을 통하여 무엇이 중소도시의 발전에 기여했는가를 구체적으로 정리해 본다.

사례를 통한 핵심 성공요인

앞에서 소개한 여러 사례를 분석해 보면 몇 가지 성공요인을 발견할 수 있는데 핵심 포인트는 다음과 같다.

첫째, 자연, 문화역사, 상징자원, 산업 등 광범위한 자원에서 강력한 지역 정체성을 발견했거나 창조했다는 점이다. 정체성의 발견이야말로 차별성을 확보하는 전제조건이며, 브랜딩 절차의 첫 단계일 정도로 매우 중요하다. 정체성이 브랜딩의 핵심적인 요소이기 때문에 차별성 있는 정체성은 사람들에게 관심의 대상이 될 수밖에 없다. 노스캐롤라이나의 스코틀랜드 넥이나 인제군 백담사 마을 같은 중소도시가 가지고 있는 DNA인 특이한 자연이나 문화 환경을 새로운 시각으로 조명하여 발전 가능성을 찾아냈다.

따라서 로컬 브랜딩은 지역특성을 먼저 고려해야 한다. 세계의 어떤 지역도 서로 같지 않다. 그러나 서로 다르더라도 사람들이 충분히 그 차이를 인식할 정도로 구별이 되어야만 브랜딩에 성공할 수 있는 것이다. 지역 DNA를 무시하고 인상적인 아이디어만 가지고 지역을 홍보하게 되면 처음부터 실패한다. 네덜란드 도시인 Zutphen은 초콜릿 도시로 브랜딩하려 했지만, 이미 스위스나 벨기에 도시에서는 오래전부터 초콜릿으로 이름을 날리고 있다. 초콜

릿 도시라는 흥미로운 아이디어였지만 지역의 특징과 부합되지 않았다.[1]

둘째, 창의계급을 적극적으로 활용했다는 점이다. 건축, 미술, 디자인, IT, 도시계획, 농업, 관광 등의 분야에서 의욕을 가진 사람들(젊은이, 외지인, 괴짜)이 중소도시에 들어와서 지역주민들이 생각해 내지 못한 아이디어를 제안하고 실행에 옮겨서 지역경제 활성화에 기여하였다. 국가 간의 문화차이는 쉽게 느끼고, 같은 나라 안에서도 자연자원인 경우는 도시 간에 확연히 차이점이 드러난다. 그러나 같은 나라 안에서 지역문화의 다름을 외부인들에게 알리기란 그리 쉬운 일이 아니다. 미국 산타페나 포르투갈 오비도스와 같이 문화도시 브랜딩으로 성공한 도시를 보면 창의계급의 아이디어를 살린 경우가 많기 때문에 중소도시에서는 이들을 유입하기 위한 방안이 필요한 것이다. 충남 홍성군과 강원 홍천군에서 다양한 관광사업을 펼치는 외지인인 젊은이도 창의계급이라 할 수 있다.

셋째, 주요 도시와의 근접성과 우수한 접근성이다. 물론 대도시와 아주 동떨어진 도시들도 브랜딩에 성공한 사례도 있다. 그러나 대부분 대도시에 인접한 곳은 성공 확률이 높아진다. 캐나다 온타리오의 프린스 에드워드 카운티와 같이 토론토, 오타와, 몬트리올 등의 대도시와 지리적으로 가깝고 이들과 연결된 도로조건이 우수하여 브랜딩을 통한 발전전략을 추진하는 데 밑받침이 되었다. 특히 대도시의 인재를 확보하는 데 유리하고, 대도시 주민들이 편리하게 방문할 수 있었다. 리차드와 뒤프(Richards & Duif)가 주장한 대로 대도시 주변의 중소도시는 대도시의 문화 교육 인프라를 활용하는 전략을 취하고 있어서 접근성이 매우 중요한 조건이다.

---

1 Cuypers(2016b). Why destination marketers need to understand Place DNA™(https://destinationthink.com).

넷째, 장기적으로 브랜딩 전략을 추진한 지방정부가 있었다. 안정적으로 브랜딩 전략을 지원하고 추진하여 전략의 일관성을 오랫동안 유지하였다는 점이다. 중소도시 최고의사결정권자의 의지가 중요함을 알 수 있지만, 그보다 먼저 리더십을 장기간 발휘할 수 있는 정치체계도 브랜딩 성공의 요소라 할 수 있다. 지자체장이 바뀔 때마다 달라지는 로고나 슬로건으로는 도시를 브랜딩할 수 없다. 지자체장의 장기간 임기가 보장되지 않는 현실을 감안할 때 우리나라에서는 장기적으로 브랜딩 전략을 추진하기가 만만치 않은 것이 현실이다.

다섯째, 강력한 리더십은 브랜딩 성공사례에서 늘 등장한다. 이는 대도시나 지방에 상관없이 나타나는 현상인데, 비전을 가진 리더들이 앞장서서 이해관계자들과 주민들을 설득하고 여러 섹터에서 네트워크를 구축하면서 공동체를 키웠다. 여기에는 소위 창의력이 강한 괴짜(eccentric)나 지역의 기업가, 젊은이가 리더십을 발휘한 경우가 많다. 홍천군의 수제맥주 사례에서는 외지인 출신의 젊은이가, Het Groene Woud 사례에서는 농부 기업가들이 주도하였고, West Cork에서는 지도자 협동체가 리더십을 발휘하며 지역을 브랜딩하는 역할을 하였다.

여섯째, 효과적인 로컬 브랜딩은 주민이 주도하게 만들어야 한다. 주민들은 관광목적지를 구성하는 핵심요소이기 때문에 주민 없이 도시 브랜딩이 있을 수 없다. 강원도 정선의 18번가 마을호텔이나 테네시주 이토와 사례는 주민들의 자발적인 참여가 이뤄낸 브랜딩이다. 왜 브랜드 매니저들이 커뮤니티를 리드하고 조율하는 데 어려움을 겪는 것일까? 그것은 하향식 접근(top-down)을 취할 때 주민 참여 없이 진행될 경우에 특히 그렇다. 브랜딩 전략을 정부가 주도하면 주민들의 관심도가 떨어지거나 시장이나 군수 등 최고의사결정권자가 바뀌면 추진동력을 잃게 되어 지속성이 없어진다.

　　어느 지역이나 무언가 특별한 것이 있다. 브랜딩은 새롭게 무엇을 만드는 것보다는, 이미 그곳에 존재하고 있으나 알려지지 않은 것을 발견하는 것이 중요하다. 이슈는 지역의 특징과 정책을 조사하고 그것을 하나의 큰 아이디어에 맞게 조정하는 것이지만 이것을 제대로 하는 것도 어렵다. 중소도시가 비전을 갖고 사업을 추진할 때 비로소 브랜딩이 될 수 있다. 브랜딩으로 연결될 수 있는 여러 가지 비전을 몇 가지 제시해 본다.

젊은이가 모여드는 마을 만들기

　　중소도시나 마을이 각기 자기 지역의 환경에 맞는 발전전략을 찾고 지역을 지속적으로 존재하게 하려면 청년층을 받아들이는 방안을 모색하는 게 중요하다. 인구감소는 많은 지방 커뮤니티 존재뿐만 아니라 국가의 존립 자체를 위협하고 있어 우리나라가 직면한 가장 큰 위기 중 하나이다. 그 이면에는 젊은이들이 결혼하고 아이들을 키우는 것이 어렵다는 현재의 경제적 · 사회적 환경이 자리 잡고 있다. 도시에서 그들을 위한 안정된 일자리를 만들고, 아이들이 있는 젊은 부부를 위한 시설과 서비스를 제공해야 도시의 쇠퇴를 어느 정도 막을 수 있다.

　　미국에서 작고 오래된 타운의 활성화를 전문적으로 연구하고 실행에 옮기는 일을 하는 맥크레이(McCray)[2]는 타운의 중요한 이슈 중 하나는 어떻게 하면 젊은이를 지방에 살게 만들 것인가이다. 1900년대의 오래된 타운을 활성화하는 데 어려운 점은 젊은이들에게 타운이 매력 있게 다가가는 일이라고 한다.

2　McCray(2017). Can rural communities retain young people? Are rural Millennials different from urban millennials(http://www.smallbizsurvival.com)?

지방의 작은 타운에서는 스스로의 선택에 의해 지방에서 살기를 원하는 창업가 정신을 가진 신세대를 원하고 있다는 것이다.

우리나라에서도 뜻을 품은 젊은이들이 지방에서 자신의 삶의 철학을 관광이나 농업분야에서 실천하는 사례가 늘어나고 있는 것은 고무적이다. 제5장에서 소개했듯이 홍성군에서 지역 여행과 이벤트 전문회사를 창업한 청년과 홍천군에서 재래 홉으로 프리미엄 수제맥주를 만들어 유명해진 청년이 30대이다.

전남 강진이 농촌관광의 모델로 알려진 것도 40대 중반의 외지인 덕분이었다. 강진군문화관광재단의 임석 대표는 전남이 고향이지만, 대부분 서울에서 자랐고 강진과는 연고가 전혀 없다. 강진으로 내려오게 된 이유는 여행사에서 여행상품을 기획하여 지역관광 활성화에 기여했던 경험을 살려 지역의 관광전문기관에서 활동하고 싶은 생각에서였다. 이런 기관을 통해 지역관광을 발전시키면 여행업계나 지역, 그리고 관광객에게도 좋은 영향을 줄 것이라고 판단했다.

임석 대표

여행상품이 전무하였던 강진에서 2015년부터 그가 6년간 진행했던 사업들이 지역관광의 모델로서 자리를 잡게 된 것과 더불어 방문객도 현재 250만 명으로 처음 시작할 때보다 두 배 이상 늘어서 지역경제에 많이 도움이 된 것이 그에게는 보람이다. 특히 '강진에서 일주일 살기' 사업을 지역주민들과 함께 만들어가면서 노력하면 관광객을 충분히 유치할 수 있다는 자신감을 강진군과 주민들에게 심어준 것에 가장 큰 의미를 두고 있다고 한다. 지역마다 관광 거점이 생기면 관광시장의 파이가 커져서 관광산업이 발전할 수 있다는 신념을 가지고 있기에 그는 강진을 떠나 다른 지역에서 또 다른 역량을 발휘할 계획이다.

청년들을 지방 중소도시로 내려오게 만들려면 "경제적 활동을 유지할 수 있는 직장과 자신의 꿈을 펼칠 수 있는 무대를 만들어줘야 한다"고 임 대표는 주장한다. 그렇지 않으면 절대 지역으로 이주하지 않으며, 억지로 젊은 창업가들의 거처를 만들어서 내려오게 하는 방법은 지속성이 없다고 강조한다. 강진군문화관광재단에는 강진의 젊은이들이 입사하여 지역주민들과 함께 콘텐츠 사업에 참여하고 있다. 많은 관광객들이 찾아오는 환경을 우선 만들어서 그들을 대상으로 한 여러 사업들을 통하여 소득을 창출하거나 본인이 하고 싶던 일들을 할 수 있도록 만들어주면 청년들의 지방도시 정착은 가능한 일이다.

경제적으로 안정되고 지속성이 보장된 일자리가 있으면 청년들은 고향을 떠나지 않고 지역발전을 위해 노력할 것이다. 지방도시에서 관광객들이 점점 더 늘어나는 모습을 보여준다면 다른 지역의 청년들도 들어와서 사업을 펼칠 것이다. 이런 상황은 제4장의 일본 가마카쓰초의 나뭇잎 마을과 제5장 강원 백담사 마을과 충남 홍동마을에서도 실제로 일어났다.

젊은이를 비롯하여 농업에 관심을 갖는 사람들이 늘어나는 현상을 주목하고 있다. 50~60대에 은퇴한 사람들도 80세까지 할 수 있는 일을 농업에서 찾고 있는데, 이들은 스마트팜, 농업용 드론 등 혁신적인 농업기술에 큰 관심을 보이고 있다. 농업박람회에서는 청년부터 은퇴 후를 준비하는 중장년까지 수만 명이 참가하여 지방자치단체 부스에서 귀농 귀촌 상담을 받거나 성공한 귀농인들의 경험담을 접한다. 일부는 농촌에 정착하므로 인구감소에 따른 도시 쇠퇴를 어느 정도 막아주는 방파제 역할을 할 수 있을 것으로 기대된다.

실제로 청년농부들이 농업에 대한 관심과 비전을 이끄는 사례도 많다. 대구 수성구에서 농업회사법인 '건강을 키우는 희망토'를 운영하는 40대의 강영수 씨는 귀농을 준비하는 이들을 위한 농부학교와 유튜브 등 각종 콘텐츠 사업도 진행하면서 공영도시사업농장을 임차해서 배추, 상추, 무 등을 키운다. '네이버팜'과 라이브쇼핑몰 '그립' 등 각종 플랫폼을 통해 농업 콘텐츠를 전달하고 있는데 생각보다 여러 세대가 농업에 관심이 있다는 걸 느꼈다고 하니 농촌에 대한 비전은 아직 살아 있다고 말할 수 있다.

전국 대학에서 취업박람회가 자주 열리지만 주로 IT, 경영, 공학, 바이오 분야에서 일자리가 주로 나오고, 농업 관련 일자리는 부스조차 설치하지 않는다. 청년들이 창농이나 귀농을 통하여 지방에서 기회를 얻도록 대학교 취업박람회가 역할을 할 수 있다. 이런 자리에서 청년 스타농부가 자신의 성공스토리를 청년들과 공유하는 장을 만들어주면 농촌에 대한 시각이 바뀌고, 농촌이 기회의 땅이라는 인식이 확산될 것이라 본다. 다양한 '괜찮은 직업(decent job)'이 지방도시에 있다는 사실을 알리기만 해도 취업박람회는 소기의 목적을 달성할 수 있는 것이다.

인구가 수도권으로 집중되다 보니 지방 주민들은 수도권만 계속 성장한다고 믿고 지방은 희망이 없다는 인식을 갖는 듯하다. 해결해야 할 가장 중요한 것은 무엇보다도 밀레니얼의 지방 중소도시에 대한 인식을 변화시키는 일이다. 지방도시에 살면서 라이프 스타일을 즐기고, 자신의 일에 보람을 느끼며, 점차 기업가 정신을 스스로 터득해 나가는 젊은이들이 늘고 있어 희망은 있다. 홍성군과 홍천군 사례에서와 같이 젊은이들의 모험과 창의력, 그리고 기업가정신이 어우러져서 그 지역의 브랜딩에 힘을 보태고 있으니 벤치마킹을 할 만하다.

레저도 브랜딩 자원

관광이나 레저는 지방 중소도시를 브랜딩할 수 있는 자원이다. 상품화할 수 있는 자원으로는 낚시, 캠핑, 사냥, 크로스컨트리 스키, 등산 등 아웃도어 레저가 있다. 앞에서 소개한 것처럼 낚시는 강이나 호수, 바다가 있는 지자체가 고려해 볼 만하다. 사냥은 지자체가 순서를 정하여 일정기간에 수렵을 허용하고 있다. 크로스컨트리 스키는 아직 우리나라 사람들에게는 생소한 레저지만, 다운힐 스키에 비하면 안전하고 별다른 시설이 필요하지 않아 눈이 많이 오는 지역에서 시도해 볼 만하다. 가족이 함께 즐길 수 있는 크로스컨트리 스키에 대한 수요를 창출하는 방안은 관심이 있다면 그리 어렵지 않게 생각해 낼 수 있다. 캠핑은 이미 대중화되어 있다.

그러나 어느 중소도시도 이런 레저활동으로 확실히 브랜딩된 곳은 기억에 없다. 단순한 활동 자체만으로는 유명한 곳이 없다. 관련된 시설이나 어메니티, 정책이 충분히 갖춰져 있다면 양양과 같이 특화된 레저로 차별성 있는 포지셔닝을 할 수 있다.

사냥과 크로스컨트리 스키

레저 자원으로 젊은이들을 지방의 중소도시로 끌어올 수 있을까? 젊은이의 도시로 브랜딩한 중소도시의 사례를 보자. 미국 아이다호주의 동부에 있는 렉스버그(Rexburg)는 인구가 26,000명인데, 그 지역 자체를 'Millennial City USA'로 브랜드화하기로 결정했다. 그 이유는 인구의 80% 이상이 30세 이하이고, 브리검영(Brigham Young) 대학과 아이다호 주립대가 가까이 위치한 장점이 있기 때문이다. 특히 2025년까지 18~35세 인구는 전국적으로 3% 이하의 증가세를 예상하지만 이곳은 26%의 증가를 보일 것으로 내다보았다.[3]

아이다호주의 Rexburg 위치

PRweb.com에 의하면 지방도시인 Rexburg가 밀레니얼 그룹에 어필할 수 있었던 이유는 대학교육, 취업기회, 저렴한 생활비, 그리고 무궁무진한 아웃도어 레저 기회라고 하였다. 지방 밀레니얼은 타운이나 중소도시의 중심보다는 큰 도시 외곽의 한적한 곳에 살기를 선호하며, 연봉이나 다른 인센티브보다 자신이 하는 일에 의해서 동기가 부여된다고 한다. 지방도시에 거주하는 밀레니얼은 일과 삶의 균형(워라밸)을 중요하게 여기고 있어 워라밸 욕구를 만

---

3 prweb.com

족시켜 주는 지역은 발전할 수 있음을 보여준다. 밀레니얼 세대[4]라고 부르는 청년세대는 태어날 때부터 디지털 기기를 접하고 사는 '디지털 네이티브(Digital Native)'이며 글로벌 환경에 익숙한 세대이다.

Rexburg 밀레니얼들의 사냥, 낚시 레저활동

아이다호 동부지역에서는 재무, 과학기술, 헬스케어 산업이 가장 빠르게 성장하고 있어 일자리 공급이 원활한데다, 인근의 옐로스톤, 그랜드테턴국립공원에서 연중 아웃도어 레저를 즐길 수 있는 기회가 있어 신세대가 선호한다. 페이스북, 링키드인, 인스타그램 같은 소셜미디어를 통해 아이다호 동부지역의 매력과 라이프 스타일을 지방 신세대의 눈을 통해 전파하고 있어 전국의 젊은이들에게 지역홍보 효과도 거두고 있다.

렉스버그는 우리나라 현실과 맞지 않은 내용도 있어서 우리나라에 직접 적용하기는 어려우나, 중소도시에 얼마 남지 않은 신세대의 생각을 듣고 그들의 지역사회 참여를 이끌어내는 것이 중요함을 보여준다. 젊은 세대에게 지방도시에 대한 관심을 높이려고 Rexburg에서는 레저기회를 제공하고 있다. 젊은

---

4 미국에서는 1982년부터 2000년 사이에 태어난 20~30대를 모두 밀레니얼 세대라고 한다.

이들의 대도시 선호 성향으로 이런 노력은 우리나라에서는 별로 효과가 없을 것으로 보이지만, 미국 젊은이들에게는 어느 정도 효과가 있는 셈이다.

우리나라 지자체뿐만 아니라 세계의 많은 지역에서도 관광객 유치에 상당한 노력을 하고 있지만, 관광객에게 제공하는 매력은 도시, 문화, 자연, 축제, 음식, 공연 등이 대부분이다. 아웃도어 레저까지 관광의 범위를 넓히면, 지자체에서 유치할 수 있는 관광객의 숫자는 훨씬 커지고, 활용할 자원도 그만큼 다양해지는 장점이 있음을 강조하고 싶다.

시골 살아보기 트렌드

온라인 호텔예약 사이트 호텔스닷컴은 전 세계 밀레니얼 6,788명(한국인 300명 포함)을 대상으로 '여행 버킷리스트'를 조사했는데, 응답자의 35%가 유명 관광지보다는 작은 지방도시를 방문하고 싶다고 대답했다.[5] 그 다음으로는 독특한 거리 음식 체험하기(33%), 새로운 언어와 기술 습득하기(33%) 순이다. 여기서 중요한 점은 작은 지방도시를 방문하고 싶다는 희망이 유명 관광지보다 앞섰다는 것은 지방도시로서는 희망적이다. 특히 한국인 응답자 중에서는 독특한 거리음식 체험하기(47%), 여행지에서 재료 구입하여 만들어 먹기(40%), 동반자와 시골마을 걷기(33%) 순으로 선호하는 것으로 나타났다.

밀레니얼 세대는 최소한의 비용으로 잘 알려지지 않은 지역에서 색다른 체험을 하고, 여행경험을 소셜미디어에서 공유한다는 공통점이 있다. 이들은 대형 호텔 대신에 도심 골목길의 에어비앤비(Airbnb) 숙소를 정하고, 가이드북에 없는 현지인만이 아는 특별한 장소를 찾아 로컬문화를 즐긴다. 에어비앤비는 바로 이런 밀레니얼 세대의 여행 트렌드를 충족시켰고, 이런 추세를 지켜본

---

5 이코노미조선(2017). 관광산업 신흥강국(231호 12월 25일).

기성세대들도 동조했기 때문에 급속히 성장할 수 있었던 것이다.

호텔스닷컴 연구결과에서 주목할 점은 밀레니얼들이 대도시보다는 지방 중소도시에서 경험하기를 선호한다는 것이다. 작은 마을이나 도시에 소재한 호텔이나 게스트하우스, B&B(Bed & Breakfast)가 에어비앤비에 많이 가입하고 있어서 숙박문제로 어려움을 겪었던 중소도시로의 여행이 편리해졌다. 에어비앤비 숙소의 가격도 저렴한 편이어서 장기간 숙박이 가능해졌기 때문에, 식재료를 사다가 직접 요리해서 먹고 동네 둘러보기 등 현지체험을 할 수 있게 된 것이다.

코로나 펜데믹이 여행 트렌드를 해외여행에서 국내여행으로 바꿔놓았다. 항공편의 부족이나 해외의 코로나 창궐로 관광객들이 두려움과 불편함을 기억하고 있어서 포스트 코로나시대에 외국여행은 예전과 같은 인기를 누릴 수 없게 될지도 모른다. 2020년 5월 기준 전 세계 에어비앤비 예약 중 60%가 비도시 지역의 숙소였다. 예전에는 도시 위주로 여행을 다녔지만 이제는 사람들이 덜 찾는 지방의 중소도시로 선호가 바뀌었다. 자연이 있고 코로나를 피해서 산악이나 해안지역을 찾는 여행이 늘고 있는 것이다. 이런 현상은 밀레니얼의 여행 트렌드와도 일치한다.

따라서 인기가 높아지고 있는 에어비앤비 같은 숙소를 통해서 지방의 다양성을 경험하게 하여 중소도시의 관광을 활성화시킬 수 있는 길을 찾을 수 있다. '여행은 살아보는 거야'라는 에어비앤비의 슬로건이 젊은층에게 상당히 어필하고 있다. 밀레니얼뿐만 아니라 기성세대도 유명 관광지에 있는 대형 호텔보다는 남들이 잘 모르는 에어

비앤비 숙소에서 머물면서 알려지지 않은 특별한 곳을 집 주인으로부터 소개받아 로컬문화를 즐기고 싶어 하는 경향을 보인다.

로컬체험을 즐기는 밀레니얼과 기성세대의 트렌드는 중소도시가 어떻게 대응해야 할지에 대한 시사점을 준다. 국내의 오지마을이나 농산어촌에도 일정한 수준을 갖춘 한옥이나 목조주택, 콘도, 게스트하우스, 자연휴양림 등의 수많은 숙박시설들이 에어비앤비 회원사로 가입해 있다. 따라서 우리나라 사람들이 농산어촌에서 '한 달 살아보기' 체험도 가능하고, 외국인들에게도 한국 농산어촌의 매력이 전달된다면 농산어촌 로컬체험에 대한 수요가 생길 수 있다. 특히 한옥은 외국인들에게 매우 이색적이고 매력적인 경험을 주는데, 농산어촌에서의 숙박과 로컬생활을 엮는 장기적인 생활여행 패키지도 새로운 상품이 될 것이다.

앞의 국내외 사례에서 보았듯이 지방을 시골로 인식하는 기성세대와 달리 밀레니얼들이 창의적으로 지방 혁신을 주도하는 곳이 많다. 정체성이 강한 그들이 좋아하는 일을 하고 싶어서 로컬문화와 가치를 창조하는 사업을 시작하여 지역의 문화와 지역산업을 일으키는 것이다. 지방 중소도시의 특정한 곳이 SNS를 통하여 널리 알려지기 시작하여 주민들의 소득이 늘어난다면 젊은이들이 그곳에서 새로운 기회를 찾기 위해 몰려들지도 모른다. 창의 인재들이 모이면 지역산업이 발전될 가능성이 높아진다.

브랜딩의 힘은 주민으로부터

지방 중소도시의 브랜딩 전략을 실행하기 위해서는 초기에 반드시 갖추어야 할 조건들이 있다. 우선적으로 브랜딩 사업을 전개해 나갈 주민 중심의 공동체를 구축하는 것부터 지역 브랜딩을 안정적으로 이끌 수 있는 기반인 주민들의 소득 창출, 그리고 강력한 리더십 등이 요구된다.

공동체 결성과 주민 참여

중소도시나 마을 브랜딩은 주민이 주체가 되어 마을의 특성을 살리면서 지역자원 등을 활용하여 주민 스스로가 지속가능한 생활이 가능하도록 하는 일이라 마을공동체의 결성이 아주 중요하다. 마을공동체 지원 등에 관한 조례에 따르면 마을이란 주민이 일상생활을 영위하면서 경제·문화·환경 등을 공유하는 공간적·사회적 범위를 말한다. 마을을 키워드로 온라인 빅데이터를 분석한 결과도 일자리 창출, 지역특성화, 지속가능성, 활동가의 헌신, 대화와 소통, 민주적인 의사결정 등이 성공적인 마을 공동체의 중요한 요인으로 나타났음은 이런 주장을 뒷받침해 준다.

국내외의 성공사례에서 늘 중요한 요소로 등장하는 것이 주민의견을 수렴하여 각기 다른 의견을 조정하면서 그들의 참여를 이끌어내기 위한 공동체 결성이다. 공동체가 만들어져도 브랜딩 노력의 성공을 장담하기 어려운데, 공동체가 만들어지지 않으면 실행 도중에 의견이 갈리고 구성원 간 갈등이 증폭되어 결국 실패로 끝난다. 성공한 브랜딩 도시에는 대부분 시작부터 공동체를 결성하거나 강력한 리더십을 발휘하는 집단이 있었다. 한국농어촌공사가 지원하는 농촌마을사업을 신청하지 못하는 마을들을 보면 주민들이 고령화되어 관심이 없거나 주민 간의 갈등으로 공동체 자체가 없는 경우가 대부분이다.

지역 브랜딩의 성공은 지역의 이해관계자들이 얼마나 그 장소의 본질적 가치를 이해하고 실천에 옮기느냐에 달려 있다. 다양한 이해관계자들과 긴밀한 소통 네트워크를 구축하여 공동체를 결성하는 것이 우선적으로 갖추어야 할 성공조건이다. 효과적인 로컬 브랜드 전략은 프로세스 초기부터 모든 이해관계자들을 한데 모아서 공통적인 비전을 만든 다음 그것을 성취하기 위한 플랜에 동의하는 것이다.

소득창출 사업

중소도시나 마을을 브랜딩할 때 기본으로 삼아야 할 원칙은 주민들이 행복하게 살 수 있게 기본적으로 소득이 보장되는 곳으로 만드는 것이다. 인구가 줄어드는 추세를 되돌리기는 어려운 상황이지만, ICT기술 발달로 오지에서도 일할 수 있고, 온라인이나 SNS를 통하여 사회와 소통할 수 있는 환경이 조성되어 있으므로 인구감소가 마을의 소멸로 곧바로 연결된다고 볼 수는 없다. 일정 수준의 경제적 소득을 누리고 행복한 생활을 누릴 수 있는 마을이라면 분명히 그곳으로 찾아드는 사람들이 있을 것이다.

커뮤니티 공동체가 지속가능하려면 커뮤니티 단위의 사업체를 만들어 일자리를 제공하는 것이다. 주민들이 마을버스를 운영하여 소득을 창출하고 출향인사들이 돌아오는 강원도 백담마을이 좋은 사례이다. 문화 교육적인 환경 조성도 중요하지만, 가장 우선으로 해야 할 것은 먹고사는 일자리 문제가 해결되어야 한다. 특히 청년층과 농·귀촌인은 지역경제에 활력을 불어넣는 자원이므로, 이들이 농어촌에서 행복한 생활을 하도록 이들을 위한 일자리가 필요하다. 요즈음 관심이 높아진 마을기업, 협동조합, 사회적 기업 등은 바로 공동체의 일자리를 스스로 마련하기 위한 대안들인데, 이들의 성공 스토리가 지역 브랜딩에 든든한 받침돌 역할을 한다.

도시농업과 연계한 일자리 창출방법인 "농장에서 식탁으로(farm-to-table)" 조리 이벤트는 모든 재료를 로컬에서 공급하는데 호응이 좋다. 전북 완주군의 로컬푸드 사업은 바로 이런 개념을 실행으로 옮겨 성공한 사례이다. 도시민들은 로컬푸드 매장에서 농민들이 진열한 신선한 채소, 곡물, 가공품 등을 구매한다. 완주 로컬푸드 사업장에서는 이런 재료를 사용하여 "farm-to-table(농장직송)" 식당을 운영한다. 이런 조리행사에 지역대학의 외식관련 학생들이 파머스 마켓과 식료품 가게에서 상품을 진열하는 법이나 조리방법을 돕고 농부, 경제단체, 조리사, 영양사, 관광전문가 등이 참여하여 가용자원에 대한 이야기를 나누면 네트워크가 구축되는 효과도 있다.

이외에도 쇠퇴에 직면한 커뮤니티를 살리고자 관광분야에서 소득을 찾는 사례도 있다. 정선 고한18리나 스위스 산골마을 사례에서 알 수 있듯이 유명 관광지 부근의 마을에서 지역특성에 맞는 가옥을 대상으로 게스트하우스나 펜션, 호텔 형태로 전환시켜 운용할 수 있다. 인구가 감소하여 많은 타운이나 도시들이 없어질 위기에 놓인 이탈리아에서는 외지 사람이 정착하러 들어오면 집을 1달러에 팔거나 가옥 수리비를 지원하되 반드시 그곳에서 B&B와 소규모 호텔 같은 숙박시설, 식당, 기념품점 등의 비즈니스를 열도록 조건을 걸었다. 주민들이 마을을 떠나지 않게 하고 외부 사람들을 끌어들여 마을을 존속하게 하는 방안으로서 관광사업을 소득창출의 원천으로 여기고 있음을 알 수 있다. West Cork나 Het Groene Woud 사례에서도 알 수 있듯이 지역 브랜딩 프로젝트의 동기도 주민들의 소득을 올리는 것이었다.

창의계층 참여와 리더십

국내외의 여러 사례에서 나타나는 공통점은 창의적인 사람들의 역할이다. 변화를 리드하는 주체는 창의적인 변화를 주도하는 데 있어서 리더십을 발휘하는 사람이나 단체/기구다. 결과는 창의성이나 상상력이 좋은 사람들이 어느 정도로 참여하느냐에 따라 달라진다. 특별한 행동가는 예술가, 과학자, 정치가, 기업가 등 다양한 분야의 출신이 될 수 있고, 민간재단이나 비영리기구, 커뮤니티 단체 등에서도 찾을 수 있다. 특히 예술가들은 프리랜서로서 소규모 사업을 하거나 아마추어로 일하므로 유연한 작업일정과 이동성을 갖추고 있어서 이들의 존재는 자주 간과되는 편이다. 그렇지만 보이지 않는 인재들의 참여는 창의적인 전략을 고안하고 개발하는 과정에서 중요한 역할을 한다. 그들의 말을 경청하고 무엇이 필요한지 문의하는 것이 창의인재와 제도권의 대리인 사이를 연결하는 출발점이 된다.

출처: Google.com, flickr.com

포르투갈의 유명한 안무가인 루이 오르타(Rui Horta)는 세계를 돌아다니며 일하면서 살아본 특별한 사람인데, 포르투갈에서 인구 18,500명의 소도시인 몬테모로노보(Montemor-o-Novo)로 이주하기로 결정하였다. 그는 포르투갈이나 외국의 현대행위 예술가들을 지원하는 조직을 이곳에 만들었다. 그는 국제적으로도 매우 왕성하게 활동하지만, 이 소도시의 학교와 단체 등과 협업함으로써 커뮤니티와 어울리는 역할도 한다. 예술가들은 멋진 자연환경을 가진 몬테모로노보에서 창의성을 위한 시스템을 설치함으로써 이 도시와 깊은 관계를 맺었다. 이들의 예술활동은 지역민에게 새롭고 다양한 시각을 열어주고, 삶의 질을 향상시키며, 세계를 이해하고, 수많은 고용과 투자기회를 창출하는 중요한 역할을 하고 있다.

많은 사례에서 공통으로 발견되는 것이 바로 열정이다. 열정은 브랜딩 프로세스에서 필수요소인데, 지역과 밀접한 관계가 있다고 느끼는 사람들은 지역발전 프로세스에서 기꺼이 리더 역할을 마다하지 않는다. 외부 인사도 리더십을 발휘할 수 있으나 대부분 그 지역출신이 고향을 위해 일하고 싶은 마음에서 참여하는 경우가 대부분이다.

압축도시 만들기

지역 브랜딩 전략의 하나로서 쇠퇴하는 중소도시가 선택할 수 있는 대안으로 압축도시(compact city)가 있다. 일본에서 먼저 시도되었는데 아오모리시와 도야마시가 대표적이다. 다른 용어로는 스마트 축소(smart decline)전략이라고도 하며, 인구감소로 축소된 도시의 스케일에 맞추어서 인프라를 조정하는 것이다. 압축도시 전략에는 고밀도 개발, 복합적 토지 이용, 대중교통 활성화 등의 3가지 핵심내용이 있다.[6]

---

6 마강래(2017). 지방도시 살생부–'압축도시'만이 살길이다. 개마고원.

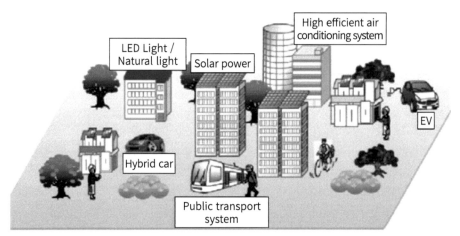

미래의 콤팩트 시티 이미지

　도시개발을 하면 일반적으로 주택단지와 쇼핑센터를 도시 외곽에 만든다. 인구가 그곳으로 이동하는 바람에 도심은 공동화 현상이 생기고, 줄어드는 인구마저 사방으로 흩어져서 교통, 의료, 교육, 복지 등의 서비스를 제공하는 비용과 시간이 비효율적이라는 문제가 발생한다. 인구가 분산되어 있으면 주민들이 교류할 기회도 줄어들게 마련이다. 이런 현상은 농산어촌 지역일수록 심하게 나타난다. 그러나 주거와 상업 등의 기능을 도심으로 모아놓으면 교통, 도로, 상하수도, 전력 등의 인프라를 관리하고 유지하는 비용도 줄어들면서 서비스도 효율적으로 제공할 수 있다. 이렇게 하면 도심으로 인구를 끌어들이는 효과가 있고 노인들을 위한 만남의 장소가 제공되어 사회안전망을 확충하는 부수효과도 기대할 수 있다.

　이러한 압축도시를 만들게 되면 지역의 쇠퇴를 그리 염려하지 않아도 될 듯하다. 다른 외곽은 인구소멸로 없어질지 모르지만, 중심지역은 오히려 인구가 늘어나고 삶의 질이 높아져 인구유입도 기대해 볼 수 있다. 여러 장점과 편리함을 갖춘 압축도시라는 정체성도 얻게 된다. 다른 지방 중소도시에게 벤치마킹 대상이 되어 방문객들이 찾아오게 되면 관광효과도 누릴 수 있고, 전국적인 인지도도 높아져 도시가 자연스럽게 브랜딩되는 기회가 만들어진다.

중소도시 브랜딩의 도전

중소도시가 직면한 가장 큰 도전은 오랫동안 관리되지 않은 지역의 정체성과 명성이 일관성 없이 바뀐다는 점이다. 도시가 어떤 때는 A라는 이미지와 연상을 주다가도 또 다른 때는 B라는 이미지와 연상을 준다면 브랜드 전략이 없다고 말할 수 있다. 도시가 무엇으로 알려지고 싶은가를 생각한다면 일관성 있는 액션이 필요하다. 명성은 브랜드 소유자가 직접적으로 컨트롤할 수 없는 외부적인 현상이지만, 브랜드와 소비자 사이의 모든 거래를 떠받치고 있는 핵심적 요인이다. 명성은 대단히 가치 있는 자산이므로 장기적으로 관리해서 지속적으로 유지되게 해야 한다.

대도시의 브랜딩에 대해서는 외국에서도 수십 년 동안 과학적인 연구가 이루어졌으나 지방 중소도시 브랜딩에는 관심을 갖지 않았다. 많은 지방 중소도시가 쇠퇴의 위험에 처해 있으므로 브랜딩 전략을 통하여 중소도시가 지속되는 방안을 찾을 때이다. 지방도시의 브랜딩은 지역의 정체성을 강화하는 방법이 되고, 주민들은 지역 공동체의 가치에 상당한 기여를 할 준비가 되어 있어야 한다.

중소도시 브랜딩은 도시의 강점과 경험이 주는 가치와 본질에 대하여 전략적으로 접근하는 것이다. 이러한 강점과 경험은 차별성이 있어야 하며, 브랜드 활동을 통하여 지역의 가치를 의도적으로 창조하고 발전시키며 보여주는 것이다. 성공적인 도시 브랜딩은 비전에 도달하기 위하여 조화로운 노력이 필요하다. 그 비전은 지역을 방문하는 사람들이 경험한 현실과 도시가 전달하고자 하는 긍정적인 기대와 약속이 일치될 때 비로소 달성된다.

그러나 우리가 가진 인식과 기대와는 전혀 다른 지역 현실을 발견하곤 한다. 이런 인식은 여행경험, 교육, 소셜미디어, 친구/친지의 코멘트, 영화, 매스미디어 등의 영향으로 형성되고, 지리적 위치, 경제, 역사, 기후, 문화, 종교 또는 건축 등의 복잡한 요인들이 얽혀서 도시의 실제적인 모습을 만들어낸 것이다. 그래서 모든 중소도시의 도전은 외부에서 가지고 있는 인식과 지역의 실체와의 갭을 연결하고 관리하는 일이지만, 아직도 많은 도시에서 낡고, 부정확하며, 균형 잡히지 않은 이미지와 싸우는 중이다.

이러한 환경에도 불구하고 각 지자체는 나름대로의 특성을 살리면서 지역 발전을 도모하고 있다. 산업을 유치하거나 지역문화와 역사를 바탕으로 관광을 진흥시키고, 농어산촌의 환경을 활용하여 경쟁력을 갖추는 노력이 한창이다. 이제는 지방 중소도시도 수동적인 자세에서 벗어나 전략적인 마인드를 가지고 적극적으로 자신의 지역을 널리 알려서, 살기 좋고 일하기 좋은 곳이라는 인식을 심으려는 경향이 높아졌다. 지역의 이미지와 명성이야말로 곧 지역의 매력성과 연계된다는 점을 충분히 알고 있다.

전략 비전을 공유하는 사람들을 뭉치게 만들면 진행에 강력한 역동성을 만들 수 있고, 브랜드 관리는 내부 프로젝트에서 무엇보다도 먼저 해야 할 일이라는 생각이 중요하다. 창의적인 환경을 조성하기 위하여 사회적 공동화를 피하는 갈등 해결 프로그램이 필요하다. 지역주민과 새로 이주한 주민, 전통적인 공간과 창의적인 공간 사이에는 이러한 갈등이 존재한다. 다양한 환경이 요구되지만, 처한 현실이 서로 다르고 라이프 스타일에 차이가 있는 집단의 공존은 늘 편안하지 않은 법이다. 창의적인 브랜딩 전략을 정의하고 실천하는 과정에서 커뮤니티를 참여시켜 사회적 공동화를 피하는 것이다. 따라서 사람들에게 알리고 소통하는 메커니즘을 통해 갈등을 관리하면서 다양성을 인정하는 분위기를 조성하는 것이 중요하다.

브랜딩을 위한 도전과제

로컬 정체성 발견

여러 학자들은 브랜딩은 지역특화산업을 발굴하거나 문화유산을 기반으로 추진되어야 한다고 주장한다. 중소도시의 문화체험을 통해 지역관광을 활성화하여 방문객의 유입을 꾀함으로써 일자리를 창출하고 경제적 활성화를 촉진시킨다는 것이다. 그러나 이러한 주장은 다른 지역과 특별히 다른 문화적 특징이 있는 곳에서는 가능하다. 예를 들어, 전통 한옥마을에서는 문화와 관광체험 프로그램을 육성하고 고유의 정체성을 강화하는 방향으로 추진한다. 사람들이 자신의 지역을 보존하고 발전시키기 위한 행동에 나서게 하려면 강렬하면서도 서로가 공감할 수 있는 지역 정체성이 필요하다. 그 이유는 지역 정체성은 주민들에게 자긍심을 불러일으키고, 공동체 정신을 갖게 함으로써 기꺼이 협력을 이끌어내는 바탕이 되기 때문이다.

그러나 우리나라 농어촌지역은 문화적인 특성이 비슷하여 차별성을 갖추기가 어려운 상황이다. 차별성이 있는 지역이나 마을은 그나마 관광객 유치로 경제적 여건이 좋은 편이어서 젊은이들의 마을 이주도 꾸준하다. 그러나 그렇지 못한 지역들은 주거 매력이 떨어지고, 소득자원도 미약하여 쇠퇴하게 된다. 대부분의 중소도시들은 그들 자신의 생태계 안에서 작동하므로 자신만의 틈새를 발견하는 것이 중요하다. 앞에서 제안한 수제맥주와 관련된 홉의 재배는 그 지역을 분명 다르게 만들고 있고, 낚시나 서핑도 아직은 여러 지역에서 활발하게 개발하는 단계가 아니라서 '새로운 영역을 개발해서 최초로 진출'한 다는 원칙이 적용될 수 있다고 보는 것이다.

리더십

브랜딩에 성공한 중소도시들의 특징 중 하나는 영감을 주는 젊은 지도자가 있었다는 점이다. 자연적인 매력이 부족한 도시나 특별한 경제활동이 부진한 지역인데도 발전하는 곳이 있다. 그런 곳에는 비전을 가진 지도자가 있고, 효과적인 협동 프로그램이 존재한다. 지방도시 브랜딩은 외지인들에게 지역을 일관성 있는 메시지로 홍보하는 것이 중요하지만, 지역의 이해관계자들이 같은 이슈에 대해 각자 다른 견해와 태도를 가진다는 점 때문에 모두가 만족해 하는 해결방안을 찾는 데 애를 먹는다. 따라서 성공적인 지역 브랜딩을 위해서는 이해관계자들 간의 조정과정이 반드시 필요하며, 컨센서스에 도달하는 데에는 지난한 시간이 요구된다. 따라서 누가 브랜딩에 책임을 지고 브랜딩 프로세스에서 파워를 행사할 것인가를 확실히 정하는 것이 좋다.

지역 브랜딩 성공요소 중 하나는 리더십, 행정, 그리고 협력관계에서 높은 수준의 지속성이 있어야 한다는 점이다.[7] 리더십의 지속성은 시장이나 군수, 시민기구 지도자의 재당선으로 오랜 동안 자리를 지키면 가능하다. 이럴 경우 정부가 주민이나 업계와 강력한 커넥션을 구축할 수 있는 강점이 있다. 'Bosch 500' 프로그램을 실행한 네덜란드 스헤르토헨보스시의 롬바우트는 무려 21년이나 시장직에 있으면서 도시 브랜딩의 성공사례를 만들었다. 이것은 도시 브랜딩이 장기적이고 일관성 있게 추진해야만 성공할 수 있다는 점을 보여준다.

---

7 Richards & Duif(2019). Small cities with big dreams—creative placemaking and branding strategies. London: Routledge.

루마니아 시비우(Sibiu)는 인구 15만 명의 도시로 2007년 유럽문화수도로 선정됨으로써 이름을 알리게 되었고 '유럽 도시'로 브랜딩하는 데 성공하였다. 여기에는 2000년 초부터 14년간 시장으로 재직한 요하니스(Johannis)의 리더십이 결정적인 역할을 하였다. 2007년 그는 시비우를 유럽 문화수도로 등재시키면서 각종 이벤트를 활용하여 도시의 이미지를 바꾸고 투자를 이끌어냈다. 특히 도심재개발과 공항 건설에서 외국자본을 유치하여 경제적인 성과를 거둔 것이 시장직을 오랫동안 유지한 기반이 되었다. 시장을 포함한 지방정부는 유럽 문화수도 선정 외에도 도시발전에 필요한 외부자원을 끌어와서 변화를 일으켰다. 독일 배경을 가진 시장은 특히 재개발사업에서 독일자본을 유치하였을 뿐만 아니라 루마니아 정부의 문화부에서도 지원을 이끌어냈다.

대부분의 사람들이 시비우가 유럽 문화수도가 되었다는 것을 전혀 들어보지 못했기 때문에 문화수도 선정 소식은 미디어의 주목을 받았고, 이런 퍼블리시티 효과로 쇼핑과 이벤트를 즐기려는 관광객들이 꾸준히 증가하였다. 2011년부터 2017년 사이에는 시비우를 '일하는 도시'로 여기는 사람들의 숫자가 크게 증가하였다. 많은 이벤트를 유치하여 자국민뿐만 아니라 많은 외국인들도 즐기게 함으로써 국내외적으로 좋은 이미지를 만들었고, 사회적 유대를 증진시켜 더 많은 관광객을 유치하게 되었다.

대부분의 도시에서 여러 축제를 개최하지만 일련의 축제 이벤트도 리더십이 튼튼해야 가능하다는 것을 알 수 있다. 리더십을 가능하게 하는 요건 중에는 의사결정자의 의지와 더불어 장기간의 지속적인 축제 이벤트에 대한 지원이 있다. 시장직을 단기간 역임하는 경우에는 장기 지원이 어렵고, 일정기간 성공했다고 평가받는 축제들조차도 시장이나 군수가 바뀌면 찬밥 신세가 될 때가 많다. 더구나 지방정부의 지원이 끊어지면 그대로 사라지는 경우가 많은데, 문화 이벤트는 대부분의 실행자금을 지방정부에 의존하기 때문이다. 이러한 현상은 유럽이나 미국의 도시들도 마찬가지이다.

창의적인 네트워크 구축

리더의 열정 못지않게 지역 브랜딩 프로세스에서 협동과 네트워크는 매우 중요하다. 성공은 바로 공무원, 기업가, 협회 등 여러 섹터의 조율을 통해서만 가능한데, 관료적으로 접근하기보다는 주민들과 기관들의 아이디어와 욕구를 감안하는 것이 매우 중요하다. 브랜딩 프로젝트로 인하여 주민이나 기관이 별로 혜택을 받지 못하거나 자신들이 참여하지 못한다고 느끼면 실패할 가능성이 높은 것이다.

지역홍보 전략에서 지역의 경쟁력 확보나 경쟁우위라는 개념은 상당히 강조되는 편이다. 경쟁에서 이겨야만 목적을 이룰 수 있다고 여기기 때문이다. 그러나 남을 이기는 길을 경쟁에서만 찾지 않고 오히려 협력과 연대에서도 찾을 수 있어야 한다. 지역사회의 자원이나 인력 등 역량이 부족한 상태에서는 지역 내의 기업이나 공공기관, 시민단체 등과의 네트워크를 구축해서 협력하면 역량을 키워나갈 수 있다. 네트워크의 사용은 개발 프로세스 계획에서 여러 자원을 연결하고 그것이 의미를 갖도록 프로그램 실행을 시사하는 것이다.

네트워크는 유대(bonding)와 연결(bridging)이 중요하다. 유대는 주민을 비롯한 이해관계자들이 공유하는 정도를 말하는데, 소속감을 불어넣어 브랜딩 프로그램에 대한 광범위한 지원을 만들어내는 데 도움이 된다. 연결은 지역을 새로운 네트워크나 만남과 링크시키고, 관점의 지평을 넓힘으로써 새로운 기회를 만들어내는 의미가 있다. 네트워크 사회에서 파워는 보유한 콘텐츠와 관련이 있을 뿐만 아니라 네트워크의 활용에도 관련이 있다.

서구에서 중소도시의 지위는 더 이상 인구 수라든지 보유한 어메니티, 창의계급의 유치 여부에 직접적으로 영향을 받지는 않는다. 그 대신에 광범위한 자원을 사용하여 새로운 잠재력을 찾는다. 전통적인 어메니티에다 품격, 매력, 천부적 재능 중심, 사회성, 네트워킹 자본을 사용하여 발전을 꾀하고 있다. 외부자원을 활용함으로써 경쟁보다는 오히려 네트워킹과 협력을 강조하는 경향이 있다. 도시들이 브랜딩을 실행하는 과정에서 배운 점은 다른 도시들과의 차별화도 중요하지만, 다른 도시와 어떻게 함께 일할 수 있을 것인지에 대하여 점점 더 생각하게 되었다는 점이다. 이런 접근방식이 네트워크의 가치와 협력의 이점을 향상시키기 위한 것임을 깨우치게 된 것이다.

중소도시는 창의성에 초점을 둔 지역네트워크에 참여함으로써 주변지역 발전에 결정적인 앵커 역할을 할 수 있다. 즉, 지역주민에게 기본적인 서비스를 제공하고 도시와 농촌 간의 연결을 증진시키고 다원주의를 고양시킬 수 있다. 더군다나 중소도시는 다른 타운이나 도시와 함께 상호 보완성을 바탕으로 지리적으로나 사업내용별로 파트너십을 구축함으로써 이득을 얻을 수 있다. 왜냐하면 경제적, 인적, 문화적으로 어느 수준의 결정적인 수요(critical mass)를 달성할 수 있기 때문이다. 이러한 네트워크는 특별히 문화와 창의성에 초점을 둔다.

중소도시는 비록 규모가 작더라도 국제적인 네트워크에서 중요한 역할을 할 수 있다. ICT의 확대로 개인이나 회사가 작은 도시에 위치해 있어도 글로벌 시장을 개척하는 파트너십을 구축할 수 있는 것이다. 포르투갈에서는 정부 프로그램 안에서 '혁신과 경쟁 네트워크'가 시작되었는데, Obidos라는 도시는 이웃에 위치한 5개의 작은 도시들과 연합하였다. 이들은 예술촌, 예술가의 이동, 창업가 지원 등의 합동 프로젝트 개발을 위한 네트워크 관리기구를 설립하였다.

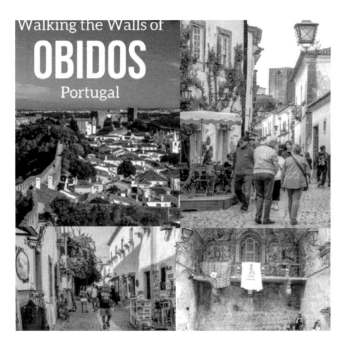

포르투갈 Obidos 거리

　네트워크 도시란 대도시권처럼 중심도시, 위성도시라는 종속적 관계가 아니라 수평적으로 상호 보완하는 형태의 도시를 말한다. 대표적인 네트워크 도시로는 네덜란드의 란트스타트가 있다. 란트스타트 지역에는 수도인 암스테르담(금융), 로테르담(국제무역), 헤이그(정치·행정), 위트레흐트(도로 및 철도허브) 등이 산업과 기능 측면에서 특화되어 있다. 이들 도시 간의 거리는 20~55km 정도로 광역클러스터를 형성하여 일일생활권을 이루고 있다. 란트스타트는 높은 경쟁력이 있어 글로벌 기업의 본사 입지로 유럽에서 런던 다음으로 선호되는 도시권이다.[8]

---

8 손정렬(2011). 새로운 도시성장 모형으로서의 네트워크 도시―형성과정, 공간구조, 관리 및 성장전망에 대한 연구동향. 대한지리학회지, 제46권 제2호: 181−196.

란트스타트 지역(네덜란드)

　이와 유사한 지역으로는 미국 노스캐롤라이나주의 세계적 연구단지인 리서치 트라이앵글 파크(RTP: Research Triangle Park)가 있다. 주도(州都)인 롤리(Raleigh)와 인근의 더럼(Durham), 채플힐(Chapel Hill) 등 3개 도시를 삼각벨트로 잇는 IT와 바이오 중심의 연구개발단지로 유명하다. 각 도시에 명문대학(듀크대, 노스캐롤라이나대, 노스캐롤라이나주립대)이 있어 우수한 연구인력을 확보하고 있으며, 활발한 산학협력 활동으로 노스캐롤라이나의 발전에 크게 기여하고 있다. 연구자들은 저렴한 생활비에 월등한 교육환경을 갖춘 이곳을 뉴욕이나 샌프란시스코 등의 대도시보다 선호하는 편이다.

　중소도시는 지역의 DNA로부터 의미를 추출해 낼 수 있지만, 편협한 애향심을 피하기 위하여 창의성과 야망이 요구된다. 네트워크 사회에서의 협력은 새로운 창의성의 가능성 범위를 열어준다. 네덜란드의 스헤르토헨보스(s-Hertogenbosch)는 자원을 창의적으로 활용하기 위한 프로그램에서 도시

DNA에 바탕을 두었기 때문에 성공하였다. 네트워크를 만들고 리드하는 능력이 바로 도시 DNA인 것이다. 동기가 유발된 소수그룹의 리더십이 성공요인이 된 것처럼 중소도시는 외부와의 커넥션을 통하여 내부 변화를 이룰 수 있다.

창의적인 공간

도시 브랜딩은 주제와 스토리를 갖춘 창조도시를 만드는 데 기여하는 전략이다. 랜드리(Landry)[9]는 창조도시론에서 "도시 계획가는 새로운 것을 지속적으로 창안해 낼 뿐만 아니라 도시의 문화와 역사자원을 발굴하고 활용함에 있어서도 창조성을 발휘하는 것이 중요하다"고 강조한다. 창조도시에서는 문화예술 공동체의 참여와 창의적 아이디어 창출을 중시한다. 플로리다(Florida)[10]는 예술가 주거단지, 생활과 직장 겸용 주거, 벤처창업지원 기구, 회의장소 등은 예술가들과 다른 분야의 사람들이 만나서 창의적인 프로세스에 관하여 논의하는 공간이므로, 이런 공간에서 여러 분야 사람들이 일을 같이하는 것을 장려해야 한다고 주장한다. 이런 공간들은 대부분 비용을 적게 들여 낡은 빌딩을 수리해서 만들어진다.

중소 크기의 타운에서 이런 환경을 찾는 예술가들은 대도시의 창의적인 특성(문화 인프라, 기술 클러스터 등)보다는 장소의 특이성, 창의적인 일에 대한 우호적인 사회 분위기, 그리고 삶의 질에 관심을 갖는다. 포르투갈의 Tondela는 8,000명의 주민이 사는 조용한 농촌이지만 '농촌예술인주거지'를 만들어 다른 분야의 예술가들과 미학분야 사람들의 교류장소로 사용한다. 여기에는 두 개

---

9 Landry(2015). Cities of ambition(http://charllandry.com/blog/cities−of−ambition/).

10 Florida(2002). "Bohemia and economic geography"(PDF). Journal of Economic Geography. 2: 55−71(doi: 10.1093/jeg/2.1.55).

의 확연히 구별된 공간이 있다. 하나는 주민들이 휴식하고, 음식을 만들고, 이웃을 만나는 장소이고, 다른 창작공간은 아틀리에, 스튜디오, 문서창고, 정원을 갖추고 있다. 이런 공간은 공연장소, 갤러리, 영화관, 스튜디오, 워크숍 등의 기능도 하기 때문에 바로 이런 곳에서 지역의 창의적인 기구나 단체가 자리 잡게 되는 것이다.

웰빙과 삶의 질 진작

지역자원은 어떤 지역을 특별하게 만드는 근원이 되는데 이것을 '지역 분위기(genius loci)'라고 부른다. 지역자원은 물질적인 자산뿐만 아니라 비물질적인 자산도 포함한다. 광의의 개념으로서의 자산은 인재들의 주거지역 결정에서 중요한 요소를 구성하는 사회적 관계와 상징적인 무형의 어메니티와 관련

출처: kailayu.com, pexels.com

명상 장면

된다. 지속가능한 커뮤니티를 만들기 위해서는 삶의 질 수준을 높여서 외부 인재를 끌어와야 한다. 그 이유는 외부적인 인적 자산은 창의적인 생태계를 발전시키는 데 중요한 역할을 하기 때문이다.

또 하나의 관련된 트렌드는 살면서 일하는 장소의 중요성을 인식하는 일이다. 지역의 특징을 활용해서 삶의 질을 향상시키려는 창의적인 전략 덕분에 이런 차별화 요소들이 경제개발의 자산으로 전환될 수 있다. 특히 중소도시에 매력을 느끼

는 젊은 가족이나 활동적인 은퇴층을 위하여 환경과 사회 이슈를 고려할 필요가 있다. 지속가능한 삶의 질을 고양시키는 사례로는 지역주민의 웰빙을 목표로 하는 스포츠, 건강, 음식, 미용 같은 활동, 여러 연령계층이나 다문화, 지방정부의 창의적 이벤트, 우수한 환경, 저탄소 라이프 스타일, 에너지 효율성 등이 포함된다. 사람들은 경제뿐만 아니라 사회, 문화, 환경 차원의 생활에서 만족을 찾고 있다.

많은 연구들이 사람들을 끌어오고 유지하는 데 있어서 시설이 역할을 한다는 점에 초점을 맞추고 있다. 중소도시의 특이한 도시풍은 소위 GLAMS(Galleries, Libraries, Archives, and Museums)에 영향을 받는다. 작은 도시들도 여러 종류의 자원을 어떻게 사용하느냐에 따라 삶의 질 향상에 자극제가 될 수 있다. 문화에 대한 투자는 경제성장과 소득수준에 긍정적인 영향을 주기 때문에 문화와 레저자원의 중요성이 중소도시에서 강조되는 것이다.

교육과 의료의 중요성

젊은이들의 유출을 막는 방법 중 하나는 지역대학의 역할을 확대하는 것이다. 지역사회에 우수한 대학이 없으면 청년이 역외로 유출되어 활력을 잃게 된다. 대학이 가진 풍부한 인적 · 물적 인프라를 활용해 지역 중소기업에게 기술을 이전하고 R&D 등을 지원하는 등 대학이 지역기업의 성장을 돕는 지원센터의 역할을 한다. 기업은 수익을 대학의 교육과 연구, 인재 양성에 다시 투자하는 산학동반 성장모델을 구축한다.

말뫼의 눈물로 알려진 조선업의 도시 스웨덴 말뫼에 있는 말뫼대학교는 조선업의 위기를 극복하는 역할을 했다. 없어진 조선소 부지에 설립된 말뫼대는 정보기술(IT), 바이오, 기초공학, 디자인, 미디어 등 융합 학문분야에서 젊은 인재를 양성해 지역 기업체에 공급하여 말뫼시와 상생모델을 만들었다. 기업의 연구개발(R&D)을 지원하고 스타트업 기업을 키우거나 유치해서 말뫼시를 최첨단 도시로 화려하게 부활시켰다.

Kresl & Ietri[11]는 중소도시에서 학교와 병원을 함께 갖추는 것은 특히 중요하다고 하였다. 학교는 학생들을, 병원은 환자들을 다른 지역에서 오게 만드는 수출산업이며, 학교와 병원은 창의적인 주제로 연구비를 끌어오고 기술혁신을 자극하는 요인이 된다. 우리나라에서도 지역 대학과 특수목적 중고등학교는 현재 이러한 역할을 하고 있는데, 지역대학마다 특수분야에 강점을 가지고 지역산업이나 고용에 기여하고 있다. 예를 들어 지역에 소재한 바이오 대기업과 백신을 공동으로 연구하거나 고구마를 지역의 특산물로 키워낼 정도로 대학은 지역산업 발전에 기여한다.

특히 지방에 소재한 특목고들도 수도권이나 타지에서 학생들을 유치하는 역할을 해왔다. 학생들은 지역에서 배우면서 지역을 이해하고 졸업한 후에도 지역의 이슈나 문제 해결에 관심을 가질 가능성이 높다. 물론 학교와 학생들이 커뮤니티에 어느 정도 관여하고 협력해 왔느냐가 척도가 될 것이지만, 비록 기대한 만큼의 지역사랑을 보여주지 못한다 하더라도 이런 종류의 학교들이 존속하는 것만으로도 중소도시에 도움이 된다는 것이다. 언젠가는 이들이 관광객이 되어 다시 지역을 찾거나 전문가로서 지역에 도움을 줄 수 있는 위치에 있을 것이 분명하기 때문이다.

이런 사례는 산업이나 일자리뿐만 아니라 창의성과 어메니티, 분위기도 사람을 끌어올 수 있음을 보여준다. 대학과 특수목적고, 병원 등은 주민의 삶의 질과 관련한 중요한 어메니티로서 창의계급을 움직이는 힘이 되고, 도시 분위기를 매력적으로 만드는 자원들이다. 본질적으로 전통이나 문화, 이미지, 정

---

11 Kresl & Ietri(2016). Smaller cities in a world of competitiveness. London: Routledge.

체성, 분위기 같은 소프트 인프라를 컨트롤하기가 어렵지만, 살 만한 도시로서의 매력을 결정하는 중요한 요소임에는 틀림없다. 교육과 의료의 수준은 지역 브랜딩 전략과도 밀접한 관계가 있는 것이다.

중소도시의 전략

우리나라의 중소도시가 글로벌 시장을 상대로 경쟁하기는 아직 어렵지만, 국내에서는 기업, 인구, 관광객 유치 등에서 이미 치열한 경쟁을 하고 있다. 따라서 어떤 도시를 상대로 어떤 분야에서 경쟁할지를 확실히 정해야 한다. 특히 문화유산을 기반으로 수많은 중소도시들이 홍보하고 있지만, 관광객 입장에서 볼 때 그 문화적 차이를 뚜렷이 느끼지 못할 때가 많다. 심지어 같거나 유사한 테마를 가지고 여러 도시에서 동시에 경쟁에 뛰어든 반려동물 사례가 있다.

인구 고령화, 1·2인가구의 증가, 생활수준 향상 등의 이유로 반려동물을 기르는 사람들이 늘어나고 있다. 엠브레인 트렌드모니터가 전국 만 19~59세 성인남녀 1,000명을 대상으로 조사한 결과, 반려동물을 키우는 사람들은 반려동물이 가족과 다름없고(87.9%), 어떤 친구보다도 의미 있는 존재(72.7%)라는 데 공감했다. 이러한 추세에 따라 반려동물과 관련한 서비스가 다방면으로 확대되고, 반려동물 시장 규모도 커지고 있다. 글로벌 시장조사기업 유로모니터는 애완동물 관리용품 시장 규모를 발표했는데, 2020년 한국의 펫케어 시장 규모는 17억 2,960만 달러(약 2조 원)이고, 전 세계 펫케어 시장은 1,398억 달러(167조 원)를 기록할 것으로 전망했다. 개나 고양의 사료와 간식이 70%를 차지하는데 기능성 사료나 우수 곡물성분을 담은 제품의 판매가 급증하는 추세라고 한다.

반려동물을 키우는 관광객을 끌어들여 지역경제를 살리고, 관련 일자리를 창출한다는 목표를 갖고 경북 의성과 문경, 강원 춘천과 강릉, 전남 순천과 임실 등 여러 지방도시들이 시장을 선점하기 위한 경쟁을 시작하였다. 경북 의성군은 반려동물 전용 문화시설로

펫케어 시장 규모 (단위: 달러)

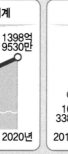

전 세계
1398억
9530만
1313억
8410만
2019년 2020년

한국
17억
2960만
16억
3380만
2019년 2020년

주: 2020년은 예상치
출처: 유로모니터

는 전국에서 처음으로 '의성 펫월드'를 세우고 반려동물을 위한 다양한 문화시설을 갖췄다. 춘천시는 2020년 '반려동물 산업의 메카' 도시를 선포하고 주거·여가·의료 등 반려동물 분야별 산업육성을 위한 플랫폼과 반려인 커뮤니티 구축에도 나섰다. 전남 순천시는 반려동물문화센터를 건립하고 반려동물 동반 숙박이 편리하도록 시설을 갖출 예정이다.

이처럼 여러 곳에서 반려동물에 대한 투자를 하고 있지만 이 도시들이 반려동물과 특히 관련이 있다는 이야기도 아직 들어본 적이 없어서 어느 한 도시가 '반려동물 도시'라는 이름을 제대로 알리는 데는 기나긴 세월이 소요될 것 같다. 전북 임실군은 '오수의견(義犬)[12]'을 테마로 관광상품 개발에 한창이다. 그러나 역사적인 연고가 있어 정통성을 주장하는 데 유리하더라도 그 스토리가 방문객의 관심을 진정으로 이끌어낼 수 있느냐는 별개의 문제다.

가장 심각한 이슈는 반려동물에 투자하는 도시를 포함하여 근거리에 있는 도시들의 인구가 많지 않아 과연 반려인 관광객을 끌어올 수 있는가이다. 수도권에 있어도 성공 가능성을 확신하기 어려운데, 주요 시장에서 먼 거리에 위치한 이런 도시에 반려동물 시설투자는 자칫하면 애물단지가 될 가능성이

---

12 임실군 오수면은 '불이 난 것을 모르고 잠든 주인을 구했다'는 이야기가 고려 말 문인 최자의 『보한집』에 전해진다.

크다. 지역에 이렇다 할 반려동물 연고가 없으면, 다시 말해서 지역 DNA라는 뿌리가 없으면, 주민들의 관심도 적어서 반려동물산업을 추진하는 데 그들의 협조를 얻어내기가 힘들다.

지역산업으로 뿌리를 내리려면 먹거리, 약품, 반려동물용 생활용품, 펫뷰티 등 반려동물이 영위하는 삶의 전반적인 영역을 파고드는 비즈니스 개발이 필요하다.[13] 블루오션으로 알고 여러 도시가 동시다발로 뛰어들었지만, 점차 레드오션으로 변하고 있어서 이제 지방도시 간 경쟁은 피할 수 없게 되었다. 결국 누가 브랜딩을 다년간에 걸쳐 꾸준히 지속하느냐에 따라 반려동물 도시라는 이름표의 주인이 결정될 것이다.

중소도시가 효과적으로 대도시와 경쟁할 수 있는 전략은 대략 2가지이다. 하나는 틈새시장을 겨냥하는 전략이고, 다른 하나는 근처에 있는 큰 도시들과 협력함으로써 그 규모를 빌려 쓰는 전략이다. 틈새전략은 혁신적인 상품이나 경험할 거리를 내놓거나 창의적인 공간을 개발하여 전문화하는 것이다. 이럴 경우에는 큰 도시들과 경쟁할 필요가 없고 틈새시장에 전력투구할 수 있는 이점이 있다. 틈새전략으로서의 중소도시는 비교우위에서 경쟁우위로 전환하여 보유한 자원을 어떻게 활용할 것인지에 중점을 둔다. 중소도시는 창의적인 프로그램을 개발하여 작은 규모에서 비롯되는 불리함을 극복할 수 있다.

협력전략은 이웃 도시들의 자원을 활용하면 기대 이상의 경쟁력을 갖추게 된다. 다른 도시나 주민들과의 협력이 도시 간의 경쟁에서 중요해지고 있다. 외부와의 네트워크를 강화하거나 콜라보를 강조하여 내부의 약점을 보완하는 전략이므로, 중소도시들은 경쟁하기 위하여 일부러 몸집을 키울 필요가 없는

---

13 김수경·차윤지·이효정(2018). 펫코노미 시대, 펫 비즈니스 트렌드. Issue Monitor(93호), 삼정KPMG경제연구원.

것이다. 목표 달성을 위하여 공동으로 창조하고, 협력과 경쟁(coopetition) 방식을 사용한다.

네트워크 사회에서는 경쟁도 필요하지만, 때로는 자신의 파트너가 될 수 있는 경쟁자와 어떻게 협력하느냐가 관건이다. 중소도시가 살아남을 수 있는 방법은 몸집을 불리려는 노력보다는 다른 도시와 협력하면서 지역의 독특성을 살린 창의적인 콘텐츠를 개발하는 것이다. 내부나 외부의 관련기관이나 전문가, 도시와의 네트워크를 튼튼히 하면서 부족한 자원이나 지식을 협력을 통하여 지원받는다. 중소도시의 우위를 다른 도시나 사람, 기관과의 협력과 네트워크를 통한 창의적인 영역에서 찾을 수 있다. 대도시와 경쟁하려고 몸집을 키울 필요가 없는 대신에 탁월하게 질적인 발전을 하는 것이 낫다.

지방 중소도시와 같은 축소도시의 문제점을 해결하기 위해서는 성장 중심의 계획에서 좀 더 지속가능한 지역발전 패턴으로 전환하는 게 중요하다는 의견도 있다. Pallagst[14]는 미국의 축소도시에서와 같이 도시계획은 도시성장을 관리하거나 아니면 지역 전체가 아닌 일부 지역에서의 재개발에 집중해야 한다고 주장한다. 그의 주장과 같은 맥락으로 지방 중소도시의 브랜딩도 전체 도시를 브랜딩하는 것이 가장 바람직하나 마을이나 권역마다 자원과 특색이 다르므로 이들의 개성을 살려 브랜딩하는 것이 훨씬 수월해 보인다.

포지셔닝은 도시의 미래를 좌우

앞으로 중소도시가 국내 경쟁에서 살아남으려면, 물론 글로벌 경쟁에서도 마찬가지지만, 포지셔닝을 잘 해야 한다. 도시의 경쟁우위를 보여주는 포지셔닝을

---

14 Pallagst(2009). The future of shrinking cities—problems, patterns and strategies of urban transformation in a global context. Center for Global Metropolitan Studies, Institute of Urban and Regional Development, and the Shrinking Cities International Research Network. University of California at Berkeley.

활용하여 대부분의 도시에서는 이해관계자들에게 차별성 있게 보이도록 브랜딩 전략을 수립한다. 앞에서도 언급했듯이 경쟁우위는 자원을 얼마나 더 가졌나를 의미하는 비교우위가 아니라 자원을 어떻게 활용하느냐에 따라 결정된다.

경쟁력 있는 도시에서는 비전, 기업가정신, 전문화, 사회통합, 거버넌스 등의 5가지 핵심요소를 볼 수 있다.[15] 우선 비전은 어떤 곳이 되고 싶은가, 기업가정신과 전문화는 어떻게 거기에 닿을 수 있을까, 사회 통합과 거버넌스는 비전을 달성하기 위하여 자원들을 어떻게 결합시킬 것인가이다. 래트클리프 (Ratcliffe)는 도시마다 자신들이 어떤 점에서는 세상에서 최고가 될 수 있다는 생각을 갖고 일해야 한다고 강조한다. 바로 이런 틈새를 찾아내는 것이 브랜딩 전략의 출발점이다. 어떤 점에서 최고라는 이런 틈새가 바로 DNA이고 나아가 정체성이다.

지역을 브랜딩하려면 타 지역에서 모방하기 힘들고 방문하고 싶은 비범한 매력을 지녀야 한다. 비범하다는 것은 다른 것과 뚜렷이 구분되는 차별성을 지니고 있기 때문에 사람들이 무시할 수 없는 힘을 갖추게 됨을 말한다. 한마디로 '경쟁력 있는 정체성'을 발굴하는 것이 지역 브랜딩의 핵심이라 할 수 있다.

중소도시 브랜딩의 궁극적인 목적은 지역공동체를 행복하게 만들고, 경제적으로 활성화시켜서 공동체가 지속가능하도록 만드는 데 있다. 중소도시나 마을을 브랜딩할 때 기본으로 삼아야 할 원칙은 주민들이 행복하게 살 수 있도록 기본적으로 소득이 보장되어야 한다는 것이다. 일정 수준의 소득을 얻으면서 행복한 생활을 누릴 수 있는 도시라면 분명히 사람들이 찾아든다. 각 지역마다 자기 환경에 맞는 경쟁력 있는 자원을 활용하여 경제를 활성화시키면 젊

---

15 Ratcliffe(2002). Imagineering cities: Creating future 'prospectives' for present planning. CIB Tokyo Conference on Urban Regeneration, September. Real, Jose Luis(2017). Destination branding. A compilation of success cases. IBRAVEm, EU.

은이들이 모여든다는 사실을 사례가 보여주고 있다.

경제적인 소득과 더불어 중소도시의 문화와 삶의 질을 더 좋게 만들어서 아무도 그 지역을 떠나고 싶지 않게 만들고, 오히려 외부인들이 스스로 들어와서 살게끔 환경을 조성하면 지역이 브랜딩되어 지방 중소도시의 쇠퇴나 소멸 가능성은 낮아지고 관광객은 늘어날 것이다.

도시를 매력 있게 만들어야

왜 지방 중소도시의 브랜딩이 중요한가라는 물음으로 되돌아가 보자. 많은 지방공동체들은 도시만큼 언론의 주목을 받지 못하며, 지방에 대한 언론보도는 비현실적이거나 부정적으로 묘사되는 경우도 있다. 또한 지역민이 능동적으로 하지 않으면 외부 사람들이 엉뚱한 방향으로 브랜딩할 수도 있다. 따라서 지방도시는 부정적인 인식을 만회시킬 도구의 하나로써 브랜딩을 선택할 충분한 이유를 가지고 있다.

중소도시 브랜딩은 공동체의 본질을 찾아내서 보다 광범위한 대중들에게 메시지를 전달하는 것이지만, 더 큰 목적은 공동체의 자긍심을 세우고, 지역경제를 촉진시키며, 지역민들에게 로컬문화를 준수하고 자신이 사는 곳을 집이라고 부를 수 있게 보존정신을 진작시키는 것이다. 오늘날 중소도시들은 글로벌 환경에 처해 있으면서 나름대로의 지역 특수성을 보여주어야 한다는 생각에서 전보다 더 브랜딩에 관심을 보이고 있다. 효과적으로 브랜딩이 되면 지역이 알려지기 때문이다.

중요한 점은 어떤 식으로든 브랜딩에 성공한 도시라도 이름이 지속되려면 주민들이 경제적으로 혜택을 얻어야 한다는 것이다. 우리나라에서 '경제수도',

'문화수도', '교육수도', '산업도시' 등으로 자칭하는 도시들이 많이 있다. 그러나 실질적인 주민 혜택이 없으면 구호로 그치게 된다. 경제/산업수도라 하면 다른 지역과 차별되는 확실한 경제활동이나 산업이 있어야 인정받을 것이고, 문화수도라고 자랑하는 도시들은 지역문화가, 교육도시는 교육활동이 지역경제를 받쳐주는 버팀목이 되어야 도시가 브랜딩된다.

지역의 브랜딩 전략에서는 지역의 자원과 특색을 반영한 전략일지라도 이름만 있고 속이 비어 있는 콘텐츠로는 지역을 브랜딩할 수 없다. 어떤 지역 브랜드는 하나의 특수한 섹터를 지향하고, 다른 지역 브랜드는 관광, 비즈니스 환경, 투자, 잠재적인 주민과 현지 주민 등에 초점을 맞춘다. 그런데 사례에서 보는 것처럼 관광 이외의 자원을 가지고 브랜딩에 성공한 지역이라도 결국 최종적인 수혜는 관광분야에서 일어난다고 볼 수 있다. 무엇으로 알려지든 간에 사람들이 찾아오기 때문이다.

수도권의 주택가격, 공기오염, 교통체증 등의 심각한 문제들을 고려하면 지방 중소도시가 대안으로 떠오른다. 그러나 우리나라는 수도권 중심으로 움직이고, 수도권에 대한 선호도가 높기 때문에 지방 중소도시에 대한 관심이 낮다. 농촌에 위치한 중소도시가 소외되는 이유는 지방에서 문제를 해결하려는 노력이 없었기 때문이라는 지적도 있다. 인구감소, 노령화, 젊은층의 도시 집중 등으로 현재 지방 중소도시가 쇠퇴하는 추세이지만, 미래 먹거리의 안정적 공급이라는 전략적 역할만 보더라도 지방 중소도시를 지속적으로 존속하게 만드는 것은 매우 중요한 일이다.

이를 위해서는 중소도시의 경제뿐만 아니라 교육, 문화 등을 종합적으로 활성화하는 것이 급선무이다. 지방 중소도시가 처한 문제들에 대한 해결방안이 마련되면 일정한 수준의 농어촌 커뮤니티를 유지할 수 있다. 인구가 줄어드는 추세를 되돌리기는 어려운 상황이다. 하지만 ICT기술 발달로 오지에서도 일할 수 있고, 온라인이나 SNS를 통하여 사회와 소통할 수 있는 환경이 조성되어 있으므로 인구감소가 마을의 소멸로 곧바로 연결된다고 볼 수 없다. 중소도시가 스스로 존속하려는 노력을 한다면 어느 때인가 방안을 찾게 될 것이다.

문화 활력을 조사한 연구[16]에 의하면 다양한 크기의 도시들은 교양 있고 창의적인 사람들을 유치해서 계속 살도록 하여 결국 작은 도시나 주변 도시의 발전을 좋아하게 만드는 데 성공할 수 있다고 보았다. 같은 직업과 동일한 수입을 놓고 어디에서 살고 싶은지 선택하라면 근로자들은 문화와 위락 기회 같은 어메니티가 풍부한 도시를 선호하는 것으로 나타났다.

작은 도시의 매력을 최근에 관광객의 흐름에서 찾아볼 수 있는데, 대도시에서 중소도시로 이동하고 있다는 사실이다. 호텔스닷컴의 연구보고서는 밀레니얼들의 관광 트렌드가 큰 도시보다는 작은 도시나 타운을 선호한다는 점을 발견하였다. 대도시들은 서로 비슷하여 관광객들이 더 이상 매력을 느끼지 못하고, 여행경험이 많은 사람들은 남들이 잘 찾지 않는 소도시로 눈길을 돌리는 추세라고 한다. 에어비앤비는 대도시뿐만 아니라 소도시나 아주 작은 마을에도 있고 산골이나 농촌에도 있다는 점이 이런 트렌드를 방증한다. 저비용항공사들이 중소도시에 취항한 것도 관광객을 대도시에서 중소도시로 분산시키는 역할을 하였다.

중소도시가 비록 양적인 면에서는 부족할지 몰라도 사람들이 점차적으로 가치를 두는 고품질의 경험을 제공할 수 있다. 이 말은 중소도시는 그들이 지닌 자연경관, 예술이나 문화단체, 역사가 흐르는 도심, 아웃도어 레저 같은 자원의 우수성을 새로운 시각으로 바라보아야 한다는 것을 의미한다. 대도시만

---

16 Montalto, et al.(2019). Culture counts: An empirical approach to measure the cultural and creative Vitality of Earopean cities. Cities. 89: 167–185.

큼 많은 자원이 없어도 대부분의 사람들을 위한 시설은 갖춰놓을 수 있다. 여기에서 자원은 사람(소비자, 생산자, 기업가, 관광객 등)과 인프라를 포함하는 유형자원과 라이프 스타일, 창의성, 이벤트 등의 무형자원을 포함한다.

- 구형수 · 김태환 · 이승욱(2017). 지방 인구절벽 시대의 '축소도시' 문제, 도시 다이어트로 극복하자. 국토정책 Brief(616호), 국토연구원.

- 국토연구원(2018). 인구변화 추이(http://krihs.re.kr).

- 김경택 · 이인배(2012). 태안군 '손맛축제(바다 낚시축제) 발굴 및 개최효과에 대한 연구. 충남발전연구원.

- 김 면(2019). 독일의 도시브랜드 추진전략과 활용방안. 문화돋보기(93). 한국문화관광연구원.

- 김수경 · 차윤지 · 이효정(2018). 펫코노미 시대, 펫 비즈니스 트렌드. Issue Monitor(93호), 삼정KPMG경제연구원.

- 김영수 · 정의홍 · 김우현 · 이성일(2018). 지역을 살리는 로컬 브랜딩. 클라우드나인.

- 김예성 · 하혜영(2020). 인구감소시대 지방 중소도시의 지역재생 방안, 국회입법조사처.

- 뉴스핌(2016). '지방 소멸' 일자리 찾아 서울로 짐싸는 여성 청년(9월 5일).

- 뉴시스(2014). '일본 모쿠모쿠 농원'은 6차 산업의 대표 모델(3월 31일).

- 도시재생종합정보체계(2020). http://www.city.go.kr

- 동아비즈니스리뷰(2011). '氣의 도시' 세도나, 자연의 영감을 빚어 '명품도시'로. 82호.

- 동아일보(2017). "젊은이 유턴… 외지인 유치… 미래 꿈꾸는 활기찬 섬으로"(9월 29일).

- _____(2018). "나도 도시어부다" 800만명이 바다로 호수로… 지금은 '낚시여가'(11월 10일).

- _____(2019a). '태양광 셀-모듈'의 도시 충북 진천(5월 15일).

- _____(2019b). "매서운 파도에 올라타라" 한겨울 동해는 '서핑 천국'(2월 2일).

- _____(2019c). CJ 식품공장들 집결한 진천, 불경기 모르는 '强小마을' 변신(1월 25일).

- 마강래(2017). 지방도시 살생부-'압축도시'만이 살길이다. 개마고원.

- 마스다 히라야(2014). 지방 소멸. 와이즈베리.

- 매튜 힐리(2009). 무엇이 브랜딩인가?(WHAT IS BRANDING?)(신유진 옮김). 고려닷컴.

- 미래에셋은퇴연구소(2019). 작지만 강하다. Global Investor(vol. 59).

- 박상훈·장동련(2010). 장소의 대탄생. 디자인하우스.

- 박성원(2017). 우리는 어떤 미래를 원하는가. 이새.

- 사이먼 안홀트(2015). 장소브랜딩. 한국외국어대학교 지식출판원.

- 산업일보(2015). 산단지정 요건 완화. '미분양산단' 증가(9월 23일).

- 서철인(2008). 버려진 나뭇잎 팔아 연간 1억원씩 버는 산골 마을 할머니들. 월간조선
  (11월).

- 손정렬(2011). 새로운 도시성장 모형으로서의 네트워크 도시-형성과정, 공간구조, 관리
  및 성장전망에 대한 연구동향. 대한지리학회지, 제46권 제2호: 181-196.

- 알 리스·로라 리스(2002). 브랜딩 불변의 법칙. 비즈니스맵.

- 양진홍·백경진(2011). 국토 품격 제고를 위한 "국토 셀" 특성화 모델: 장성편백숲 사
  례. 국토정책 Brief(제316호). 국토연구원.

- 완주군(2018). 식과 농의 거리를 좁히는 완주로컬푸드.

- 월간조선(2014). 세계 최고의 氣가 흐르는 곳, '애리조나 세도나'(3월호).

- 유은영(2018). 농어촌 주민의 정주 만족도. 한국농촌경제연구원.

- 윤주선(2018). 마을이 호텔이 되는 "커뮤니티 호텔"을 통한 도시재생. 웹진 문화관광(3
  월호), 한국문화관광연구원.

- 의성군 이웃사촌지원센터(2020). https://unsc.or.kr

- 이상호(2018). 고용동향브리프, 고용정보원.

- 이용규(2019). 정선군 도시재생지원센터의 성과와 과제- 고한18리 도시재생지원사업을
  중심으로. 정선군 도시재생지원센터.

- 이유진. 마음의 평화를 찾는 곳, 우붓(https://publy.com).

- 이정훈(2006). 지역브랜딩전략의 체계와 방법 시론. 지방행정. 55(630): 17-34.

- 이코노미조선(2017). 관광산업 신흥강국(231호 12월 25일).

- 임주리(2020). 中 '도자기 수도'는 어떻게 2000년 넘게 살아 남았나. 차이나랩(http://blog.naver.com/china.lab).
- 조석주(2013). 새마을 운동 재조명을 통한 마을공동체 활성화 방안. 한국지방행정연구원.
- 조선일보(2017). [히든 시티] 옥빛 청풍호, 약초특구… 건강도시 제천(3월 20일).
- _____(2019a). [뜬 곳, 뜨는 곳] '한밤의 고장' 경남 산청(9월 27일).
- _____(2019b). 슬로시티 증도에 숨겨진 보물을 찾아라!(5월 13일).
- _____(2020). 안성 5대 농특산물에 주어지는 브랜드(1월 8일).
- _____(2017). 일본에서 배우는 '지방 소멸' 극복기: 젊은이·관광객 발길 모은 도시와 농촌의 유쾌한 동행(3월 5일).
- 중앙일보(2018a). "젊은이들, 지방으로 이사 가세요" 일본이 팔 걷은 이유(10월 21일).
- _____(2018b). 규제 없애자 훨훨 나는 수제 맥주… 청년 일자리도 확대(10월 21일).
- _____(2018c). 일본의 초고령사회 일본에서 배운다(12)(10월 21일).
- _____(2019). 양양군 공무원들 2m 서프보드 들고 해변으로 간 까닭은?(7월 20일).
- _____(2020a). 1685만 베이비부머의 이도향촌이 청년, 지방 살린다(5월 1일).
- _____(2020b). 커지는 반려동물 용품 시장(4월 28일).
- 충남발전연구원+홍동마을사람들(2014). 마을공화국의 꿈, 홍동마을 이야기.
- KBS 1(2020). '실패해도 괜찮아 – 목포 괜찮아마을 72시간', 다큐멘터리 3일, 627회.
- 통계청(2018). 주민등록인구현황(http://kostat.go.kr).
- 하킨, 제임스(2012). 니치(고동홍 옮김). 더숲.
- 한국경제신문(2017). 서울 문래동·강릉 명주동… 쇠락한 도시, 문화·예술 옷 갈아입다(10월 9일).
- _____(2019). '햇살도시' 넬슨의 초대장(12월 15일).
- 한국농촌경제연구원(2018). 농업전망 2019(http://www.rei.re.kr).
- 한국문화관광연구원(2016). 국민여행실태조사.
- 행복한여행나눔(2017). 홍성여행, 젊음을 입다. 관광두레, 문화관광체육부 & 한국문화관광연구원.
- 헬스포커스(2018). 합계출산율(https://healthfocus.co.kr).

• 황정국(2011). '숲의 치유력' 활용한 뵈리스호펜시의 가능성. 교수신문(10월 4일).

• 후지나미 다쿠미(2018). 젊은이가 돌아오는 마을(김범수 옮김). 황소자리.

• 후지요시 마사하루(2016). 이토록 멋진 마을(김범수 옮김). 황소자리.

• Anholt, S.(2008). Place branding: Is it marketing or isn't it? Place Branding and
  Public Diplomacy. 4: 1–6.

• Archer, David(2018). Why 70% of destinations say involving stakeholders is a
  major branding challenge (September 7)(http://destinationthinks!.com).

• Baker, B.(2012). Destination branding for small cities: The essentials for success-
  ful place branding. Portland, OR: Creative Leap Books.

• Cuypers, Frank(2016a). Why place branding needs to be built from the inside
  (https://destinationthink.com/place–branding–built–inside/).

• _____(2016b). Why destination marketers need to understand Place DNA™
  (https://destinationthink.com).

• Dewey Caitlin(2017). A growing number of young Americans are leaving desk
  jobs to farm. The Washington Post. November 23.

• Duxbury, N., Garrett–Petts, W., & MacLennan, D.(2015). Cultural mapping as
  cultural inquiring. London: Routledge.

• Edwards, B.(2020). The real story of how Austin became known as the live mu-
  sic capital of the world(https://click2houston.com).

• EIU(2019). The global liveability index 2019.

• Euro Cities(2011). Tampere(https://eurocities.eu/cities/tampere).

• Florida, R.(2002). "Bohemia and economic geography"(PDF). Journal of Econom-
  ic Geography. 2: 55–71(doi: 10.1093/jeg/2.1.55).

• Giffinger, R. & Hamedinger, A.(2008). Metropolitan competitiveness recorsi-
  dered: The role of territorial capital and metropolitan governance. present-
  ed at 48th congress of the Zaropean Regional Science Association(August

27~31).

- Hunt, H.(2014). Branding small town by Texas. Marketing profile, Real Estate Center, Texas A&M University.
- INTELI(2011). Creative-based strategies in small and medium-sized cities: guidelines for local authorities. URB-ACT, European Union.
- Kavaratzis, M., Warnaby, G., & Ashworth, G.(2015). Rethinking place branding: Comprehensive brand development for cities and regions. Springer.
- Kotler, P., Kartajaya, H., Setiawan, I.(2016). Marketing 4.0: Moving from traditional to digital. 1st ed.: Wiley.
- Kresl & Ietri(2016). Smaller cities in a world of competitiveness. London: Routledge.
- Lambe, Will(2008). Small towns big ideas: Case studies in small town community economic development. School of Government, University of North Carolina at Chapel Hill.
- Landry, C.(2015). Cities of ambition(http://charllandry.com/blog/cities-of-ambition/).
- Lewis, N., & Donald, B.(2009). A new rubric for 'creative city' potential in Canada's smallercities. Urban Studies. 47(1): 29-54.
- Local Government Assoc.(2019). https://local.gov.uk
- McCray, B.(2017). Can rural communities retain young people? Are rural Millennials different from urban millennials(http://www.smallbizsurvival.com)?
- McGranagan, D., & T. Wojan(2007). The creative class: A key to rural growth. Economic Research Service, U.S. Dept of Agriculture.
- Messely, Lies, Dessein, Joost, & Lauwers, Ludwig(2010). Regional identity in rural development: Three case studies of regional branding. Applied Studies in Agribusiness and Commerce. 4(3-4): 19-24.
- Montalto, V., Moura, C. Langedijk, S., & Saisana, M.(2019). Culture counts: An

empirical approach to measure the cultural and creative Vitality of Earope-
an cities. Cities. 89: 167−185.

• Moreno, J., & Larrieu, M.(2017). Belize and the importance of video marketing
in tourism campaigns. In Real J.'s Destination branding. A compliation of
success cases. IBRAVE, EU.

• National Center for Economic Gardening(2020). https://economicgardening.org

• Newsweek(2015). Denmark's restaurants benefit form 'Noma effect'(Nov. 29).

• Pallagst, Karina(2009). The future of shrinking cities−problems, patterns and
strategies of urban transformation in a global context. Center for Global
Metropolitan Studies, Institute of Urban and Regional Development, and
the Shrinking Cities International Research Network. University of Califor-
nia at Berkeley.

• Pedersen, S.(2004). Place branding: Giving the region of Oresund a competitive
edge. Journal of urban Technology. 11(1): 77−95.

• Phillip & Company(2009). 임플란트 천국 만든 헝가리 쇼프론시(https://m.blog.nav
er.com/PostView.nhn?blogId).

• PRweb.com(2017). Eastern Idaho's city of Rexburg announces "Millennial City
USA" Brand.

• Ratcliffe, J.(2002). Imagineering cities: Creating future 'prospectives' for present
planning. CIB Tokyo Conference on Urban Regeneration, September.

• Real, Jose Luis(2017). Destination branding. A compilation of success cases.
IBRAVEm, EU.

• Richards, G., & L. Duif(2019). Small cities with big dreams−creative placemaking
and branding strategies. London: Routledge.

• Richards, G., & Wilson, J.(2006). Developing creativity in tourist experiences: A
solution to the serial reproduction of culture? Tourism Management. 27:
1209−1223.

• Ries, A., & Ries, L.(2002). The fall of advertising & the rise of PR. Harpercollins

Publishers, Inc.

• Rigby, M.(2019). Rick Stein, the man who would be king(fish)(https://www.good food.com.au/)(April 22).

• Saltzstein, D.(2018). 'It's almost three years since I had a proper vacation. The New York Times(Nov. 16).

• Simons, I.(2017). The practices of the eventful city: The case of incubate festival. Event Management. 21(5): 593−608.

• Smessaert, B., & Verhooghe, J.(2017). Smoefeltoer. A bike−and−dine tour for foodies. In destination branding. A compilation of success case(Real J. ed.). IBRAVE, EU.

• The Guardian(2016). Cool in Canada: Prince Edward County−Ontario's great escape(http://theguardian.com/travel/2016).

• UNESCO, https://www.corrierecesenate.it

• Wilson, R., and Muldrow, B.(2010). Telling the untold story: Branding in rural communities. Mississippi Main Street Association(https://www.msmain street.com).

• Xie, Q.(2017). Copenhagen's Noma: 10 ways it Changed the World of food (http://CNN.com).

• https://atchafalaya.org
• http://blog.daum.net/kfs4079/17205551)(산림청 공식블로그)
• https://bonghwa.go.kr
• https://city.go.kr
• https://cleveland.com/naymik
• https://cm−tourisme.be
• https://cnn.com
• https://deltabyways.com

- https://driveconsultant.jp
- https://huffpost.com
- https://jangseong.go.kr
- https://kycrossroads.com
- https://readyfor.jp/projects/
- https://researchgate.com
- https://sanghafarm.tistory.com/10
- https://santafenm.gov
- https://SouthernMinn.com
- https://thejerseycape.com
- https://therme-badworishofen.de
- https://visitcalifornia.com

저자
소개

오익근

- 서강대학교 사학과 졸업
- 미국 University of Wisconsin-Stout 호텔관광학 석사
- 미국 Michigan State University 여가관광자원학 박사
- 미국 Georgia Southern University 조교수
- (전) (사)한국관광학회 편집위원장 및 회장
- (현) 계명대학교 관광경영학과 교수

저자와의
협의하에
인지첩부
생략

중소도시 브랜딩 전략

2021년 1월 20일 초판 1쇄 발행
2023년 7월 15일 초판 2쇄 발행

지은이 오익근
펴낸이 진욱상
펴낸곳 (주)백산출판사
교   정 성인숙
본문디자인 신화정
표지디자인 장혜진

등   록 2017년 5월 29일 제406-2017-000058호
주   소 경기도 파주시 회동길 370(백산빌딩 3층)
전   화 02-914-1621(代)
팩   스 031-955-9911
이메일 edit@ibaeksan.kr
홈페이지 www.ibaeksan.kr

ISBN 979-11-6567-226-3 93980
값 18,000원